한글을 세계문자로 만들자

《한글 > ABC》改題

책 이 름 / 한글을 세계문자로 만들자

지 은 이 / 박 양 춘
펴 낸 이 / 김 경 희
펴 낸 곳 / (주) 지식산업사
등록번호 / 1-363
등록날짜 / 1969. 5. 8
초 판 제 1 쇄 발행 / 1994. 10. 9
제 2 판 제 1 쇄 발행 / 1995. 8. 12
제 2 판 제 2 쇄 발행 / 1996. 12. 20
주   소 / 서울시 종로구 통의동 35 -18
전   화 / (734)1978·1958 (735)1216 팩스 (720)7900
책   값 / 7,000원

ⓒ 박양춘, 1995

ISBN 89 -423 -7529 -4   93710

* 이 책을 읽고 저자에게 문의하고자 하는 이는
  지식산업사 편집부로 연락바랍니다.

재판에 부쳐

어두운 창밖에 내리는 굵은 빗발 소리가 가슴에 무직하게 와 닿는다. 저자는 지금 이 글을 서울중앙병원 병실에서 적고 있다. 옆에는 아내가 석달째 인사불성 상태로 누워 있다. 저자 자신도 환자 간병의 결과로 고혈압 증세에 시달리게 되었다. 연일 수면부족으로 피로가 겹쳐 생각도 제대로 정리되지 않을 정도다. 허공을 응시하고 있는 아내의 맑은 눈동자에서는 아무런 감정도 읽을 수 없다. 둘만 있는 텅빈 방, 말을 걸어도 아내의 입은 열릴 줄을 모른다. 바위 같은 침묵뿐이다.

이 책을 펴낸 이후로 저자는 여러 방면에서 많은 이들의 찬사와 격려를 받았다. 특히 외래어표기법의 폐단을 몸소 겪어온 재미교포들의 공감 어린 찬사는 기대 이상이었다. 그러나 책에서 주장한 바를 막상 실천하려는 데는 너무나 높은 장벽이 가로막고 있었다. 비록 눈에는 보이지 않으나, 곳곳에서 앞을 가로막곤 하였다. 드러내고 저자의 주장에 반대하는 이는 드물었다. 솔직히 말해서 지금까지 단 한 사람도 없었다. 그럼에도 이들에게서 발견하는 것은 놀라울 만큼 냉랭한 무관심과 침묵이었다.

그동안 여러 곳에서 강의도 하고 연설도 하였다. 그때마다 열광적인 반응도 접할 수 있었다. 독자들한테서 감격적인 편지도 여러 통 받았다. 그러나 그 뒤를 따르는 구체적인 실천이나 행동은 아직까지 볼 수 없다.

그러던 어느날, 뜻밖에도 황패강(黃浿江) 교수의 전화를 받았다. 시내 모 출판사 사장과 점심을 하면서 졸저 《한글＞ABC》 이야기를 하였더니, 사장이 당장 한번 만나보고 싶다고 하는데 형편이 어떠냐는 것이었다.

얼마 뒤에 나타난 황형과 지식산업사 김경희 사장과의 대화는 마치 저자가 처하고 있는 질식상태의 공간에 일진의 청풍을 불어넣어 주는 것 같았다. 대화를 나누는 가운데 세 사람은 어느덧 한마음이 될 수 있었다. 모두가 한글을 개량하여 세계화하여야 할 당위성에 공감하고 있었다. 우리는 어떻게 하면 이 원대한 민족적 이상을 속히 성취할 수 있을까, 이로써 민족적 자긍심을 일깨우고 국민의식을 개혁할 수 있을까를 진지하게 논하고 있었다.

이틀 뒤에 다시 황형과 김사장을 만난 저자는 《한글> ABC》를 지식사업사에서 출판한다는 계약서에 서명하였다. 제목도 더 진취적인 이름으로 바꾸자고 합의를 보았다. 그리고 저자가 주장하는 개선된 표기법으로 영어발음사전과 영어회화책을 후속 출판하는 일에 관해서도 원칙적인 합의를 보았다.

이제 훌륭한 동지를 만났으니 저자의 한글 세계화의 꿈도 실현을 향해서 한 걸음 나아갈 것이다. 이 책과 뒤따르는 책들이 한국사람들의 눈을 뜨게 하고, 안일한 침묵을 깨고 나와 한글 세계화운동에 동참하게 하여 21세기의 새로운 지평을 열 수 있기를 바란다.

성수대교 붕괴, 대구 도시가스 폭발, 삼풍백화점 붕괴 등 일련의 사건은 우리를 곤혹스럽게 하고 그지없는 좌절을 맛보게 하였다. 적당주의·졸속주의·황금지상주의 따위의 결정체인 이들 사건들을 보며, 국민으로서 나라와 겨레의 장래를 염려하고 걱정하지 않을 수 없었다. 그러나 너무 실망할 것은 없다. 우리는 불과 50년 만에 보잘것없던 후진국에서 세계 11위의 경제대국으로 발돋움하였고, 지방자치제까지 확립한 민주국가로 성장하였다. 남들이 수세기에 걸쳐 이룩한 일을 불과 반세기 동안에 이루어냈을 때, 여러 가지 부작용은 따르게 마련이다. 이를 개탄한 나머지 우리가 가야 할 길을 멈춰서는 안 된다. 이제부터라도 온 국민이 타성화된 의식을 일전(一轉)시켜 새롭게 가다듬어야 할 것이다.

국민의식을 개조하고 민족적 긍지를 높이는 데 한글의 세계화는 크게 기여할 것이다. 현행 외래어표기법은 국민의 적당주의를 부추기는 역할밖에 못 하고 있다. 외래어표기법의 개정을 촉매제로 하여 한글의 세계화를 이루기 위해서는, 적당주의를 배격하고, 조직적으로 사업을 추진하고, 대의를 위해서 소아(小我)를 버려야 한다. 한글문제에 대해서 어떤 기득권을 가지고 있다고 생각하는 이들은 그러한 생각을 버려야 한다. 이러한 태도가 체질화될 때, 한국사람은 더 밝은 장래를 영위할 수 있을 것이다.

C자에 줄을 하나 더하여 G자를 만드는 데 수백 년이 걸린 서양의 역사적 사실과, 새로운 부호 12개를 더해서 한글 세계화를 이루는 일 사이에는 하늘과 땅처럼 큰 차이가 있다. 한글의 세계화는 전세계에 우리의 슬기와 용기를 널리 떨치는 위대한 문화적 업적이 될 것이다. 한국민족이 선진국 문턱을 바라보고 어지간히 경제적 성공을 거둔, 그러나 문화적 기여는 과히 평가 받지 못하는 민족으로 그치느냐, 아니면 만인이 공유할 세계문자를 지닌 문화민족으로 인류에게 기억되느냐의 기로에 우리는 지금 서 있다. 선택은 바로 독자 여러분에게 달려 있다.

1995년 7월 11일
박 양 춘

머 리 말

이 책 제목의 'ABC'는 영어앨화벨을 말한다. 따라서 이 제목은 한글이 영어 앨화벨보다 우수함을 상징한다. 또한 배움의 흐름은 한글에서 앨화벨쪽으로 가야 할 것임을 뜻한다.

이 책에서 다루고자 하는 '한글'은 앨화벨에 해당하는 우리의 글자이다. 혹시 말에 관한 이야기가 나온다면, 그것은 글자에 관한 이야기의 도입을 위한 것이 아니면, 글자에 관한 설명의 일부로서 말에 관한 이야기가 필요했기 때문이다.

우리나라의 지정학적 위치 때문인지는 몰라도, 필자의 일생은 외국어와 아주 깊은 인연이 맺어져 있었다. 고등학교 졸업 때까지는 일본어와 영어에 몰두하였고, 광복 뒤에는 소련군 형무소에서 소련군 통역한테서 러시아어를, 중국말 통역한테서는 중국어를 배웠고, 김일성대학에서는 러시아어를 제일 외국어로 택할 수밖에 없었다. 남한에 와서는 영문과에 적을 두고 중국어와 후랑스어를 열심히 공부하였다. 특히 중국어는 중국 친구와 유창한 회화를 나눌 수 있는 경지에 이르렀다. 미국에 건너와서 독일 출판사에서 일하게 됐을 때는, 마음씨 좋은 독일 친구들의 권유에 못 이겨서 한동안 독일어 책을 들고 다녔다. 미국에 온 지도 어느덧 30 년, 그 동안의 공적인 생활은 영어로 하였으니, 이제 영어는 나에게 제2의 모국어가 되었다.

외국어라는 것은 한동안 쓰지 않으면 다 잊어버리게 마련이다. 필자의 외국어 편력도 일어, 영어, 중국어 이외에는 필자에게 별 이득을 준 것이 없었고, 많은 시간을 현명치 못하게 썼구나 하는 생각이 들 때가 한두 번이 아니었다. 그러나, 필자는 요즘 외국어에 쏟은 정열이 하나도 낭비가 아니었다고 생각하게 되었다. 왜냐하면 필자가 외국어를 여러 가지로 공부한 덕분에 그 글자를 익힐 수 있었고, 그들의 글자와 우리의 글자를 비교할 수 있는 지식을 얻었으며, 거기에서 새삼스럽게 우리 한글이 얼마나 훌륭한 글자인가를 깨닫게 되었기 때문이다. 필자는 이 깨달음을 독자 여러분과 이 책에서 나누고자 한다.

Ⅰ편에서는 각국의 앨화벹이나 문자를 우리 한글과 비교해서 우리 한글이 타의 추종을 불허하는 과학적인 글자라는 것, 또한 그 창제 과정 때문에도 세계에서 유일하게 독창적인 글이라는 것을 논술하고자 한다. Ⅱ편에서는 우리의 잃은 글자를 되찾고, 우리가 갖고 있는 소리를 표기할 수 있는 글자를 훈민정음의 테두리 안에서 만들어 보자는 것을 제안하고자 한다. Ⅲ편에서는 한글의 뛰어난 과학적 조직과 거기서 오는 융통성을 이용하여, 모든 선진 국가의 소리를 표기할 수 있도록 만들어서 한글의 세계 문자화 방안을 제시하고자 한다.

이 모든 부문에서 문자의 비교 상대로는 주로 영어를 택하였다. 영어 앨화벹이 비록 우리 한글과는 비교가 안 되지만 그래도 가장 가까운 수준에 있는 문자이고, 동시에 영어 그 자체가 세계어로서의 지위를 굳히고 있기 때문이다. 모든 예를 들 때, 되도록 자주 쓰이는 낱말, 미국의 지식인들이 즐겨 쓰는 낱말, 발음상이나 철자상 문제가 되는 낱말 등을 고르려고 노력하였다. 또한 당연히 거쳐야 할 과정의 하나로서, 한국사람의 영어발음상의 의문과 약점을 철저하게 해명하려고 노력하였다.

이 책의 목적 중의 하나는 국제사회에 뛰어들게 된 한국 사람의 영어 발음을 교정하는 것이다. 한국 사람의 영어를 둔중하고 시골뜨기 소리같이 들리게 만드는 책임은 외래어표기법에 있다. 수십 년 전에 만들어진 외래어표기법이 불가침의 법전인 양 비판 없이 관용됨으로써, 우리 어린이와 청년 남녀 학생의 영어 학습에 그늘을 드리웠고, 허다한 시간 낭비를 초래하고 있다. 이 사태를 시정하려는 것이 이 책의 최대 목적의 하나이다.

국내에서 이와 같은 관습에 젖어서 살아가고 있는 분들은 자칫 문제를 보는 관점이 흐려지고 시야가 좁아질 수도 있다. 거기에 비하면 필자와 같은 일상적으로 외국어에 부대끼고 있는 사람은 다분히 국제적인 감각으로 좀더 객관적인 관찰을 할 수 있는 입지에 있지 않은가 한다. 이런 입장에서, 소견의 일단이나마 써본다고 감히 붓을 잡았다.

필자는 이 글을 쓰기 전에 몇몇 친구와 친지에게 세 가지 질문을 하여 보았다. 한글은 훌륭한가, 얼마나 훌륭한가, 왜 훌륭한가. 첫째 질문에는 너나 없이 그렇다는 대답이었다. 놀랍게도 둘째 질문에 대답할 수 있는 사람은 드물었고, 셋째의 질문에 대답할 수 있는 사람은 하나도 없었다. 이것이 이 책을 쓰게 된 또 하나의 동기였다. 필자는 이 책에서 이 세 가지 질문에 대해서 되도록 자세하고 구체적인 해답을 얻기 위해서 노력하였다. 필자는 얻어진 해답으로 말미암아 막연한 자랑이 아닌 문화민족으로서의 참다운 자신감을 우리 모두가 갖게 되기를 감히 바란다.

필자가 이 책을 쓰기 시작한 3년 전만 하여도 국제화, 세계화와 같은 말은 생소하게 들렸다. 그때는 필자가 이 책에서 제안하고 있는 모든 일이 너무 급진적인 것으로 생각되지 않을까 걱정되었다. 그러나, 문민정부가 들어선 다음 1년 사이의 의식 개혁은 참말로 대단하였다. 이제 경직되고 폐쇄된 사고방식이 풀리고, 모든 일이 흑백논리로 결론지어지기보다는 타협 또는 취사선택이라는 여유 있는 마음의 자세로 냉정하게 토론되고, 거기에서 나오는 다수의 의견이 민주주의 원칙에 따라 집행되기를 바란다. 필자가 이 책에서 제안하고 있는 일들은 문제의 해답이라기보다, 문제의 제기라고 생각해야 할 것이다.

이 책이 잔잔한 파문을 일으킬 수 있다면 기쁘겠다. 그러나, 진정한 소원은 필자의 글에 공명하는 사람들이 나타나, 한국 어느 구석에서나마 자그마한 불길로 일어나 주었으면 하는 것이다. 이 불길이 시인 타고르가 기다린 아시아를 밝혀 줄 동방의 불빛이 될 수도 있을 것이다.

이 책을 쓰는 데 여러 모로 충고를 아끼지 않았던 安秉義 사장, 한국에서 모든 필요한 책을 신속하게 보내 준 朴建春 박사, 또 미국에서 모든 귀한 책을 애써 구해서 읽게 하여 준 河秀珍 박사, 그리고 처음에서 끝까지 격려와 편달을 아낌없이 베풀어 준 黃涀江 박사에게 감사 올린다. 또한 모든 궂은 일을 도맡아 주어, 필자에게 마음 놓고 이 책을 쓰는 데 전념할 수 있게 하여 준 아내 金潤德에게도 감사의 말을 붙치지 않을 수 없다. 끝으로 조판의 어려움을 마다 아니하고 이 책의 출판을 쾌히 맡아 준 朴善奎 회장과, 낯설은 부호들을 취급하느라 수고가 많았던 白承完부장과 편집부 여러분께 깊은 감사를 드린다.

1994년 9월

지 은 이

차 례

III. 내일의 한글 : 온 인류의 문자로 만들자

Ⅰ. 지금까지의 한글 : 인류문화의 금자탑

1. 문자의 발명과 인류문화

우리 주위에는 항상 글자가 있고, 우리는 그것을 곧장 손쉽게 이용하고 있기 때문에 자칫하면 글의 가치나 중요성이 간과되기가 쉽다. 그러나 자세히 생각해 보면, 글이야말로 우리 문화의 생명선이라는 것을 너무나 쉽게 이해할 수 있을 것이다. 만약에 글자가 없었더라면 플라톤이나 아리스토텔레스의 위대한 사상도 벌써 이세상에서 사라진 지 오랠 것이고, 법률도 과학도 문학도 존재하지 않을 것이고, 우리는 아직도 미개한 암흑세계에서 살고 있을 것이다. 우리는 글로써 대대로 우리의 역사를 이어받고 있으며, 글로써 모든 문명을 이어받고 있다.

글자가 있음으로써 우리는 편지를 쓸 수 있고, 타자를 할 수 있고, 인쇄를 할 수 있다. 인쇄술은 한 사람의 사상이나 생각을 수백만 명의 독자에게 전할 수 있는 방법을 제공한다. 수만, 수십만의 낱말이 적힌 책은 손쉽게 세상 아무 곳에나 운반되어 새로운 독자를 맞을 수 있다. 정부간의 통첩이나 사업상의 여러 거래는 타자된 글로서 이루어진다. 멀리 떨어진 부모 자식이 서로의 안부를 전할 때, 모든 사랑하는 이들이 서로의 정을 나눌 때, 젊은이들이 사랑을 고백할 때, 그것은 흔히 편지로 이루어진다. 문명의 급속한 발전은 디스켓이나 Fax 같은 고속도의 문자 전달 방식을 제공하기에 이르렀으니, 이 역시 문자가 기본이 되어 있다.

최근의 매스카뮤니케이션의 급속한 발전에 따라 TV, 비디오, 영화, 연극 등도 모든 정보나 사상을 전달하는 데 큰 역할을 담당하게 되었다. 특히 요즘은 어른이나 어린이를 막론하고 책을 읽는 시간보다 TV에 매달려 있는 시간이 더 길어지게 되었다. 그렇지만, 아무리 많은 시간을 TV에 소비하여도 제대로 된 책을 한 권 읽는 것만 못하고, 아무리 배우들이 명연기를 보여도 글이 묘사할 수 있는 감정이나 사상의 표현은 따르지 못한다. 더구나, 손쉽게 휴대할 수 있는 책은 어떤 때 어느 곳에서나 우리가 원할 때 우리의 반려가 되어 준다.

먼 옛날 어디선가 글을 쓰기 시작한 것이 전세계로 퍼져 나갔다. 인류의 역사에 비해서 문자의 역사는 그리 오래지 못하다. 글자가 어디서 시작되었는지를 연구하기 시작한 것은 극히 최근의 일이다. 아직도 어느 나라에서 누가 언제 문자를 발명했는지 아무 기록도 찾지 못했다. 다만 어떤 개개의 문자가 누구에 의해서 만들어졌는지 막연히 전해 오고 있을 따름이다. 인류문화사상 가장 위대한 공적인 문자 발명은 특정한 개인을(아인슈타인이나 에디슨같이) 지명할 수가 없기 때문에, 자칫하면 무시당하기 쉽다. 그러나, 우리 한글은 세종대왕이라는 발명가가 엄연히 존재한다.

필자는 이 책에서 '앨화벳'이라는 철자 대신에 '앨화벨'이라는 철자를 사용한다. 이 이유는 뒤에 Ⅲ편에서 설명하고자 한다.

앨화벨은 수천 년 동안 여러 부족이나 민족을 거치면서 도태, 변천, 개량의 길을 걸어왔다. 시초에는 어떤 부호, 기하학적 형체, 짐승이나 자연물의 그림 등이 원시인들 사이에서 의사전달의 수단으로 사용되었다. 이러한 그림들은 원시인들이 살고 있는 동굴에서 많이 발견되는데, 시기적으로는 10,000 BC 내지 20,000 BC까지 거슬러올라간다. 이런 그림들이 표의(表意)문자로 변하는 때가 진정한 의미의 글이 생긴 때라고 할 수 있다. 이 단계에서 어떤 이야기를 기술하는 방법이 많은 부족들에 의해서 사용되게 되었다. 이런 도식(圖式) 형체의 글은 이집트, 마야, 아즈테크 등에서 많이 볼 수 있다. 이러한 그림들이 차차 발전해서 표음(表音)문자로 변천해 갔다.

3,000 BC까지는 이집트와 메소포타미아에서 음절문자가 꽤 널리 사용되게 되었는데, 1,700 BC에 이르러서는 하나의 부호가 하나의 음절을 대표하는 앨화벨의 형태를 갖추게 된다. 하나의 음절은 보통 자음과 모음으로 구성되었는데, 메소포타미아에서는 음절 앨화벨에 사용된 문자가 거의 600 자에 이르게 되었다. 그중의 어떤 글자는 하나의 단어를 대표하는 상형(象形)문자도 있었고, 이 경우의 하나의 글자는 한 단어 전체를 대표하고 있었다. 또, 많은 글자가 한 개 이상의 음가(音

價)를 갖고 있었다.

이 단계에서는 모음 부호는 아직도 존재하지 않았다. 가령 'Korean alphabet is the best.'를 당시의 글로써 표시하면 'Krn lphbt s th bst.' 가 된다. 즉 '나는 느一ㄴ ㅎ ㄱㄱㅛㅇ에 ㄱ ㅏㅂㄴ ㅣ다.'는 'ㄴㄴ ㄴ ㅎㄱㄱ ㄱㄴㄷ.'로 표기되는 것과 마찬가지다. 그리스의 경우, 모음 으로 시작되는 낱말이 많기 때문에, 이러한 앨화벹으로는 커다란 불편 을 겪을 수밖에 없었다. 이러한 자음뿐인 음절 문자가 사용되고 있던 West Semitic의 경우에는 모음으로 시작되는 낱말이 없었기 때문에 그 나마 이러한 자음문자로써 일을 치룰 수가 있었다. 어떤 학자는 이러한 글은 아직 앨화벹이라 부를 수 없고 음절문자표라고 불러야 한다고 주 장하는데, 이는 모음부호가 없기 때문이다.

영어와 마찬가지로 희랍어는 Indo European 계통의 언어이며, 어구 의 대조를 위해서 모음을 사용했을 뿐 아니라 모음만으로 된 단어도 가지고 있었다. 또한, 모음과 또 하나의 모음만으로 단어를 구성하는 예도 드물지 않았다. 따라서 지금의 시리아의 일부인 휘니키아에서 자 음 앨화벹과 주요 자체(字體)의 개념이 그리스에 수입되었을 때, 모음 이 없다는 사실은 그리스 사람들에게 커다란 불편을 주었다. 그래서 그 들은 자기들에게 필요치 않은 자음부호 여섯 개를 골라서 이들을 모음 부호로 전환 사용하였던 것이다. 즉, 그리스 사람들은 중동의 문자에다 모음자를 더하든가, 자음문자의 상하에 어떤 표식을 해서 모음으로 변 조하든가 해서 오늘날 우리가 앨화벹이라고 부르는 것의 모체를 처음 으로 만들어 낸 것이다. 그것이 기원전 400~500년경이다. 이렇게 만 들어진 앨화벹은 로마에 이르러 라틴 앨화벹이 되었고, 그뒤 유럽 여러 나라의 앨화벹의 모체가 되었던 것이다. 오늘날 우리가 알고 있는 영어 앨화벹도 그중의 하나이며, 영어 앨화벹은 19세기에 이르러서야 겨우 오늘의 형태로 완성되었던 것이다.

브리태니카 백과사전의 'Writing'이라는 항목에, 어린이들이 글자를 배우는 심리적 과정을 그린 재미있는 글이 실려 있었다. 이 글에 의하 면, 어린이들이 앨화벹 글자를 배우는 짧은 기간에 걷는 길은 우리 인

류가 수천 년 동안에 걸쳐서 앨화벨을 오늘의 것으로 발전시켜 온 과
정과 일치한다.

  "앨화벨 철자법을 읽고 쓰는 공부를 하는 어린이를 관찰하면, 그들은 인류가
문자를 발전시키는 과정에서 부호를 분석하면서 애쓰던 때와 꼭같은 과정을 밟
고 있다는 것을 알게 된다. 어린애들이 맨먼저 가정하는 것은, 낱말은 그것이
대표하는 물체와 비슷하다는 것이다. 즉, '기차'는 무척 긴 것이므로 '기차'라는
낱말도 무척 길 것이라고 생각한다. 같은 이유로 '두 마리의 작은 도야지'는 두
개의 도야지를 나타내는 낱말로 되어 있을 것으로 생각한다. 뒤에 그들은 글자
라는 것은 물체를 대표하는 것이 아니라 낱말을 대표하고 있을 뿐이라는 것을
깨닫게 된다. 다음에는, 낱말은 소리의 연속이라는 개념을 갖게 된다. 이때까지
도 어린애들은 낱말을 일련의 자음으로만 표기하려고 하니, 즉 CAT는 kt라고
생각하고 있다. 이 단계를 거쳐야만 하나의 낱말은 자음과 모음으로 표기해야
된다는 앨화벨의 원칙을 깨닫게 된다."

  이렇게 어린애가 몇 달 사이에 걷는 과정을 인류는 수천 년에 걸쳐
서 걸으며 오늘날의 앨화벨을 완성하였다. 처음의 상형문자는 자음 앨
화벨으로, 그리고 오늘날의 자모음 앨화벨이 되었다. 그것은 정복자,
상인 또는 선교사 등을 통해서 전파되는 동안 여러 민족의 머리를 빌
려서 이루어졌다. 문자가 타지방 또는 타민족에게 전수될 때, 새로운
사용자들의 새로운 소리를 나타내기 위해서 완만한 그러나 꾸준한 개
량을 거듭해 온 것이 앨화벨이다. 거기에 비해서 한글은 5 세기 반 전
에 한 분의 천재 임금님이 당시 조선 왕조의 최고 두뇌 집단을 이끌고,
과거에 구애됨이 없이 무에서 유를 창조하듯 만들어 낸 글이다. 한글이
너무나 독창적이고 과학적일 수밖에 없는 이유가 여기에 있다.

2. 세종대왕과 한글창조

1) 한글의 독창성

라틴 앨화벹은 수천 년에 걸쳐서 수많은 민족과 부족을 거치면서 수없이 변조 개량되면서 오늘날의 형태를 갖추게 되었다는 것을 말했다. 거기에 비해서 한 분의 임금님이 일국의 두뇌를 총동원해서 과거의 유산에 하나도 의존하지 않고 창조해 낸 것이 한글이다. 이러한 한글의 특징이 어떤 것인가를 아주 간단하게 적어 보자.

첫째, 위에서 말한 이유로 독창적일 수밖에 없다. 그러나, 한글의 과학성, 정교함이 너무나 뛰어나서 이러한 문자 자체가 어떤 개인의 힘으로 한 나라에서 한 세대 사이에 만들어졌으리라고는 누구도 믿을 수가 없었다. 그래서, 많은 국내외 학자들은 한글의 기원에 관해서 구구한 논쟁과 억측을 거듭하였다. 중국 서체의 하나인 전자(篆字), 인도의 산스크리트 문자, 몽고 문자, 여진 문자, 시리아 문자, 티벹 문자 등에서 한글의 기원을 찾으려는 그럴 사한 학설이 만발하였다. 그러나, 1940년에 500 년 동안이나 숨어 있던 훈민정음 해례본(解例本) 원본이 발견됨으로써 모든 구구한 억측은 일소되고 말았다. 한글의 자체나 조직이 절대로 독창적이라는 것은 창제자들이 '천지 자연의 소리가 있으면 천지 자연의 글이 있다'고 말한 자신에 찬 선언에서 벌써 움직일 수 없는 사실로 증명되고 있다.

둘째로, 한글은 천재 임금님이 이끄는 일단의 학자들의 일사불란한 집단적 연구의 결과이다. 이 세상 어느 나라 글이 이렇게 국가의 두뇌를 총동원해서 만들어진 것이 있었던가. 이 젊은 학자들에게는 진취적 기상이 있었고, 백성의 불편을 없애 주려는 사랑의 정신이 있었다. 이러한 집단적 두뇌, 이러한 동기, 이러한 정신으로 만들어진 문자 체계가 가장 과학적이고, 가장 조직적이고, 그러면서도 가장 간편 명료한 것이 된 것은 극히 당연한 일이다.

셋째로, 한글은 표의(表意)와 표음(表音)을 겸비한 문자이다. 여기서 표의라 함은 소리의 종류를 결정하는 발성 기관의 모양을 나타낸다는 뜻이다. 'ㄱ'은 혀가 내려 붙은 모양, 'ㄴ'은 혀가 올라 붙은 모양을 나타낸다. 모음 'ㆍ'는 수평선이나 수직선이 없는 하나의 점만으로 가장 모호한 모음을 나타내고 있다. 또한, 이들이 합쳐져서 하나의 음절을 이룰 때 낫, 낮, 낯, 낟, 낱, 났 이나 삶, 굶, 싫 등의 정밀한 조합에서 보여 주고 있듯이, 원래의 표음문자를 거의 완벽한 표의문자로까지 승화시키고 있다. 이것은 실로 표음문자의 모든 장점을 따서 그 정점에 올려 놓은 문자라고 할 수 있다.

넷째로, 현재 사용되고 있는 기본 글자는 모음 10 개와 자음 14 개로 모두 24 개로서, 이는 세계에서 가장 간단한 문자 체계이다. 된소리 자음 5 개(ㄲ, ㄸ, ㅃ, ㅆ, ㅉ)를 자음에, 복합모음 11 개(ㅐ, ㅒ, ㅔ, ㅖ, ㅘ, ㅙ, ㅚ, ㅝ, ㅞ, ㅟ, ㅢ)를 모음에 합치면 자음 19 개, 모음 21 개가 된다. 또한 받침으로 쓸 수 있는 부호는 기본 자음 14 개와 복합자음 7 개(ㄳ, ㄶ, ㄺ, ㄻ, ㄼ, ㄾ, ㅀ, ㅄ)를 합친 21 개가 된다. 한글의 표기 가능한 소리는 이론적으로 8,778 개($19 \times 21 \times 21 + 399 = 8,778$)가 된다. 일본 글자가 표기하는 소리는 201 개이고, 중국 글자가 나타낼 수 있는 소리는 427 개이다. 영어 앨화벹이 나타낼 수 있는 소리는 한글보다 적을 것이지만 그것보다도 글자 한 개가 너무나 여러 가지 소리를 나타내는 점에서 1 자 1 음의 철칙을 지키고 있는 한글과는 비교가 안 된다.[1]

이렇게 살펴볼 때, 세종대왕의 한글 창제는 실로 놀라운 일이었다. 한글 창제 전까지 우리나라에서 사용되던 글은 이두였다. 지식층에서는 중국 한자를 그대로 즐겨 쓰고 있었다. 즉, 우리나라는 아직 상형 또는 표의문자의 시대에 있었다. 그곳에서 일약 인류가 이제까지 만들어 낸 어떠한 문자 체계도 따를 수 없는 이상적인 음소문자 체계가 만들어진 것이다. 인간이 수천 년에 걸쳐서 이룩한 일을 불과 한 세대에 이루어 놓았을 때, 사람들이 그 기원에 대해서 구구한 억측을 한 것은 어쩌면 당연한 일일지도 모른다.

2) 세종대왕의 고뇌

세종대왕은 1420년 3월에 학문을 가르칠 목적으로 젊은 학자들을 모아 일종의 왕립문화연구소라고 할 수 있는 집현전을 설치하였다. 이 때부터 훈민정음의 연구는 시작되었을 것으로 추측할 수 있는데, 이때부터 1443년에 정음이 완성될 때까지 20 년 이상이 걸렸다는 이야기가 된다. 그동안의 연구 과정을 말하는 기록이 별로 보이지 않으니 이상한 노릇이다. 조선왕조실록 같은 데는 그간의 세종대왕의 고생에 관해서 많은 기록이 있어야 할 것이 아닌가. 그것이 보이지 않는 것은 그 작업이 표면화하는 것을 되도록 막았다는 증거이다. 특히 그 작업의 규모가 극히 컸던 것을 생각할 때, 이 추측은 거의 움직일 수 없는 확신으로 변한다.

세종대왕은 보통 한국사람과는 많이 다른 성품을 지니고 계셨던 것 같다. 우선 그분에게서는 '노세 노세 젊어서 노세'나 '구렁이 담 넘기' 식의 태도를 찾아볼 수 없다. 부지런하고 인내심 있고 만사를 정확하고 치밀하게 하였으며, 그리고 결과를 철저하게 관리하셨다.

언어학자로서도 천재적인 두뇌를 가지고 계셨지만, 또한 정치가로서의 안목과 수완을 갖추고 계셨다. 무엇보다도 중요한 것은 그 당시의 전제군주한테서는 기대할 수 없는 투철한 민주주의 정신의 소유자였다. 이 정신이 이 거대한 작업의 동기가 되었고, 그것을 완성시키는 원동력이 되었다. 이 정신이 있었기에 절대군주의 권위에 도전하며 옳은 일을 반대하는 자들을 엄격하게 다스리면서도 그 도수가 지나치지 않았다. 그러기에 모든 반대론자들도 크게 벗어나지 않도록 끌고나갈 수 있었다. 그는 공명심보다도 일의 완성을 더 중요하게 생각했다. 세종이 정음 제작을 위해 분투하는 모습은 정음 완성 후부터 반포시까지의 세종실록에 몇 가지만 실려 있을 뿐이다. 이러한 사실은 그분에 대한 우리의 존경심을 더 한층 높여 주지만, 그와 그의 학자들이 겪은 고심, 환희, 실망을 더듬어 볼 길이 없음은 서운한 일이다.

한글이 나오기 전에, 우리나라에서는 한자의 뜻과 소리를 빌려 우리나라 말을 표기하는 데 쓰이던 이두(吏頭)라는 것을 신라시대부터 사용하여 우리말을 어색하게 기록하였다. 그후에 한자 또는 그 일부를 한문 사이에 삽입해서 조사 구실을 하는 토(吐)로 사용했다. 그러나, 이 모든 것은 우리의 말을 기록하기에는 너무나 부족한 것이었다. 그러다가 1443년 12월, 조선조 제4대 세종대왕은 마침내 훈민정음을 완성하여 우리말을 자유자재로 기록할 수 있는 길을 열었다. 그리고, 3년 뒤인 1446년 9월에야 정식으로 훈민정음이 반포되었다.

세종대왕은 왜 정음 완성에서 반포까지 3년을 기다려야 했나 생각해 보지 않을 수 없다. 사실 훈민정음 완성부터 반포되기까지의 3년 동안 온갖 반대론이 터져나왔고, 세종대왕과 그의 학자들은 거기에 대응하기에 바빴다. 그 당시에 전제군주가 하는 일에 반대하는 것은 극히 힘들었을 터인데도 조신간의 반대는 맹렬하였다. 그것은 외세를 등에 업고 있었기 때문에 가능했을지도 모른다. 그중 대표적인 것이 1444년 2월에 집현전 부제학(集賢殿副提學) 최만리(崔萬里) 등이 올린 언문 반대 상소이다. 최만리의 상소문은, 1) 중국에 없는 특수한 문자를 만든다는 것은 사대모화(事大慕華)의 원칙에 어긋나는 것이고, 2) 몽고, 서하(西夏), 일본 같은 데 특수한 문자가 있는 것은 그들이 오랑캐인 때문이며, 기자(箕子)의 유풍이 있는 조선에서는 중국문화를 버리고 오랑캐를 본받을 필요가 없으며, 3) 이두도 천하게 여긴 식자나 관리들은 한자와 전혀 관계도 없는 언문은 배우지 않게 되고, 따라서 한문의 보급이 쇠퇴한다는 등의 해괴망칙한 이유를 늘어놓으면서 반대했다.

이렇게 분분한 반대론에도 세종대왕의 결심과 열의는 흔들리지 않았으며, 때로는 어리석은 논리를 반박하고, 때로는 최만리, 신석조, 김문, 정창손, 하위지, 송처검, 조근 등 집현전 학자들을 의금부(義禁府)에 내렸다가 다음날 석방하는 등, 자신만만한 태도로 반대 이론을 종식시켰다.

세종대왕은 반대론자들의 논거가 박약하다고 무조건 군주의 위력으로 제압하려고 한 것도 아니며, 당시의 사대사상과 숭화사상은 이론의 문제보다도 감정의 문제라는 것을 누구보다도 잘 이해하고 계셨다. 세종대왕은 그들의 반대에 세심한 배려를 했으며, 그들이 이해하고 따라오도록 성의를 다하셨다. "내가 운서를 바로잡지 않는다면 누가 그것을 바로잡겠는가."라고 힐책하신 것은 세종대왕의 짜증과 자신감을 동시에 나타내는 말이며, "너희들은 나를 시종하는 신하로서 나의 뜻을 잘 알고 있을 터인데도 왜 이런 말을 하는가."라고 하신 것은 평소에 신하들을 타이르는 데 충분한 노력을 한 뒤에 말할 수 있는 말이다. 필자는 이러한 일련의 사건에서 세종대왕의 따스한 인간미와 뛰어난 행정능력을 보며 다시 한 번 고개가 수그러진다.

세종대왕은 한글 창제에 들인 정력과 고심에 못지않은 고통을 반대론자들한테서 받았다. 그것은 반대론자의 세가 너무 강해질 때 명나라의 간섭을 초래할 것이라는 염려 때문에 더했을 것이다. 이러한 추측이 지나친 것이라고 하는 분들은 일제(日帝)가 한글사전의 간행을 얼마나 두려워했는지 상기할 필요가 있다. 우리 선열들은 한글사전의 간행을 위해서 목숨을 바치고 감옥살이를 해야 하지 않았던가. 정음의 창제는 사전 간행과 비교가 되지 않는 큰 일이었다. 즉, 중국문화권에서 벗어나려는 명백한 도전으로 간주될 수 있는 일이었다. 이것은 오늘날 여러 나라에서 외국에다 자기 나라의 말을 무료로 가르치는 시설을 만들어서 운영하고 있는 사실과 아울러 생각하면 더욱 잘 이해가 갈 수 있을 것이다.

이와 관련해서 또 한 가지 필자의 주의를 끄는 것은 훈민정음에서 필요 이상의 지면이 역학(易學)적인 설명에 제공되고 있다는 사실이다. 세종대왕의 목적은 모든 소리를 나타낼 수 있는 문자의 창조였다. 이분의 명석한 두뇌로는 역학이 글자의 문제와 아무 관련이 없다는 것은 너무나 분명했을 것이다. 그런데, 왜 억지로 역학에 관련시킨 장황하고 산만한 설명이 훈민정음 여러 곳에서 벌어지고 있는가. 이것도 국내외의 압력을 중화시키려는 세종대왕의 깊은 사려에서 나온 것이다. 즉, 중국철학의 테두리 안에서 한글이 창조되었다는 일종의 가장을 꾀하고 있는 것이다. 필자는 이것을 필자 혼자만의 경솔한 추리가 아닐까 염려하였었는데 놀랍게도 Florian Coulmas의 The Writing System of The World(1990, p.118)에 "새로운 문자(한글)의 철학적 정당화는 어떠한 변동에 대해서도 무조건 반대하려고 드는 당시의 교육받은 엘리트들 때문에 필요한 과정이었다."고 지적되어 있는 것을 읽고 저으기 마음이 놓였다. 분명히 세종대왕은 국내의 반대와 국외로부터 올 수 있는 제동을 예방하기 위해서 역학이라는 연막을 사용한 것이다.

한글을 우리 글로 정착시키겠다는 세종대왕의 집념은 여러 곳에서 엿볼 수 있다. 훈민정음을 완성한 이듬해에 눈병으로 청주에 요양차 가실 때도, 딴 정무는 신하들에게 일임했으나 정음의 연구만은 요양지에서도 쉬지 않았다. 그리고, 청주로 내려가기 직전에도 최항, 박팽년, 신숙주, 이선로, 이개, 강희안 등에게 운회(韻會)를 번역시키고, 왕세자인 진양대군과 안평대군으로 하여금 이를 관장하게 하고, 중대 사항은 일일이 자신에게 품하도록 하셨다.

한창 반대론이 분분할 때도 세종대왕은 정부 관리 10여 인에게 정음을 배우게 하면서 실험을 통한 연구를 계속하는 실제적이고 과학적인 면을 보여 주셨다.

훈민정음 반포 후 1446년 10월에는 대간(臺諫)의 죄를 한글로 적어서 의금부 승정원(承政院)에 시달하셨고, 그후에도 수양대군에게 명해서 같은 일을 하게 하셨다. 우리는 여기에서 세종대왕이 모든 세자들로 하여금 이 한글 창제 사업에 동참하게 해서, 이 일이 다음 세대에 가서도 지속되도록 보장하려는 그의 굳은 의지를 엿볼 수 있다.

1445년에서 1455년까지의 10 년 사이에 일어나는 일련의 사건은 세종대왕이 정음의 정착을 위해서 얼마나 철저하게 계획을 하셨는지 보여 주고 있다.

1445년 4월   조선조 창업의 원대함과 왕업의 어려움을 노래한 송덕가로서 한글로 지어진 최초의 문학서라고 할 수 있는 용비어천가를 지음.

1446년		궁중에 학술 연구기관 '정음청'을 설치함.
1446년	3월	왕비 소헌왕후의 명복을 빌기 위한 석가모니의 일대기 석보상절(釋譜詳節)을 아들 수양대군으로 하여금 번역하게 함.
1446년	9월	훈민정음해례(解例) 간행.
1447년	9월	최초의 운서(韻書)인 동국정운(東國正韻)을 완성.
1448년	10월	용비어천가를 간행.
1448년	11월	동국정운을 간행.
1455년		홍무정운역훈(洪武正韻譯訓)과 사성통고(四聲通攷)를 완성.

이 밖에도 많은 서적을 번역 출간하게 했으며, 이것은 정음의 실용화를 확고하게 다져 놓으려는 그의 집념에서 나온 것이다. 세종대왕의 이러한 집념이 있었기에 한글은 5세기에 걸친 푸대접을 겪고도 오늘날 우리와 함께 굳세게 자라나고 있다. 한글의 보급 발달을 위한 세종대왕의 노력은 비단 정음의 창조와 토착화에서뿐 아니라 한국문화 전반에 걸쳐서 위대한 부흥을 일으켰던 것이니, 실로 우리나라 역사상 가장 뛰어난 인물이라고 단정할 수 있겠다.

정인지는 제자해(制字解) 끝에서 "임금님은 하늘로 태어나신 거룩하신 어른으로 제도와 베푸심이 모든 임금에 뛰어나서 정음 지으심은 앞사람의 것을 이어받아 본뜬 것이 없이 자연에서 이루심이다."라고 하였다. 여기에 한 사람의 대학자가 자기의 지도자에 대한 절절한 경애심을 표시하고, 또한 한글의 독창성을 담담하게, 그러나 단호하게 선언하고 있다. 이 글의 후반이 꾸밈 없고 간결함에 비추어, 전반도 아무런 과장 없이 자신의 심정을 그대로 토로하고 있는 것으로 믿는다.

오늘날 우리는 세계에서 가장 과학적인 문자를 향유하게 되었지만, 그것은 세종대왕과 그를 따르는 학자들의 두뇌만으로 될 수 있는 일이 아니었다. 모든 두뇌를 묶어서 한 방향으로 움직여 나가는 조직력, 숭화사상에 젖은 당시의 반대론자들을 잘 다스려 나가는 행정력, 가능한 외세의 압력을 배제할 수 있는 외교적 수완, 외국 학자의 의견도 서슴없이 자문하는 포용력, 자기 뜻을 글로 펴지 못하는 백성을 딱하게 여기는 사랑, 그리고 이 모든 것을 마음껏 발휘할 수 있는 전제군주로서의 권력을 가진 세종대왕이 계셨기에 이 거대한 작업은 완성될 수 있었다. 그는 세심하였고, 만사에 철저하였고, 이 일의 지속성을 다짐하려는 집념을 갖고 계셨다. 그는 우리 문화의 르네상스를 이룬 영명한 군주임과 동시에 개인으로서는 우리 국민 모두의 귀감이 될 수 있는 인격자였다.

---

1) ㄱ. 훈민정음 종성해에는 "그러나 (종성은) ㄱㆁㄷㄴㅂㅁㅅㄹ여덟 자면 넉넉히 쓸 수 있다."라고 적혀 있다. 이 말은 초성부호 14개 모두를 종성부호로 사용할 필요가 없음을 말한다. 사실에 종성의 음가만을 생각할 때, ㅅ의 음가와 ㅈㅊㅉㄷㅌㄸ 등의 음가 사이에 별다른 차이가 있을 것 같지 않다. 또한 종성이 복합자음일 때는 종성음가는 첫 자음부호로 결정되며, 둘째부호는 주로 다음에 오는 글자를 된소리나 파열음으로 만드는 역할을 하고 있다(예 : 없다, 싫다). 훈민정음의 이치를 따라서, 현존하는 한글부호만을 사용하여서, 한글이 만들어 낼 수 있는 소리를 계산하면 3,591개가 된다.

초·중성만의 소리 399+(초성 19×중성 21×종성 8)=3,591

ㄴ. 이 책에서 채택한 종성부호의 수 21개는 초성자음 14개에다 현재 사용되고 있는 종성 복합자음 중에서 ㄵㄶㄺㄻㄼㅀㄽ 7개를 골라서 합친 숫자이다. 여기에 빠진 종성 복합자음 부호는 ㄳㅄㄾㄿㄲㅆ의 6개이다. 이중 ㄳ과 ㅄ은 첫 부호 ㄱ과 ㅂ이 급한 소리여서 소리가 거기에서 일단 끊어지기 때문에 복합적인 음가를 인정할 수 없다. 위에 말한 대로 이 경우에 ㅅ 부호는 다음에 오는 글자를 된소리로 만드는 역할을 하고 있을 뿐이다. 나머지 ㄾㄿㄲㅆ은 종성음가로서는 각각 ㄽㄼㄱㅅ과 중복되는 부호이기 때문에 계산에 넣을 수 없다고 생각되었다.

초·중성만의 소리 399+(초성 19×중성 21×종성 21)=8,778

ㄷ. 위와 같은 제한을 전혀 고려하지 않고, 현존하는 모든 부호를 무조건 이용하여, 가능한 조합방법을 극한까지 개발하면 11,172개의 글자가 생산된다. 그러나 이렇게 해서 얻어낸 대다수의 글자들은 실질적으로는 같은 소리를 나타내거나 또는 그것이 표기하려는 소리가 무엇인지 상상조차 할 수 없을 정도의 것들이 되어 버린다. 이 점, 무리한 숫자적 팽창보다 이성적인 계산이 바람직스럽다.
보기 : 잇 있 팍 팏 쪲 땏 뿛 촣

초·중성만의 소리 399+(초성 19×중성 21×종성 27)=11,172

3. 1 자 1 음의 부호와 치밀한 구성

애당초 인류는 그림으로 기록을 남겼다. 그 그림이 낱말 또는 문장을
대표하는 글자로, 다음은 음절을 대표하는 글자로 발전했다. 일본의 가
나문자는 이 단계의 문자이다. 그것은 다시 모음과 자음을 분류 표기하
는 글자가 되니 영어 앨화벹이 이 단계의 문자이다. 그래서, 언어학자
들은 앨화벹을 음소문자라고 부르는데 필자는 선뜻 이에 동조할 수가
없다. 뒤에 충분한 예를 들어 설명하겠지만 'a' 자 한 자가 아이, 에이,
애, 아, 오, 에, (ᆞ) 등의 여러 소리로 발음되고, a, e, i, o, u 등의 모
든 글자가 '이' 소리로 발음될 수 있다. 이렇게 영어 앨화벹의 글자들
은 글자 한 개가 너무 많은 음가(音價)를 지니고 있어 한 개의 글자가
한 묶음의 소리를 대표하는 상징적인 부호가 되어 버렸다. 이러한 문자
를 어떻게 음소문자라고 부를 수 있겠는가. 구태여 그렇게 부르기를 원
한다면 다목적(多目的)음소문자 또는 음소군(音素群)문자라고나 불러
야 할 것이다.

영어 앨화벹의 신비스럽기까지 한 조작을 설명하고 어떠한 원칙을
마련해서 이 혼란 상태에 해명의 조명을 할 수 있는 언어학자가 있을
는지 의문이다. 거기에 반해서 1 자 1 음의 원칙을 처음에서 끝까지
엄격하게 지키는 한글은 진정한 음소문자라고 할 수 있다. 앨화벹을 음
소문자라고 부르고 한글은 자질문자로 부른다는 이야기를 가끔 접하게
되는데, 이 경우의 자질(featural)이라는 말은 음소 이상의 더 세분된
소리를 대표할 수 있다는 말로 생각된다. '자질'보다는 '음질'이 더 적
합하지 않을까 한다. 하여간 외국 석학의 입에서 나오는 이러한 말은
한글이 얼마나 높은 수준의 문자인가를 단적으로 증명하여 주고 있다.

여기에서 한글의 'ㅡ'와 'ㅑ'의 두 가지 부호를 영어 앨화벹 소리와
비교하며 논해 보고자 한다.

'ㅡ' 소리는 영어에도 있지만 따로 그 소리를 표기할 수 있는 부호는

준비되어 있지 않다. 어떤 언어학 책에서 자음을 Half voiced와 Non-voiced로 분류하는 것을 보았는데 어느 책이었는지 생각이 나지 않는 것이 유감이다. 필자는 자음을 다음과 같이 나누어 보았다.

	t의 경우	g의 경우
Non voiced(발음되지 않는 자음)	hot 핫	king 킹
Half voiced(절반 발음되는 자음)	heart 하트	grow 그로우
Fully voiced(완전 발음되는 자음)	time 타임	gold 고울드

t의 경우를 생각하면 hot와 같이 짧은 모음 뒤에 올 때는 '트'소리는 거의 들리지 않는다. 그러나 heart의 경우와 같이 긴 모음 뒤에 올 때는 절반 정도 발음된다. 절반 정도라는 것은 완전한 발음이 아니라는 뜻이다. 그러나, ten의 경우와 같이 다음에 '으' 이외의 모음이 올 때는 완전히 발음된다.

g의 경우에는 발음되지 않는 경우는 g가 콧소리로 되었을 때이고 (king=킹), 절반이 발음되었을 때는 g 자음 다음에 또 하나의 자음이 따르고 있을 때이고(grow=그로우), 완전 발음되었을 때는 '―' 이외의 모음이 뒤따르고 있을 때이다(gold=고울드).

'강'이라는 글자에서 'ㄱ'은 초성(初聲)이고, 'ㅏ'는 중성(中聲)이고, 'ㅇ'은 종성(終聲)이다. 한글에서는 '핫', '킹'같이 소리가 종성으로 끝날 때는 발음 안 되는 자음이며, '트'나 '그'같이 '―' 음이 뒤따를 때는 절반이 발음되는 자음이고, '타'나 '고'같이 '―' 이외의 모음이 뒤따를 때는 완전 발음되는 자음이 된다.

필자는 여기서 지금 미묘한 점을 논하고 있다. 즉, 영어에서는 grow와 같이 자음+자음이 될 때 발음 부호는 grou가 되며, 사실 g와 r 사이에 모음이 존재하지 않으므로 g는 절반 발음되는 자음이라는 것이다. 우리 한글이 말하는 것은 g와 r 사이에 엄연히 '―'라는 모음이 존재한다는 것이다.

The Cambridge Encyclopedia에서는 consonant(자음)와 vowel(모

음)을 다음과 같이 정의하고 있다.

자음 : "음성 통로를 닫거나 좁게 함으로써 공기 흐름을 일시적으로 막거나 제한하여 내는 소리를 자음이라 한다. 예를 들면, 'p' 음을 내기 위해서는 입술을 닫아야 하며, 's' 음을 내기 위해서는 입술을 입천장에 갖다 대어야 한다. 자음은 음절의 시작이나 끝에서 일어난다. (예 : cup) 영어에서는 a, e, i, o, u를 제외한 모든 음은 자음으로 취급된다. w와 y는 때에 따라서는 모음으로 취급된다."

모음 : "두 개의 언어상 음성의 하나(또 하나는 자음). 음성학상 모음은 공기가 인두(咽頭), 혀 또는 입술의 방해를 받지 않고 자유로이 입을 통해서 나올 때 만들어지는 소리다. 비음은 코를 통해서 흘러나오는 모음이다. 모음의 질은 입술의 모양과 혀의 위치에 따라서 결정된다. 음운론상 모음은 음절 구조의 기능에 따라 결정되며, 그것은 음절의 핵을 이루며 자음과 달리 독립적으로 존재할 수 있다. (예 : a)"

음성학상 어떤 음의 정의를 한치도 틀리지 않게 내린다는 것은 불가능한 일이다. 그러나, 위의 자음과 모음의 정의로 봐서 '으' 자는 모음이라고 주장할 수 있다. 우리는 '으' 소리를 딴 기관의 간여 없이 낼 수 있기 때문이다. 여기서 우리는 영어에서 발음되는 자음, 발음 안 되는 자음의 문제가 복잡해지는 것은 간단히 말해서 그들에게는 'ㅡ'라는 모음 부호가 따로 준비되어 있지 않은 탓임을 알게 된다. 우리 한글에서는 모든 것을 너무나 명쾌하게 규정지을 수 있다. 즉, '할', '킹'같이 종성자음으로 끝나는 영어 소리는 발음 안 되는 자음이고, '트', '그'와 같이 중성 'ㅡ'로 끝나는 소리는 절반 발음되는 소리요, 'ㅡ' 이외의 모음이 뒤따르면 완전 발음되는 자음이 된다는 것이다. 즉, 앨화벧에 'ㅡ' 모음 부호가 있었다면 이 문제는 까다로운 문제가 되지 않았을 것이다. 여기에서 지적하고자 하는 것은, 한글에는 영어에 없는 'ㅡ'라는 모음이 있기 때문에 '그리움'의 '그'와 같이 모음으로 끝나는 표기와, 같은 기역이지만 자음으로 끝나는 '복' 같은 표기를 명확하게 분류해서 표기할 수 있다. 즉, 기역이 모음 앞에 있을 때는 완전 발음되고, 기역이 음절의 마지막, 즉 종성에 올 때는 발음 안 되는(nonvoiced) 자음이 된다. 우리 한글이 치밀하고도 정확한 논리를 간직하고 있음에 감탄하지 않을 수 없다.

한글에서는 ㅑ, ㅕ, ㅛ, ㅠ는 모음으로 취급되고 있는데 영어에서는 자음으로 취급되고 있다. 한글에서는 ㅑ＝ㅣ＋ㅏ의 원칙에 따라 'ㅣ'도 'ㅏ'도 모음이니 'ㅑ'는 물론 모음이라는 것이다. 즉 'ㅑ'는 2중모음이다. 영어에서는 (j) 음은 young, yacht, yoke, yule의 경우처럼 y 자로 표기되고 y는 a, e, i, o, u의 어느 것도 아니므로 자음이라는 것 같다. 그러나, onion(ónjən)처럼 i＋o＝jə, 즉 모음 두 개가 합쳐져서 어찌 jə라는 자음이 되어야만 하는지, 모순된 논리다. 더구나, y 자는 fansy(fænsi)나 try(trai) 같은 경우에는 '이'나 '아이'로 엄연히 모음으로 읽고 있다.

이상에서 한글은 1 자 1 음의 원칙을 철저하게 지키고 있는 유일한 음소문자임을 논술했으며, 또한 자모음 분석에서 너무나도 치밀하고 합리적인 분석이 되어 있는 점을 밝히려고 하였다. 아마도 우리 한글에 대한 비교문자학적인 연구가 이루어질 때, 우리는 세계 언어학계의 기존 이론에 도전할 수 있는 기회가 많을 것으로 본다. 우리 젊은 학자들의 눈부신 활약을 기대하여 마지 않는다.

4. 자음·모음 조합의 철저한 원칙

한글의 기본 자모음 부호는 딴 어느 나라 문자보다도 더 많은 소리를 표기할 수 있다. 이들 기본 자모음들은 누구나가 쉽게 이해할 수 있는 원칙에 따라서 여러 가지 복합음을 만들어 낸다. 기본 자음 14 개 외에도 ㄲ, ㄸ, ㅃ, ㅆ, ㅉ 등의 자음 부호가 마련되어 있다. ㄱ과 ㄲ과의 관계를 이해하고 나면 나머지 네 개의 된소리부호들도 자동적으로 이해할 수 있다. 10 개의 모음도 원래의 형체를 그대로 유지하면서 ㅔ, ㅐ, ㅟ, ㅙ, ㅒ, ㅖ, ㅘ, ㅝ, ㅞ, ㅢ 등의 복합모음을 만드니, 이 모든 부호들을 이해할 수 없는 이가 없을 것이다.

단 한 가지 '애' 부호가 약간 이해하기 힘들지만, 다음 이야기를 읽으면 너무나 쉽게 납득이 갈 것이다. 일본말에는 '애' 소리가 없어서 handbag은 '한도박구'로 발음되고 또 그렇게 표기된다. 일본의 영어 교실에서 '애'자 발음을 가르친다는 것은 가장 힘든 일의 하나이다. 동경외국어대학에서 '애' 소리를 가르치는 방법은 '입을 옆으로 되도록 넓게 열고 "아"소리를 내라. 그러면 그것이 "애"소리가 된다.'라는 것이다. 입을 옆으로 넓게 열고 내는 소리는 '이' 소리다. '이' 소리 입모양으로 '아'소리를 내라는 그들의 설명은 한글의 ㅏ + ㅣ = ㅐ라는 글자 모양에 그대로 상형되어 있다. 중국한자의 '아이(愛)'가 우리나라에서는 '애'가 되고 '카이(開)'가 '개'로 된 것을, 생각하면 더 잘 이해가 될 것이다. 중국한자의 '와이(外)'는 물론 '외'가 된다.

'봄'이라는 글자에서 'ㅂ'은 초성이요, 'ㅗ'는 중성이요, 'ㅁ'은 종성이다. 보통 초성은 자음이고, 중성은 모음이고, 종성은 자음이다. 우리 한글에서는 초성, 중성, 종성 세 소리가 어울려서 음절을 이루는 것이라고 합자해(合字解)에 적혀 있다. 훈민정음 종성해(終聲解)에는 "또 ㅇ은 그 발음이 맑고 비어서 이것을 중성만으로도 음절을 이룰 수 있다" 하였으니 '아'는 'ㅏ'와 마찬가지라는 뜻이다. 그렇지만 'ㅏ'로만 쓰면 초성이 없어지고 다른 글자와의 균형이 무너지기 때문에 'ㅏ'는 '아'로 표기되었다. 이것은 컴퓨터 데이타를 입력할 때 두자리 숫자의 자료일 때는 10은 물론 10으로 입력하지만 1은 01로 입력하는 것과 마찬가지 이치로 극히 합리적인 표기 방법이다.

동국정운(東國正韻)의 한자음 표기에서는 중성으로 끝난 한자음에도 之(지)를 징, 那(나)를 낭, 世(세)를 '솅'으로 표기하듯 불필요한 'ㅇ'을 첨가하였으나, 이것은 모든 글자에 초성, 중성, 종성 셋을 고루 갖추려는 노력의 일단이었다. 이것은 'ㅇ'이 실제로 발음되는 경우와 심한 혼동을 빚어낼 수 있기 때문에 오늘날에는 실제로 발음이 되는 'ㅇ'만이 표기된다. 이렇듯 한글에서는 글자 하나의 조성에도 엄격한 규칙을 적용하고 있다. 또, 그 세밀하고 과학적인 분석은 일본문자의 자음 모음의 반복적 나열이나, 앨화벳의 무질서한 자음 모음 배열이 도저히 따를 수 없는 점이다. 또, 중국어와 같이 성모(聲母)와 운모(韻母)만으로 분류하는 방식과도 본질적으로 다르며, 우리의 초·중·종 삼분법(三分法)은 우리 한글을 음소(音素)문자로 만드는 또 하나의 중요한 이유이다.

위에 말한 것을 좀더 구체적인 예를 들어 생각해 보자. 자음을 C (consonant)로, 모음을 V(vowel)로 표시하면 일본말 음절은 CV이고, 아무리 긴 단어일지라도 CVCVCVCV와 같이 CV의 되풀이가 된다. 이것은 그들의 모든 문자가 자음＋모음으로 된 음절문자이기 때문이다. 영어의 경우에는 많이 복잡해진다. 단음절의 낱말만 골라서 생각해 보면, Keep는 CVVC, Kick는 CVCC, grips는 CCVCC, strict는 CCCVCC가 되는 등 거기에는 아무런 원칙이 없다. 앨화벳이 가나(か な)문자보다 융통성이 있을지 모르나 그 조직은 몹시 복잡하다. 우리 한글의 경우는 CV(가), VV(아), CVC(각), VVC(악), VVV(앙) 등 다섯 가지의 정해진 형체만이 있고, 이 가운데 VV(아), VVC(악), VVV(앙) 등은 먼저 말한 대로 초·중·종성의 삼분법을 충실히 이행하려고 하는 데서 만들어졌다. 따라서 결론적으로 우리 한글 음절의 기본적 형태는 CV이며, 때에 따라 종성이 있을 때는 CVC가 된다. 이렇게

한글의 음절은 지극히 간단명료하게 정의할 수 있다. 반면, 조직은 단순명료하지만 어떠한 배합도 용서하지 못해서 원초적인 소리밖에 표기하지 못하는 것이 일본 가나문자다. 융통성은 있어서 많은 소리를 나타내기는 하지만, 아무런 원칙이 없어서 혼란스럽기만 한 것이 영어 앨화벳이다. 단순명료하면서도 융통성과 원칙이 함께 갖추어진 우리 한글이 얼마나 우수한 문자체계인지, 자세히 들여다볼수록 더 확실히 깨닫게 된다.

이러한 철저한 삼분법에 입각한 자모음의 조합은 아주 많은 소리를 아무 혼란도 없이 표기할 수 있는 기능을 가져다주었다. 우리 한글에 소리가 많다는 사실은 우리에게 음감, 즉 소리에서 오는 느낌을 이용해서 여러 가지 말을 만들 수 있는 기능을 제공하였다. 발음의 다양성으로 미묘한 어감을 주는 말을 우리말만큼 많이 가지고 있는 언어는 없다. 우리의 의성어와 의태어를 생각나는 대로 다음에 적어 본다.

알락달락. 얼럭덜럭.
졸졸. 줄줄. 쫄쫄. 쭐쭐.
보동보동. 포동포동. 푸둥푸둥.
잡짤하다. 접쩔하다. 접찔하다.
단단하다. 든든하다.
딴딴하다. 뜬뜬하다.
탄탄하다. 튼튼하다.
쌉쌀하다. 씁쓸하다.
우물쭈물. 오물쪼물.

울퉁불퉁, 올록볼록, 오순도순, 얼렁뚱땅 등 형태, 행동, 태도까지 묘사하는 의태어가 이렇게도 발달됐다는 사실은 순전히 우리 글자의 다양성과 치밀성에서 오는 것이다. 다시 말하면, 우리 한글은 다른 나라 글에 비해서 시초부터 광범위한 여러 가지 소리를 대표하는 자모음 부호를 가지고 있었지만, 이러한 부호들은 초성, 중성, 종성에서 철저한 규칙에 따라서 또 한 차례의 조합을 이루어서 또다시 무수한 음절을 만들어 낸다. 이 모든 글자들이 아직도 1 자 1 음의 원칙을 철저히 지키고 있고, 그 글자들을 사용하는 사람들을 조금도 혼란시키지 않는다. 이것은 이 모든 조합이 위에 밝힌 바와 같은 일사불란한 원칙에 따라서 이루어지고 있기 때문이다. 이러한 이유로 우리는 한글만이 진정한, 그리고 유일한 음소문자이며, 전세계에서 가장 과학적인 글자라고 주저없이 주장할 수 있다.

5. 단순명료하나 뜻 있는 형체

한글은 글자 모양도 단순명료하고 또한 상징적이다. 훈민정음의 글자풀이를 읽어 보자. "어금닛소리 ㄱ은 혀뿌리가 목구멍을 닫은 꼴을 시늉함이요, 혓소리 ㄴ은 혀가 윗잇몸에 붙는 꼴을 시늉함이요, 입술소리 ㅁ은 입의 꼴을 시늉함이요, 잇소리 ㅅ은 이의 꼴을 시늉함이요, 목구멍소리 ㅇ은 목구멍의 꼴을 시늉함이다. ㅋ은 ㄱ에 견주어 소리 남이 조금 세므로 획을 더한 것이요, ㄴ에서 ㄷ으로 ㄷ에서 ㅌ으로 함과, ㅁ에서 ㅂ으로 ㅂ에서 ㅍ으로 함과, ㅅ에서 ㅈ으로 ㅈ에서 ㅊ으로 함과, ㅇ에서 ㆆ으로 ㆆ에서 ㅎ으로 함도 그 소리를 따라 획을 더한 뜻이 같되 오직 ㆁ은 다르며, 반혓소리 ㄹ과 반잇소리 ㅿ은 또한 혀와 이의 꼴을 시늉하되 그 본을 달리하여 획을 더하는 뜻은 없다." 이 설명을 읽고 그 철저한 분석과 번뜩이는 기지에 고개 숙이지 않는 이는 없을 것이다. 영어 앨파벨의 무의미한 형체나 중국 한자를 억지로 변조한 일본 かな(가나)문자의 형체를 비교할 때, 우리는 더 한층 경의를 느끼게 된다.

이러한 자음부호 사이의 유사성과 상호연관성은 특기할 사항이다. ㅅ, ㅈ, ㅊ, ㅉ; ㅁ, ㅂ, ㅍ, ㅃ; ㄴ, ㄷ, ㅌ, ㄸ; ㄱ, ㅋ, ㄲ 등의 형체에서 우리는 음운학에 의거한 완벽한 분류, 순한소리에서 거센소리로 가는 과정에서 형체변화의 공통성 등, 다른 문자체계에서는 유례를 찾아볼 수 없는 오묘한 글자형체를 볼 수 있다.

모음도 수직선은 입을 벌린 소리, 수평선은 입을 오무린 소리를 대표한다. 수직선의 오른쪽이나 수평선의 위에 오는 낙점은 밝은 소리, 수직선의 왼쪽이나 수평선 밑에 오는 낙점은 어두운 소리를 대표한다. 이러한 문자형체가 500년 전에 만들어졌다는 사실을 믿을 수가 없어서, 한동안 모방설이 분분했던 것도 이해할 수가 있다.

한글 자모음의 형체는 네모꼴, 세모꼴, 동그라미, 수직선, 수평선, 빗금, 점 등 모든 가능한 기하학적 형태를 사용하고 있다. 이것은 배워 쓰기에도 쉽고 또한 시각 호소율을 극대화하고 있다. 이 점은 한자의 직선만으로 된 네모꼴 형체나 일본 가나의 곡선만으로 된 형체에 비교 할 때 더욱 절실하게 느껴진다. 수직선 또는 평행선의 좌우 상하에 찍 는 모음 부호의 점은 당초에는 둥근 점이어서 시각 전도율이 높았으나 현재는 점 대신 줄을 써서 읽기 힘들게 되었다. 활자체는 다시 옛 모양 으로 돌아가는 것이 어떨까 한다.

한글 28 자의 자모음이 모두 완연하게 식별될 수 있는 형체라는 것 은 헤브라이 글자와 비교할 때 너무나 분명하게 드러난다. 헤브라이 글 자는 모두 수평선과 수직선으로 된 'ㄱ'이나 'ㅁ' 같은 글자로서, 형체 가 비슷해서 글자의 판별이 여간 힘들지 않다. 거기다 많은 움라우트까 지 달려서 눈이 어지러울 정도이다. 우리 글이 얼마나 배우기 쉽고 읽 기 쉬운 글인가를 새삼 느끼게 된다.

우리 한글 자체(字體)의 또 하나의 특징은 초성·중성·종성의 위치 가 확정되어 있다는 것이다. 우리 모음의 표기 방법에는 두 가지가 있 는데, 그것은 물론 수평선과 수직선이다. 수평선의 경우에는 고, 교, 구, 규, 그와 같이 초성은 수평선 위에 있다. 수직선의 경우에는 가, 갸, 거, 겨, 기의 경우와 같이 초성 부호는 항상 중성의 왼쪽에 있다. 종성은 초성과 중성의 아래에 놓인다. 이렇게 초성·중성·종성의 위치 가 확고부동하게 정해질 수 있는 이유의 하나는 앞에서도 언급한 바 있지만 따로 'ㅇ'부호를 마련해서 '아'와 같이 표기하는 데 있다. 사실 은 간단한 것 같지만, 우리는 글을 읽을 때 무의식중에 초·중·종성 부 호를 정한 위치에서 발견할 것을 예기하고 있으며, 이것은 한글의 시각 호소율을 극히 높게 만드는 요소의 하나이다. 영어에서 모음이 a, e, i, o, u 등 한 개의 독립된 부호 또는 몇 개의 모음 부호로서 만들어지며, 그것들이 단어의 어디에서나 발견되는 것과 비교하면, 이 뜻은 더욱 명 백하게 이해할 수 있다.

일본 가나문자의 모양은 한자의 以를 い(이)로, 呂를 ろ(로)로, 波 를 は(하)로, 乃를 の(노)로 하는 등 모두 한자를 변형시켜서 만든 것이기 때문에 소리와는 아무런 관계가 없는 형체이지만, 글자와 글자 사이에도 아무런 연관성이 없어서 50 자를 모두 따로 외워야만 된다. 즉, あかさたな(아가사다나)의 경우 글자 상호간의 형체상 연관성이라고는 아무것도 없다. 같은 소리들의 한글 표기는 '아가사다나'와 같이 모든 글자를 통해서 'ㅏ'라는 형체의 공통분모가 존재한다. 한자도 획을 제외하고는 별로 공통성이 없을 뿐 아니라 수적으로 40,000 자나 되고, 30 획이 넘는 글자도 드물지 않다. 영어 앨파벹에서는 직선, 곡선이 사용되고 글자의 크기와 위치 때문에 시각호소율은 높으나, 상호연관성은 전혀 없어서 필기체와 인쇄체의 52 자를 모두 외워야만 된다. 우리 한글의 형체가 얼마나 뛰어난가를 새삼 느끼게 된다.

한글과 다른 나라 문자의 시각호소율을 비교해 보자.

하나님이 세상을 이처럼 사랑하사 독생자를 주셨으니 이는 저를 믿는 자마다 멸망치 않고 영생을 얻게 하려 하심이니라

GREEK.　*Διότι τόσον ἠγάπησεν ὁ Θεὸς τὸν κόσμον, ὥστε ἔδωκε τὸν Υἱὸν αὐτοῦ τὸν μονογενῆ, διὰ νὰ μὴ ἀπολεσθῇ πᾶς ὁ πιστεύων εἰς αὐτόν, ἀλλὰ νὰ ἔχῃ ζωὴν αἰώνιον.*

HEBREW.　כִּי־אַהֲבָה רַבָּה אָהַב הָאֱלֹהִים אֶת־הָעוֹלָם עַד אֲשֶׁר נָתַן אֶת־בְּנוֹ אֶת־יְחִידוֹ לְכַעַן אֲשֶׁר לֹא־יֹאבַד כָּל־הַמַּאֲמִין בּוֹ כִּי אִם־יִחְיֶה חַיֵּי עוֹלָם ׃

HINDI.　क्योंकि परमेश्वर ने संसार से ऐसा प्रेम रखा कि अपना एकलौता पुत्र दे दिया कि जो कोई उस पर विश्वास करे, नष्ट न हो परन्तु शाश्वत जीवन पाए ।

ARABIC.　لأنه هكذا أحب الله العالم حتى بذل ابنه الوحيد لكي لا يهلك كل من يؤمن به بل تكون له الحياة الأبدية

MALAY.　كارن دمكينله الله مڠاسيهي ابي دنيا اين سهڠڬ دبرين اتڽ يغ توڠڬل ابت، سنايا بارڬسياف يغ فرچايا اكدنيا جاڠن اي بيناس ملينكن براوله مبدوف يغ ككل۰

6. 합리적인 배열과 호칭

우리 한글에는 다른 글이 생각지도 못하는 사소한 면까지 세심히 배려가 되어 있는 것을 간과할 수가 없다. 앨화벹에는 a, e, i, o, u 등의 모음이 전체 앨화벹 이곳저곳에 산재해 있는 데 비해서 우리 한글에서는 모음은 자음과 엄연히 구별되어 있다. 한글 전체를 통해서 일관한 합리적인 배열이 되어 있는데, 이것은 다른 어떠한 문자체계에서도 찾아볼 수 없는 완전한 음운학적 배열로서 나무랄 데가 없다. 한글 모음은 원래 · ― ㅣ ㅗ ㅏ ㅜ ㅓ ㅛ ㅑ ㅠ ㅕ 의 순서로 배열된 11 개의 부호였는데, 그뒤 최세진(崔世珍)에 의해서 ㅏ ㅑ ㅓ ㅕ ㅗ ㅛ ㅜ ㅠ ― ㅣ 의 순서로 고쳐졌다.

아 야 어 여 오 요 우 유를 천천히 한 자 한 자 똑똑하게 발음하여 보면 입을 제일 크게 열고 발음하는 '아'에서 차차 입이 좁아져서 '유'에 이르러서는 입술의 모양이 가장 좁은 형태로 끝나는 것을 알 수 있을 것이다. 언어학자들은 입안의 어떤 부위에서 모음이 만들어지느냐에 따라서 전설(前舌)모음, 중간모음, 후설(後舌)모음으로 분류하는데, 우리 한글에서는 입술의 모양을 더욱 중요하게 여기고 있다. 사실 혀의 위치에 따라 어떤 모음이 만들어지는가 하는 것도 중요하지만, 필자는 자음에서는 혀, 이, 입천장, 입술 등 발성기관이 결정적 역할을 하지만, 모음에서는 입술의 모양이 모음의 종류를 결정하는 데 더욱 결정적 역할을 하고 있다고 생각한다. 따라서, 필자는 우리 한글의 모음 배열을 가장 간단명료하고도 합리적이라고 생각한다.

모음 '―'와 'ㅣ'에 관해서 생각하여 보자. 원래 '―'와 'ㅣ'는 '·'와 더불어 모음의 머리에 있었던 것인데, 지금은 제일 마지막에 놓이게 되었다. 처음에 있건 마지막에 있건 이 두 모음이 특별취급받고 있는 것은 틀림없고, 또 '·'을 天에, '―'는 地에, 'ㅣ'는 人에 비유하고 있으니, 이 모음 부호들은 일종의 기본적인 부호로 취급되고 있다. 우선

'ㅡ'를 생각해 보면 앨화벹의 자음으로 끝나는 소리가 '으'와 같은 소리로 끝나고, 또한 우리가 한글을 배울 때 '가' 자는 '그'와 '아'를 빨리 읽으면 즉 그아그아그아 하고, 자꾸만 읽으면 그것이 '가'소리가 되는 법이라고 배운 것을 생각할 때, 'ㅡ'부호를 일종의 기본적인 부호로 취급한 데는 마땅한 이유가 있다는 것을 알 수 있다. 〈훈민정음 풀이〉에 "ㅛ는 ㅗ와 더불어 같되 ㅣ에서 시작하고"에서 시작해서 ㅑ= ㅣ+ㅏ, ㅠ= ㅣ+ㅜ, ㅕ= ㅣ+ㅓ 등의 공식을 제시하고 있으니 'ㅣ' 또한 기본적인 부호임에 틀림없다. 'ㆍ'는 독자적으로는 모호음을 대표하고, 그밖의 경우에는 줄의 좌우 또는 상하에 위치를 정함으로써 모음의 종류를 결정하는 역할을 담당하는 기본부호의 하나이다. 따라서 'ㅡ'와 'ㅣ'와 'ㆍ'를 한 줄의 맨 처음이나 끝에 배열한 것은 극히 뜻있는 배열이다.

또한, 각 부호의 호칭도 지극히 간단명료하다. 영어 앨화벹에서는 A를 '에이'로, I를 '아이'로, H를 '에이취'로, Z를 '젯트' 등으로 부르는데, 이들 호칭은 그 글자들이 실제로 음절의 일부분으로 읽힐 때의 소리와 별로 연관성이 없다. 거기에 비해서 기역, 니은, 디귿, 리을 등으로 부호의 소리 자체를 호칭으로 삼고 있는 우리 한글은 처음부터 합리적이면서도 이론이 명쾌하다.

또한, 한글 전체의 호칭은 처음에는 정음(正音)이었다. 정음이라 함은 옳은 소리라는 뜻이며, 그밖의 모든 글이 정음이 못 된다는 뜻을 포함하고 있으니, 이 얼마나 자신 있는 떳떳한 태도인가. 정음이라고 세종대왕께서 부르신 데는 이 글이 우리 조선사람뿐만 아니라 더 나아가서 인류 전체가 공유할 옳은 글이라는 뜻이 깃들어 있는 것을 우리는 이해해야 된다. 세종대왕의 목적은 인류 전체가 모든 소리를 옳게 표기할 수 있는 문자를 만드시는 것이었다. 우리가 현재 사용하고 있는 '한글'이라는 호칭의 '한'은 '크다(大)'는 뜻과 함께 한국의 '한(韓)'을 표시하는 말이므로 '정음'과 뜻이 통하는 호칭이다. 일반의 서민적인 호칭으로서는 "가나다라도 모르는 것이 ……" 또는 "낫 놓고 기역자도 모르는 ……" 등의 글자 그 자체를 이름으로 대용하고 있으니 필자는

여기에서 우리 한국사람들의 가장 실용적이고 합리적인 면을 보는 것
같이 느껴진다.

7. 가장 배우기 쉬운 글자

이렇게 모든 면에 세심한 배려를 한 한글은 세상에서 제일 배우기 쉬운 글이다. 아니, 배운다기보다는 익히면 되는 글이다. 〈훈민정음풀이〉에 적힌 글을 다시 읽고 새겨 보자.

"그러므로, 슬기로운 이는 하루 아침을 다하지 않아도 알게 되며, 어리석은 이라도 넉넉히 열흘이면 배울 수 있으니, 이로써 글을 풀면 가히 써 그 뜻을 알 것이며, 이로써 송사를 들으면 가히 써 그 뜻을 얻을 것이다."

훈민정음 서두에는 또 이렇게 적혀 있다.

"우리나라 말이 중국과 달라 한자와는 서로 잘 트이지 아니하므로, 백성이 말하고자 하는 바 있어도 마침내 제 뜻을 펴지 못하는 사람이 많았다. 내 이를 위하여 딱하게 여겨 새로 스물 여덟 글자를 만드는 것이니, 사람마다 쉬이 익혀서 날로 씀에 편하게 하는 것이다."

처음에서 끝까지 간단명료하고 배우기 쉬운 글을 만드는 것이 세종대왕을 비롯해서 한글 창제에 참여한 모든 이의 일관된 정신이었다. 온 세상에 이러한 민주주의적 정신으로 만들어진 글이 어디에 또 있었던가. 560 년 전이라면 아는 이들, 가진 이들이 지식을 특권층의 독점물로 여기고 그것을 나누어 갖기를 극력 거부하고 있을 때였다. 그 당시로서는 가히 혁명적인 사상에서 출발하여 한글을 창제한 분이 계셨다는 것은 우리에게 얼마나 다행스러운 일이었는지 모른다. 우리 글이 무궁무진한 표음이 가능하면서도 간단명료해서 배우기 쉬운 원인이 여기에 있다.

이러한 기본 정신으로 만들어진 한글이 배우기 힘들 리 없다. (여기에서 되풀이해서 말하고 싶은 것은, 이상에서 언급한 한글은 우리의 글

자를 말한 것이며, 우리의 철자법이나 우리의 문법 같은 것을 말한 것
이 아니다.) 필자는 미국에 온 뒤 동료들이나 부하 직원들한테서 여러
번 한국의 문자에 관한 질문을 받았다. 한국에서 자동차가 수출되고 한
국의 생활이나 경제가 나아짐에 따라 이러한 질문은 더욱 잦아졌다. 필
자는 언제나 그들에게 기쁜 마음으로 한글을 가르쳐 주었다. 그들은 항
상 한글의 과학적이고 단순명료한 구성에 감탄하였다.

같은 회사에 칠레에서 온 미모의 히스패닉계 매니져—가 있었다. 그
녀의 명석한 두뇌에 의한 분석은 늘 필자의 프로그램상 문제를 해결하
는 데 도움을 주어서, 서로 가까이 지내고 있었다. 우연한 기회에 그녀
가 이상한 글자로 메모를 하고 있는 것을 보았다. 무엇인가 물었더니,
사생활의 비밀을 보장하기 위해서 자기가 만든 부호로 일기를 적고 있
다는 것이었다. 어느날 점심을 같이할 때 한글에 관한 이야기가 나왔
다. 한글로 적은 스페인어를 읽을 사람이 극히 드물 것을 직감한 그녀
는 곧 상당한 흥미를 보이며 배우기를 원했다. 그녀는 나의 한 시간에
걸친 그림을 곁들인 설명으로 한글을 완전히 깨달았고, 한글에 대한 찬
사를 아끼지 않았다. 그 뒤 그녀는 일기를 스페인어의 한글 표기로 적
고 있다는 말을 나에게 했는데, 그녀는 놀랍게도 한글 풀어쓰기 방법을
사용하고 있었고, 자기 나름대로의 복합자음을 고안해서 사용하고 있었
다. 똑똑한 외국인에게는 자음부호 14 개를 글자의 형체와 연결시켜
설명하고, 모음부호 10 개와 그 모음이 이루어내는 특수한 조합방식을
설명하는 데 한 시간이면 충분할 것이다.

세종대왕이 필생의 업적으로 우리에게 남겨 주신 한글은 지금 서서
히 세계 곳곳에서 인정을 받기 시작했으며 아낌없는 찬사를 보내는 학
자들도 나타나기 시작했다.

Encyclopedia Americana는 이렇게 적고 있다.

"한국의 앨화벹은 언문이라고 알려져 있으며, 극동에서 오직 하나의 자생(自
生) 앨화벹이다. 어떤 학자는 이제까지 실제로 사용된 가장 완벽한 음성표기 체
계라고 생각하고 있다."

주일대사를 지난 라이샤우아는 이렇게 말하였다.

"한글은 모름지기 어떤 나라에서 사용되는 문자체계보다도 가장 과학적인 문자체계이다."

미시간대학의 한국 관계 논문집에는 '세계 최고의 앨화벹(the world's best alphabet)'이라는 말이 나온다.
Encyclopedia Britanica에는 이렇게 쓰이여 있다.

"앨화벹의 발명은 서구 문명의 주요 공적이다. 그리고 그것은 독특하다. 앨화벹은 단 한 번 발명됐지만, 그것은 모든 문화권에 의해 차용됐다. 그것은 분석적 사고의 전형이며 음절과 같은 보다 쉽게 지각(知覺)할 수 있는 소리의 단위를 더욱 기본적인 요소로 분리하였다. (중략) 한국의 글쓰기의 가장 특기할 만한 발전은 1446년에 세종대왕에 의해서 이루어진 한글의 발명이다. 그것은 음소의 음성학적 특색에 직접적으로 관련되는 조직적이고 시각적인 구조를 갖춘 28 개의 문자로 구성된 독특한 형체의 글자이다. 이 문자체계는(다른 동양 나라들과 같이) 중국의 정서법에 조금도 의지하지 않고 있다. (중략) 언어에 따라서 이렇게 소리에 기초를 둔 문자체계는 두 가지 방향으로 발전한다. 서방의 문자는 표음문자 쪽으로 가장 많은 발전을 했고, 처음에는 음절문자, 다음에는 자음표기로 된 음절문자, 그리고 드디어는 모음 앨화벹으로 완성되었다. 동양의 문자는 일부 부호는 소리에 기초를 두었지만 대체로 약자부호의 원칙을 지켰으며, 매 마디는 특징 있는 시각적인 문자로 대표된다. 이 가운데 유일한 실용적 정자법(正字法)인 한글은 특색 있는 조직체계를 채택했으며, 그 발명은 인접국가의 어떠한 정자법과도 관련성 없는 독특한 체계이다."

영국의 언어학자 제후리 쌤슨 교수는 그의 저서 Writing System (1985)에서 따로이 한 장을 마련해서 한글을 논했는데, 거기에서(p.144) 그는 다음과 같이 말하고 있다.

"그것이 궁극적으로 한국사람을 위해서 생각될 수 있는 최고의 글일지는 몰라도 한글은 인류의 지적 업적 가운데서도 위대한 업적의 하나로 평가되어야 할 것임은 의심할 바 없다."

일본 고단샤(講談社)에서 출판된 〈朝鮮語の すすめ(한국말을 권함)〉에서 공동 저자 와다나베 길용과 스즈끼 다까오는 "한글은 모든 문자체계 가운데서도 우수하고 합리적인 것으로 정평이 있다."라고 적고 있다.

홀로리안 쿨마스는 그의 저서 Writing System(1990, p. 118)에서 훈민정음 전문(前文)을 소개한 뒤 "이 선언은 자기 백성에게 '지금까지 발명된 어떠한 것보다도 가장 놀라운 문자체계'를 준비하여 준 세종대왕이 쓴 것이다."라고 주를 달고 있다.

이러한 칭찬들은 우리가 선전한 결과도 아니고 부탁한 것도 아니었다. 그들이 연구하는 동안 자연적으로 한글에 매료되어 이런 글을 남기게 된 것이다. 외국 사람들이 우리보다도 한글을 더 잘 이해하고 있는 것을 볼 때 부끄러운 생각마저 든다.

8. 일본 가나(かな)문자와 비교

1) 일본 가나문자의 기본구조

일본글자는 다음의 51 자를 기본으로 하고 거기에다 넉 줄의 탁음과 한 줄의 된소리가 첨가된다.

あ	아	い	이	う	우	え	에	お	오
か	가	き	기	く	구	け	게	こ	고
さ	사	し	시	す	스	せ	세	そ	소
た	다	ち	치	つ	쯔	て	데	と	도
な	나	に	니	ぬ	누	ね	네	の	노
は	하	ひ	히	ふ	후	へ	헤	ほ	호
ま	마	み	미	む	무	め	메	も	모
や	야	い	이	ゆ	유	え	에	よ	요
ら	라	り	리	る	루	れ	레	ろ	로
わ	와	ゐ	위	う	우	ゑ	에	を	워
ん	응								

が	아가	ぎ	이기	ぐ	우구	げ	에게	ご	오고
ざ	아자	じ	이지	ず	으즈	ぜ	에제	ぞ	으조
だ	아다	ぢ	이지	づ	으즈	で	에데	ど	으도
ば	애바	び	에비	ぶ	우부	べ	에베	ほ	오벤
ぱ	빠	ぴ	삐	ぷ	뿌	ぺ	뻬	ぽ	뽀

여기서 아가, 아자, 아다, 애바와 같은 부호를 사용하였는데, 이런 부호는 사실 우리글에는 없는 부호이다. 그러나, 일본사람이 かきくけこ에 대해서 がぎぐげご로 엄연히 구별하는 소리를 가기구게고 한 가지로 표시

한다는 것은 필자의 양심이 허락지 않아서 이러한 부호의 글을 사용하였다. 이 문제는 뒤의 제2편에서 더 자세히 논하겠다.

한 줄에 5 자씩 10 줄과 마지막에 붙어 있는 ん 자를 합쳐서 얼핏 보기에는 51 자의 글자를 갖고 있는 것 같다. 그러나, い(이)와 え(에) 자는 あ(아) 줄과 や(야) 줄에, う(우) 자는 あ(아) 줄과 わ(와) 줄에 중복되어 있기 때문에 실제로는 48 자가 된다. 그밖에 わ(와) 줄의 ゐ(위)와 ゑ(웨)는 현대 일본어에서는 あ(아) 줄의 い(이)와 え(에)로 완전히 대치되어 죽은 글자가 되었다. 실제로 1990 년판 겐큐사(研究社)의 일영(日英)사전을 찾아보면 ゐ(위)나 ゑ(웨)로 시작되는 낱말은 단 하나도 기재되어 있지 않다. 이렇게 해서 48 자는 다시 2 자가 줄어서 46 자가 된다. わ(와) 줄의 を(워) 자도 현대어에서는 모두 あ(아) 줄의 お(오) 자로 대치됐으나 わたくしを(와다구시워=나를), おかねを(오가네워=돈을) 할 때의 '를'이나 '을'에 해당하는 を(워) 자만은 아직도 사용하고 있으므로 여기서는 고려하지 않는다.

탁음문자는 우리에게 없는 글자들이다. 우리말에는 탁음소리가 있으나 글자에는 빠져 있다. 우리말의 탁음문제는 뒤에 따로 자세히 논하겠다. 일본문자에는 탁음 が(아)ざ(쟈)だ(따)ば(빠) 4 줄과 된소리 ぱ(빠) 1 줄이 따로 준비되어 있어서 한 줄에 다섯 자씩이므로 25 자가 는다. 그러나, 여기서도 ざ(쟈) 줄의 じ(엊), ず(으즈)와 だ(따) 줄의 ぢ(엊), づ(으즈)는 같은 소리이다. 소리는 같으나 ち(치)나 つ(쯔)였던 원래의 소리가 두 개의 낱말이 조합되어 둘째 말이 탁음이 될 때는 ぢ(엊)와 づ(으즈)로 표기한다. 즉, 血(ち=치=피)가 鼻(はな=하나=코) 밑에 올 때는 はなぢ(鼻血=하나엊)와 같이 ぢ 자를 사용한다. みっか(三日=믹까)와 つき(月=쯔기)가 합쳐서 みかづき(미까으즈끼)가 될 때도 づ 자를 사용하도록 되어 있다. 따라서, 소리는 같지만 용도는 구별되므로 ぢ와 づ를 빼지 않으면, 일본가나(가나)문자의 총수는 46+25=71 자가 된다. 이 71 자는 우리 한글과 같이 음소를 대표하는 부호가 아니고 자음과 모음이 벌써 합쳐져 있는(か=가=ㄱ+

ㅏ) 음절문자이다. 따라서, 현존하는 71 자 이상의 글자나 소리를 만들어 낼 수가 없다. 이것은 한글이 표기할 수 있는 8,000여 개의 소리에 비교할 때 비교도 안 되는 숫자이다.

일본사람들은 기본자 71 자 외에 キャ(키야), シャ(시야), チャ(치야), ニャ(니야), ヒャ(히야), ミャ(미야), リャ(리야) 등 소위 요음(拗音)이라고 하여 ヤ(야)자를 다른 글자 뒤에 작게 써 붙여서 우리들의 갸, 샤, 챠, 냐, 먀, 랴 등의 소리를 만든다. 같은 방법으로 ユ(유) ヨ(요) 자를 이용해서 21 자의 새로운 소리를 만든다. 즉 규, 슈, 츄, 뉴, 휴, 뮤, 류와 교, 쇼, 쵸, 뇨, 효, 묘, 료가 이런 소리들이다. 이 밖에 탁음 갸, 쥬, 꾜, 쟈, 쥬, 쪼, 쟤, 쀼, 꽌를 합해서 21+9=30 자의 요음이 만들어진다. 이런 소리를 모두 합치면 일본글자는 71+30=101 자가 되며 이를 종성 つ와 ん자가 다시 301의 음절로 만든다

글자 부족으로 고생하는 일본사람들이 ヤ, ユ, ヨ(야, 유, 요)를 사용해서 우리글의 ㅑ, ㅠ, ㅛ와 같이 이용하고 있다는 것은 참 재미나는 일이다. 일본글은 원칙적으로 자음과 모음의 합성문자이다. 즉 일본글자 두 개는 CVCV가 된다. 그런데 き(키)와 よ(요)가 합쳐져서 きょ(쿄=去, 巨, 拒, 拠, 虛, 許, 醵)가 될 때는, 우리글의 초성자음 'ㅋ'와 중성모음 'ㅛ'를 합친 하나의 음절이 된다. よ를 jo(자음 j+모음 ㅗ)로 생각해서 きょ(쿄)는 자음 k + 자음 j + 모음 ㅗ로 생각할 것이냐, 또는 우리글의 경우와 같이 간단하게 초성자음 ㅋ + 중성모음 ㅛ 로 생각할 것이냐는 재미나는 연구과제가 될 것 같다. 필자는 여기서도 한글의 뛰어난 이론적 근거를 재확인하게 된다.

미국에서 일본어 교재로 사용되고 있는 長沼直兄이 지은 標準日本語讀本卷三의 부록으로서 「仮名遣 対照表」라는 것이 卷末에 붙어 있다. 위에 적은 글자의 중복에 관한 필자의 지적을 뒷받침하는 좋은 자료이므로 다음에 몇 개의 예를 인용한다.

歴史的かなづかい (역사적 가나 표기법)	発音 (발음)	現代的かなづかい (현대적 가나 표기법)
ゐ(위)	イ(이)	い(이)
ゑ(웨)	エ(에)	え(에)
を(워)	オ(오)	お(を)＜오(워)＞
くわ(쿠와)	カ(가)	か(くわ)＜카(쿠와)＞
ぐわ(구와)	ガ(아)	が(ぐわ)＜아(구와)＞
ぢ(아지)	ジ(아지)	じ(ぢ)(아지)
づ(으쯔)	ズ(으즈)	ず(づ)(으쯔)

역사적 가나 표기법이라고 그들이 부르는 것은 간단히 말해서 2차대전이 끝나기 전까지 사용되었던 표기법이다. 자기들의 고전에서 사용되던 대로 쓰자는 것이었으며, 그때의 표기법은 도저히 논리적으로 설명될 수 없는 이상한 표기법이었다. けふ(케후)라고 쓰고 きょう(쿄ー)로, てう(테우)라고 쓰고 ちょう(쵸ー)로, たう(타우)를 とう(토ー)로 읽는 따위의 표기법이었으며, 이것은 그 당시의 일본사람들이 익히는 데 대단한 고통을 주는 것이었다. 다행히 소리나는 대로 적자는 여론이 우세해서 오늘날 그들은 소리나는 대로 적게 되었지만, 동시에 그것이 동음딴뜻말을 많이 만들어 낸 것도 사실이다. 이 문제에 관해서만 적어도 몇 페이지가 되겠지만 본론과 관계가 그리 없는 것이므로 여기에 관해서는 그만 적기로 한다.

2) 글자 부족과 부정확한 표기

언젠가 한국일보에 한글 6,020 자, 중국한자 20,900 자가 정보처리용 문자 코ー드로서 등록되었다는 기사가 실려 있었다. 정확한 내용은 입수할 수 없었지만 대강 이 정도의 숫자면 불편 없이 정보처리가 가능할 것이라는 이야기로 새겨 읽었다. 실제로 한글의 자모음 부호를 초성·중성·종성에서 조합해서 가능한 모든 글자를 만들어 낸다면, 어마어마한 숫자의 음절이 만들어질 것이다.

일본글자의 수가 극히 제한되어 있기 때문에 한 글자가 여러 가지 소리로 읽히는 예도 수두룩하다. 가령 'ん'자 한 자만 보아도 다음에 오는 글자에 따라서 ㅇ, ㅁ, ㄴ의 세 가지 소리로 발음된다. 예를 들어 본다.

낱말	가나표기	한글로 한 발음표기	해당음	뜻
讃成	さんせい	산세이	ㄴ	찬성
彈力	だんりょく	딴료꾸	ㄴ	탄력
慘敗	ざんぱい	쟘빠이	ㅁ	참패
簡便	かんべん	캄벵	ㅁ	간편
火山	かざん	카장	ㅇ	화산
感激	かんげき	캉게끼	ㅇ	감격

일본사람들은 아마도 자기들이 한 글자를 여러 가지 소리로 읽고 있다는 사실을 의식하지도 못하고 있을지 모르며, 또 안다고 하여도 "그러나 우리는 아무 불편 없이 사용하고 있다"고 말할지 모른다. 그러나, 만일 우리말에서 인종을 임종으로, 임신을 인신으로, 강산을 감산으로 발음한다면 어떤 혼란이 일어날지 짐작이 가고도 남는다. 가나문자 つ도 종성으로 사용될 때는 ㅅ, ㅂ, ㄱ의 3가지 소리가 된다.

一瞬	いっしゅん	잇슝	ㅅ	일순
一杯	いっぱい	입빠이	ㅂ	한잔
一回	いっかい	익카이	ㄱ	한번

일본 가나의 か 자는 우리 한글 부호의 ㄱ, ㄲ, ㅋ로 읽힌다.

낱말	발음	해당음	뜻
こよみ	고요미	ㄱ	달력
こやし	고야시	ㄱ	비료

艦隊	칸따이	ㅋ	함대
誤解	오카이	ㅋ	오해
そうですか	소－데스까	ㄲ	그래요?
なんだか	난다까	ㄲ	뭣인지
わからない	와까라나이	ㄲ	모르겠다

일본 가나의 た 자도 역시 ㄷ, ㄸ, ㅌ으로 읽힌다.

낱말	발음	해당음	뜻
竹	다께	ㄷ	참대
ときたま	도끼다마	ㄷ	때때로
嘆声	탄세이	ㅌ	탄성
体操	타이소－	ㅌ	체조
いったい	잇따이	ㄸ	도대체
ひえびえと	히에비에또	ㄸ	써늘하게
夫	옷또	ㄸ	남편

일본사람들도 단지 습관적으로 이렇게 발음하고 있을 뿐이고 그들에게 이론적인 설명을 요구하여도 정확한 설명을 할 수 있는 사람은 몇 안 될 것이다. 한 개의 글자를 그렇게 여러 가지로 읽고 있다는 사실조차 모르고 있는 사람들이 태반일 것이다. 그러나, 'なんだか わからない(무엇인지 모르겠다)'를 '난다카 와카라나이'라고 발음하면 그들은 쓴웃음으로 들을 것이고 '난다까 와까라나이'라고 발음해야 자연스럽게 받아들일 것이다. 또, 'おっと(남편)'는 '옷토'가 아니고 분명 '옷또'이지만, 'たいそう(体操)'는 절대로 '따이소－'가 아니고 '타이소－'라는 것은 일본말을 어느 정도까지 공부한 사람이면 알고 있을 것이다.

이렇게 불충분한 일본글에 비해서 너무나 세분화된 표기법을 갖고 있는 우리들의 신문이나 잡지에서 일본말을 표기할 때 틀리게 표기하는 것이 너무나 자주 눈에 띈다. 일왕(日王) 히로히또가 과거의 잘못을 사과할 때 '痛惜'이라는 말을 사용했다. 이것은 일어로 'つうせき'

즉 '쯔ㅡ세끼'인데, 한국의 모든 신문이 '쓰세끼'라고 표기하고 있는 것을 보았을 때 놀랐지만, 더욱 놀란 것은 외래어 표기법의 '일본어의 가나와 한글 대조표'에 'たちつてと'를 '다지쓰데도'로 옮기고 있는 것을 봤을 때였다. 이것은 엄연히 '다치쯔데도'로 해야 옳으며, 일본 학자들로서도 여기에 대해서는 이의가 없을 것으로 안다. 일영(日英)사전의 권위인 산세이도ㅡ의 콘사이스 사전에서 '痛惜'을 찾아보면 tsuseki라고 실려있다. 'ts'가 어찌하여 '쓰'가 될 수 있단 말인가. '쯔'가 아니면 '츠'가 되어야지 '쓰'가 된다는 것은 상식으로도 생각할 수 없는 일이다. '쓰'에 가장 가까운 앨화벳 글자는 s이다. s와 ts는 전혀 그 소리가 다른 글자들이다. 이러한 기본적인 오류를 범하는 이들이 한국 언어정책을 결정하는 중추적 역할을 하고 있고, 또 이러한 오류를 아무 이의 없이 순순히 받아들이고 있는 모든 언론기관들을 생각할 때 아연실색하지 않을 수 없었다. '와이샤쯔'가 '와이샤쓰'가 되고, 'づぼん(즈봉)'이 '쓰봉'으로 되는 등 같은 유의 오류가 너무나 많이 눈에 띈다. 또, 중부 사람들은 실제로 '쯔' 발음을 몹시 거북하게 발음하는 것을 듣는데, 나는 이것이 좀더 깊은 곳에서 연유하지 않은가 생각하게 된다. 즉, 이러한 중대한 오류가 교육부 고시 속에서 발견되는 것은 서울말이 표준어가 되었다는 사실에서 오는 것이 아닌가 하는 것이다.

공동통신 서울 지국장을 지낸 구로다 카쯔히로씨는 'ハングルは むずかしくない(한글은 어렵지 않다)'에서 이렇게 지적한다.

"내가 서울에서 특파원을 하고 있을 당시 주한 일본대사였던 마에다 도시카즈(前田利一)씨는 한국의 서민들 사이에서는 일본대사가 아니고 한국의 에네루기ㅡ 장관에 해당하는 동력자원장관으로 유명했다. 왜냐하면 마에다씨의 이름 '利一'는 '도시카즈'로서 TV에도 늘 이름이 등장하고 있었지만, 한국사람은 '즈'와 같은 탁음의 발음을 몹시 어려워해서 '즈'가 거의 '스'에 가까운 소리가 된다. 따라서, '利一(도시카즈)'는 '도시가스'가 되어 버려서 한국인에게는 '도시(都市)가스'로 들린다. '도시가스'와 같은 이름을 가진 사람이니까 에네루기ㅡ 장관이 되어 버린다." "한글에서 'ッ(TS=쯔)'소리를 표기할 때는 S에 해당하

는 'ㅅ'을 둘 겹친 'ㅆ'을 쓸 때가 많은 것 같다. 이것은 TS보다는 약간 약한 소리인 것 같다. 일례를 들어서 'シャツ(샤쯔)'는 'シャス(샤쓰)로 표기한다. 또, 나는 한국에서는 내 명함은 '구로다 가쓰히로'로 찍어 갖고 다녔다."

여기서 마에다씨는 한글에 '쯔' 소리를 표기할 글자가 없어서 'ㅆ'로 표기 표음하는 것으로 지적하고 있다. 일본사람까지도 이렇게 분명하게 지적하고 있는 괴이한 표기가 횡행하는 한국의 학문적 풍토가 한심하고, 이런 사실은 방관 내지 묵과하는 학자적 양심의 결핍이 부끄럽다. 하다 쯔도무(羽田孜)를 하다 쓰도무로 표기하는 따위는 우리나라의 일본어 학자들의 의견을 수렴하여 하루 속히 시정되어야 한다.

3) 결여된 일관성

일본 가나문자의 하나하나의 줄은 우리 한글과 마찬가지로 하나의 자음을 대표하고 있다. 둘째 줄 かきくけこ(가기구게고)는 우리의 'ㄱ'줄에 해당하고, 셋째 줄 さしすせそ(사시스세소)는 우리의 'ㅅ' 줄이다. 그런데, 넷째 줄 たちつてと(다치쯔데도)에 이르면 이 원칙이 무너지고 만다. 이 줄을 일본 산세이도－일영사전에서 찾아보면 Ta, Chi, Tsu, Te, To로 표기되고 있다. 즉, 이 한 줄에는 T, Ch, Ts(ㅌ, ㅊ, ㅉ)라는 세 가지의 다른 요소가 혼합되어 있다. 이중에서 ㅊ과 ㅉ은 영어나 불어에서 흔히 있는 내파음(內破音)과 외파음(外破音)의 혼동과 같은 것이라고 가볍게 지나칠 수도 있겠지만 'ㅌ'과 'ㅊ'의 혼합은 엄연히 딴 부류에 속하는 두 가지의 소리를 혼동, 혼합하고 있다.

일본 가나문자의 창제자가 음운학의 소양을 세종대왕의 10분의 1만 갖고 있었더라도, 이 경우에 Ta, Ti, Tu, Te, To와 Tsa, Tsi, Tsu, Tse, Tso 그리고 Cha, Chi, Chu, Che, Cho의 석 줄을 따로 준비했을 것이다. 오늘날 그들은 Tea를 ティ－(테이)로 어색하게 표기한다. 여기서 ィ(이)자가 テ(테) 자보다 작은 이유는 이 경우에 '이'는 따로 발음되

는 것이 아니라 한글의 'ㅣ'부호와 같은 모음 부호 역할을 해서 ティ
는 '티'가 된다는 그들의 사전 약속에 의한 표기이다. 그래서, ティー
는 억지로나마 '티ー' 소리가 될 수 있다. 그들이 Ta, Ti, Tu, Te, To식
의 가나를 만들었더라면 오늘날 이러한 어색한 표기를 하지 않아도 되
었을 것이다.

탁음 줄 だ, ぢ, づ, で, ど에서도 같은 오류가 되풀이되고 있다. 또
마지막쯤에 가서 や, い, ゆ, え, よ(야, 이, 유, 에, 요) 줄에도 비슷
한 오류가 발견되었지만 이 이상 논하지 않기로 한다.

이렇게 명백하게 모순된 구조는 그들 자신도 깨닫지 못하는 함정을
마련하고 있다. 앞서 인용한 '한글은 어렵지 않다'에서 구로다씨는 이
렇게 지적하고 있다.

"웬일인지 스포ー쯔의 '쯔'가 한국에서는 스포츄라고 '츄'가 된다. 이것은 한
국인이 '쯔' 소리에 약하기 때문이다. 최근 한국인 토루꼬양과의 연애 이야기를
'네아까'에 연재해서 화제를 일으킨 이꾸시마 지로ー씨의 사소설 '한쪽 날개만
가진 천사'를 읽으면 한국인 주인공이 말하는 혀바른(舌たらずの) 일본어가 많
이 나온다. 그 가운데는 예컨대 'チライ(つらい=힘들다), チカレタ(つかれ
た=피곤하다), チュメタイ(つめたい=차다)'라고 하는 것이 있다. 말하자면,
그녀는 ッ(TS)의 발음을 정확히 못해서 '쯔라이'를 '찌라이'로 '쯔까레따'를
'찌까레따'로 '쯔메타이'를 '쮸메타이'로 하고 있는 것이다. 한국에서도 '요시까
와 에이지'의 '미야모도 무사시'가 번역돼 나와 있는데, 그것을 읽은 술집 아가
씨가 '무사시'의 연인의 이름 '오쯔ー'를 자꾸만 '쮸ー쮸ー'하고 있었다. 번역서
에 '오쯔ー'가 어떤 한글 표기로 되어 있었는지 모르겠지만 <u>하여간 한국사람이
'쯔ー'를 발음 못 하는 것은 틀림없는 사실이다.</u>"

독자들은 이러한 글을 읽으며 자기의 눈을 의심할 것이다. 필자가 이
렇게 분명히 표기하는 '쯔ー'라는 발음을 한국사람이 못한다는 것은 정
말로 황당무계한 이야기다. 그러면, 구로다씨는 왜 이러한 오해를 하게
되었을까. 그는 대단한 문재(文才)를 갖고 있고, 예민한 청각을 갖고
있고, 무엇보다 한국말을 배우려는 성의를 가지고 있는 사람이다. 그러

한 사람조차 걸려들게 만든 일본문자의 함정이 어떤 것인지 살펴보자.

문제는 일본 가나문자의 가운데 줄 う 줄에 있다. う 줄을 적고 거기에 해당하는 한글과 예를 두 개씩 열거해 보자.

가나	한글	일어 낱말	한글 표기	뜻
う	우	うまい	우마이	맛있다
		うどん	우동	국수
く	구	くる	구루	온다
		くに	쿠니	나라
す	스	するめ	스루메	오징어
		いっすん	잇쓴	한치
つ	쯔	つうきん	쯔-낑	통근
		つんぼ	쯤보	귀머거리
ぬ	누	ぬいもの	누이모노	바느질감
		ぬか	누까	쌀겨
ふ	후	ふうとう	후-또-	봉투
		ふこう	후꼬-	불행, 불효
む	무	むかし	무까시	옛날
		むし	무시	벌레
ゆ	유	ゆうき	유-끼	용기
		ゆき	유끼	눈
る	루	るり	루리	유리
		るいれい	루이레이	유례(類例)
う	우	うしろ	우시로	뒤
		うるさい	우루사이	시끄럽다

위에서 보면 일본 가나문자의 가운데 줄은 한글의 'ㅜ'에 해당하는 줄인데, 유달리 す(스)와 つ(쯔)만은 'ㅡ' 소리가 된다. 즉, 일본 가나문자는 도무지 10 개(중복되는 う를 하나 빼면 9 개)의 소리를 가지고도 통일된 원칙을 따르지 못하고 있는 것이다. す가 '스'인가 '수'인가는 すいえい(스이에이＝수영), すきやき(스끼야끼＝전골), すし

(스시＝생선회)와 같은 낱말들을 발음해 보면 이들 말은 결코 수이에
이, 수끼야끼, 수시 등으로는 표기될 수 없는 '스' 음이라는 것이 분명
하다. 이러한 지적은 '스'와 '수'의 분명한 표기법을 갖고 있는 우리만
이 지적할 수 있는 것이며, 일본사람들 자신은 가나문자 가운데 줄에는
'우'와 '으'의 두 가지 모음소리가 혼합 사용되고 있다는 사실조차 의식
못하고 있을 것이다. 여기에서 구로다씨의 "한국말에는 '쯔'라는 소리
가 없다"라는 과오가 범해지는 것이다. 문제의 초점은 여기에 있다. 한
글에서는 한글 140자를 가로 읽을 때, '주' 줄은 전부 'ㅜ'이고 '즈' 줄
은 전부 'ㅡ'이다. 여기에 'ㅜ'와 'ㅡ'의 혼동이란 꿈에도 생각하지 못할
일이다. 따라서 일본 가나의 가운데 줄 첫자가 う(우)일 때 한국사람
들은 아무 의심 없이 그 줄의 모든 글자를 'ㅜ'로 읽는다. 따라서 す는
'수'로 つ는 '쭈'로 읽게 된다. つらい는 '쯔라이'대신 '쭈라이'로 발음
하고 つかれた는 '쯔까레따'대신 '쭈까레따'로, つめたい는 '쯔메타이'
대신 '쭈메타이'로 발음하게 된다. おつう는 '오쯔ー'대신 '오쭈ー'로
발음된다. 이 '쭈라이', '쭈까레따', '쭈메타이', '쭈ー' 등은 일본말에는
없는 소리로 이것이 그들의 귀에는 '찌라이', '찌까레따', '쮸메타이',
'쮸ー' 등으로 들리게 되는 것이다. 구로다씨는 같은 책에 '맥주'를 'メ
クチュ(메꾸쮸)', '주세요'를 'チュセキ(쥬세요)'로 적고 있으며, 이것
은 '주' 소리가 없어서 그 소리에 익숙지 못한 그들 귀에는 '주'는 チ
ュ(츄 또는 쮸)로 들린다는 것을 증명하고 있다.

　이곳 뉴욕의 부룩클린 식물원에서는 매해 '사꾸라 마쯔리'(벚꽃놀
이)가 열린다. 이것은 벚꽃이 만발할 때를 겨누어서 열리는데, 대단한
군중이 모여든다. 일본사람들의 새삼 감탄할 정도로 다채로운, 먹화,
꽃꽂이, 북치기, 분재 등, 여러 가지의 전시와 시범이 벌어진다. 개회식
에서 축제의 개최를 선언하는 일본사람은 '사꾸라 마쯔리'로 발음하고
있었는데, 축사를 하는 미국사람은 너무나 분명하게 '사꾸라 마쭈리'라
고 발음하고 있었다. 그리고, 그날 사방에 걸려 있는 현수막에는 모두
'SAKURA MATSURI' 라고 쓰여 있었다.

　이렇게 일견 아주 간단명료하게 만들어진 것 같은 가나문자에는 기

실 내부 모순이나 결함이 많다. 그중 두드러진 결함은 종성이 자음으로 끝날 수 없다는 것이다. 이것은 일본 가나문자 자체가 자음과 모음의 결합체이며, 따라서 일본말은 CVCVCVCVCV(C=자음, V=모음)의 연속이며, 자음으로 끝나는 말이나 글이 없다. 단 하나의 예외는 ん(ㅇ, ㄴ, ㅁ)으로 끝나는 낱말뿐이다. 이러한 이유로 '호텔'은 '호테루'가 되고, '한글'은 '한구루'가 되고, '택시-'는 '타꾸시-'가 되고, '갈비'는 '가루비'가 된다.

또한, 모음이 아, 이, 우, 에, 오 에 국한되어 있는 것도 큰 문제이다. 그들에게는 ㅓ, ㅡ, ㅐ 등의 모음이 없다. 그래서 '여보'는 '요보'로, '서울'은 '소우루'로, '안녕'은 '안뇬'으로, '을지로'는 '우루지로'로, '앱풀'은 '압푸루'로 표기하고 발음하게 된다.

4) 한자의 훈독과 음독

일본글자는 수가 적어서 일본말 배우는 데 쉬운 면도 있다고 생각한다면 그것은 큰 오산이다. 일본글자가 아주 극한된 소리밖에 표기하지 못하기 때문에 그들은 여러 가지 무리한 방법을 쓸 수밖에 없었고, 또한 많은 한자어(漢字語)를 쓸 수밖에 없었다. 일본말의 50 % 이상이 한자 수입어라는 것은 우리 사정과 비슷하다. 그러나, 문제는 중국사람이 427 개의 발음부호, 즉 다른 소리를 갖고 있는 데 비해, 일본사람은 201 개의 소리밖에 없다는 데 있다. 중국에서도 허다한 동음딴뜻말이 있으니, 소리가 적은 일본에서는 얼마나 많은 딴뜻말이 생길지 쉬 짐작이 간다.

여기서 나온 해결책의 하나가 훈독(訓讀)과 음독(音讀)의 방법이었다. 간단히 설명하면 음독(On)은 한자의 원음에 가깝게 읽는 것이며, 훈독(Kun)은 자기들의 낱말에 뜻이 맞는 중국한자를 무리로 갖다붙인 것이라고 할 수 있다. 즉, Kun에서는 소리보다도 뜻이 접착제 구실을 하고 있는 것이다.

전형적인 Kun의 예를 들어 보자. 한자와 읽기 사이에 아무 연관성도 찾아볼 수 없고, 다만 일본말에 한자를 갖다붙인 것이다.

한자 단어	훈독(KUN) 읽기	뜻
小豆	あづき(아쯔끼)	팥
海原	うなばら(우나애라)	바다
早乙女	さおとめ(사오도메)	처녀
五月晴れ	さつきばれ(사쯔기애레)	5월의 맑은 날씨
時雨	しぐれ(시우레)	지나가는 비
竹刀	しない(시나이)	죽도
梅雨	つゆ(쯔유)	장마
雪崩	なだれ(나아레)	눈사태
二十歳	はたち(하다찌)	20세
紅葉	もみじ(모미아찌)	단풍

중국에서는 한자의 발음이 시대와 지방에 따라서 변해 왔다. 따라서, 중국의 소리를 본따고 있는 일본의 한자 발음, 즉 음독(On)도 일본에 수입된 때에 따라서 여러 가지가 있으나 대체로 다음의 세 가지로 구분된다.

GO-ON(吳音)	3세기에서 6세기에 걸쳐서 주로 우리나라를 통해서 일본에 들어간 소리인데, 중국 남방 오(吳)나라를 중심으로 사용되던 소리이다.
KAN-ON(漢音)	7세기 이후 견당사(遣唐使)가 중심이 돼서 일본으로 들여온 소리이며, 당시의 중국 수도 장안을 중심으로 사용되던 소리이다. 일본 한자음의 대부분이 이 KAN-ON에 속한다.
TO-SO-ON(唐宋音)	12세기 이후 승려나 상인이 일본에 전한 소리이며, 현대 중국어 발음에 가까운 소리가 많다.

이들 소리로 한 개의 글자가 각기 어떻게 다르게 읽히는지 예를 들
어 본다.

	GO-ON(吳音)		KAN-ON(漢音)		TO-SO-ON(唐宋音)	
外	外科	ゲか(게까)	外國	ガイこく(아이꼬꾸)	外郎	ウイろう(우이로-)
京	東京	とうキョウ(도-쿄-)	京浜	ケイひん(케이힝)	北京	ペキン(뻬낑)
和	和声	カせい(카세이)	和洋	ワよう(와요-)	和尙	オしょう(오쇼-)
行	行儀	ギョウぎ(교-이기)	行爲	コウい(고-이)	行燈	アンどん(안똥)
經	經文	キョウもん(쿄-몽)	經營	ケイえい(케이에이)	看宮	かんキン(캉낑)
明	明日	ミョウじつ(묘-지쯔)	解明	かいメイ(카이메이)	明國	ミンこく(밍꼬꾸)
頭	頭腦	ヅのう(쓰노-)	頭髮	トウはつ(도-하쯔)	饅頭	まんジュウ(만 쥬-)

外 자 한 자를 갖고 ゲ(에) ガイ(아이) ウイ(우이) 세 가지로 읽
을 때, 배우는 사람에게 얼마나 고통을 주고, 읽는 데도 얼마나 혼란스
러울지 짐작이 간다. 이것은 한자를 일본식으로 읽는 것이 아니고, 일
본말을 한자에다 억지로 갖다붙인 것이다. 중국이나 한국에서 한 가지
로 읽는 것과 달리 세 가지로 읽게 된 이유는 소리와 글자의 부족에서
오는 것이며, 그 점을 다음에 좀더 자세히 생각해 보자.

'生' 자를 KUN과 ON으로 읽어 보자.

	낱말	일본 가나 표기	한글 표기	뜻
KUN	生む	うむ	우무	(애를) 난다
	生きる	いきる	이끼루	(인생을) 산다
	生の	なまの	나마노	날(생)것의
ON	生涯	しょうがい	쇼-까이	생애, 일생
	今生	こんじょう	콘쬬-	지금 살고 있는 인생
	生產	せいさん	세이상	생산

'生'한 자를 ON으로 쇼ー, 죠ー, 세이 등 세 가지로 읽는데도 '쇼
ー아이'로 읽는 한자 단어는 障害(장해), 傷害(상해), 涉外(섭외) 등
셋이 있고, '세이상'으로 읽는 한자단어는 精算(정산), 淸算(청산), 成
算(성산), 悽慘(처참), 靑酸(청산), 正餐(정찬), 聖餐(성찬) 무려 7
개나 된다. 그러니 しょう, じょう, せい 등 세 가지로 읽지 못하고,
이 가운데 어느 한 가지로만 읽어야 했으면 얼마나 동음딴뜻말이 많아
졌을지 알 수 있다.

KUN 쪽의 동음딴뜻말을 생각해 보면 たつ(다쯔)는 立, 建, 斷, 絶,
裁 등의 글자가 같은 소리로 읽히고, はかる는 図, 計, 測, 量, 謀, 諮
등의 동음딴뜻말이 있다. 예로 解決을 図る, 時間을 計る, 水深을 測
る, 目方을 量る, 暗殺을 謀る, 部員에 諮る 등은 모두 '하까루'로 읽
힌다. 심지어 煙草(연초)를 タバコ(다바꼬)로, 麦酒(맥주)라고 쓰고
ビール(비ー루)로, 火酒(화주)라고 쓰고 ウオッカ(우옥카)로, 土産
(토산)이라고 쓰고 みやげ(미야에＝선물)라고 읽는다.

좀더 여러 가지 동음딴뜻말이 많은 예를 들어 보면 かんしょう(칸
쇼ー)라는 말은 무려 16 개의 동음딴뜻말을 가지고 있다.

干渉(간섭)	奸商(간상)	完勝(완승)	①官省(관성)
①冠省(관성)	勸奬(권장)	②感傷(감상)	②感賞(감상)
管掌(관장)	緩衝(완충)	環礁(환초)	癎性(간성)
觀照(관조)	②鑑賞(감상)	觀賞(관상)	簡捷(간첩)

여기에서 官省은 內閣의 各省, 冠省은 편지의 전략(前畧) 같은 것,
癎性은 신경질적인 결벽증, 簡捷은 사무취급이 신속히 행해지는 모양을
뜻한다. 이 한 가지 소리의 말들을 한글로 표기한 데서 볼 수 있듯이,
우리가 읽을 때는 12 종의 딴소리가 되며, 가장 많은 동음말이 '감상'
의 세 단어에 불과하다. 일본말에서 16 개의 동음딴뜻말이 한국말로는
12 종의 딴소리로 읽힌다는 사실은 일본 가나와 한글의 소리 수의 비
례를 표시하는 좋은 예라고 할 수 있다. 한글의 소리 수가 많다는 사실과

거기에서 오는 이득을 단적으로 웅변하고 있다.

일본말에 한국말보다 더 많은 동음딴뜻말이 있을 수밖에 없는 이유를 단적으로 설명하는 또 하나의 예를 들어 보자. 일본말에서 'かい(카이)'로 읽는 한자를 민중서관의 일한사전에서 찾아보니 27 자나 된다. 그 글자들을 우리말로는 7가지의 다른 소리로 읽게 된다.

개 : 介 改 皆 開
계 : 戒 界 械 階 誡
괴 : 怪 拐 塊 魁 壞
궤 : 潰
쾌 : 快
해 : 海 解 諧
회 : 會 回 灰 廻 悔 晦 繪 懷

상형문자도 되지 않는 낱말은 어차피 암호에 불과하다. 영어 단어를 외우는 식으로 외우면 될 것 아니냐 하는 말이 KUN 쪽에서는 성립될 수 있을 것 같다. 그러나, 일본책에서는 꼭 한자를 사용하고 있어서, 소리로만 따로 외우는 것으로는 일을 치르지 못한다. 가령, '生'의 경우에 일본 가나문자만으로 うむ, いきる, なまの(우무, 이끼루, 나마노)와 같이 표기되는 법은 별로 없다. 아무때나 한자를 사용해서 生む, 生きる, 生の로 인쇄한다. 따라서, '生'자가 각각 어떤 때에 う, い, なま(우, 이, 나마)로 읽힌다는 이해가 없이는 일본책을 제대로 읽을 수 없다. 이것은 일본사람들이나 일본말을 배우는 사람들에게 결정적인 걸림돌이 된다. 우리나라의 한자혼용론자들이, 일본사람들은 한자를 참말로 훌륭하게 이용하고 있다는 말을 자주 하는데, 일본사람의 과도한 한자 사용이 이러한 이유에서 왔다는 것을 생각해 보았는지, 묻고 싶다.

5) 한자와 외래어 애용은 글자 부족 탓

한국에서 한자를 읽는 방법으로는 일본사람들의 음독(ON)과 같이 중국한자의 원음에 가깝게 읽는 방법뿐이다. 우리는 일본사람들같이 여러 가지로 읽지는 않는다. 가령 '生' 한 자에 '쇼ー, 죠ー, 세이' 등 여러 가지 음독(ON)의 방법이 있는데, 우리는 '생'이라고 단 한 가지의 읽는 방법이 있을 뿐이다. 일본사람들의 읽는 방법 중에서 '쇼ー'를 택해서 '生涯(쇼ー아이)'라는 낱말을 생각하여 보자. 일본말에서 しょうがい(쇼ー아이)와 같은 소리를 가진 동음딴뜻말(同音異意語)을 들어보면 生涯(생애), 障害(장해), 傷害(상해), 涉外(섭외) 등 도합 넷이나 된다. 일본말로 '쇼ー'라고 읽히는 한자들도 우리에게는 생, 장, 상, 섭 등 각각 다른 소리가 된다. 또, 훈독(KUN) 쪽에서 'うむ(우무)'를 택해서 동음이의어를 찾아보면 膿む(곪다), 有無(유무) 등이 있다.

또 한 가지 예를 들어 かし(카시)라는 음을 가진 동음딴뜻말을 들어보면 菓子(과자), 貸し(빌려준 돈), 華氏(화씨), 歌詞(가사), 仮死(가사), 樫(오크나무), 河岸(어시장) 등이 있는데, 이중에서 우리말로 읽을 때에 같은 소리가 되는 낱말은 歌詞와 假死밖에 없다. 일본말에 KUN과 ON으로 읽는 무수한 방법이 있는 것이나, 동음딴뜻말이 많은 것이나, 이유는 모두 일본문자 또는 소리의 부족에서 오는 것이다.

일본에서는 1941년에 1945 자의 한자를 일상생활에 필요한 한자로 정해서 상용(常用)한자라고 하여 발표하였다. 1948년에는 그중에서 교육한자, 즉 의무교육 기간중에 익혀야 될 글자로 881 자를 정해서 발표했다. 1981년에는 새로 95 자를 더해서 상용(常用)한자로 정했다. 그러나, 실제로 신문, 출판물, 간행물에서 사용되는 한자는 7,000~8,000 자에 달한다. 지식인으로서 행세하려면 최소한 5,000 자는 알아야 된다고 한다. 이러한 수많은 한자의 사용은 순전히 그들의 빈약한 가나문자 때문이다.

일본사람들의 외래어 애용은 유명하다. 그들에게 외래어는 스포ー츠 용품 상호나, 점포 이름이나, 자기의 지식을 과시하려는 자에게만 필요 한 것이 아니고, 그들 생활의 일부분이다. 뉴욕의 ch31의 일본방송에 92년 12월 30일 아침, '力ルト Q(카루또 Q)'라는 프로그램이 방영되 고 있었는데 젊은 지식인 남녀들을 위한 퀴즈 프로였고, 그날의 주제는 문학이었다. 그들의 대화에 スカウトを されそうになった(스카우또 당할 뻔했다), イントロカルト問題(인토로카루또문제), ラッキーで したね(락키했었는데요), パスディッシュ ノベル(파스팃슈 노베루), コンビニアンス ストア(콘비니안스 스토아) 등의 알 말 모를 말이 수시로 튀어나오고 있었다.

그들은 현대문학에 관한 모든 질문에 놀라울 정도의 정확한 답변들 을 하고 있었다. 드디어 최근의 베스트 쎌라ー에 관한 퀴즈가 시작되 었는데, 놀랍게도 세 권의 일본말 제목의 책을 빼놓고는 나머지는 전부 외래어로 된 이름이었다. 다음에 그 일곱 권의 책이름을 적는다.

サンクチュアリー	쌍쿠츄아리ー
ノーライフキング	노ー라이후 킹구
中國行の スローボート	중국에 가는 스로ー보ー또
ノルウエイの 森	노루우에이의 숲
ダンス, ダンス, ダンス	단스, 단스, 단스
ハード ボールド ワールド ランド	하ー도 보ー루도 와ー루도 란도
アルマンジロ 王	아루만지로왕

이 정도가 되면 일본사람들은 일본문화 속에서가 아니라 서양문명 속에서 살고 있는 것 같다.

일본에서 중국한자나 외래어가 많이 사용되는 이유는 그들의 글자가 몹시 부족하다는 데 있다. 산세이도ー(三省堂)에서 나온 콘사이스 외 래어사전 제4판을 보면, 1,234 페이지의 최고급 장정으로 된 사전인 데, 그 안에 실려 있는 외래어는 무려 33,500 단어였다. 그것보다 더 훌륭하게 꾸며진 あらかわ みろべえ(아라까와 미로베에) 편찬에 의

한 카도가와서점(角川書店) 발행의 외래어사전은 1,642 페이지의 당
당한 사전인데, 외래어 25,000 단어를 수록하고 있었다. 그 사전 서문
에 위에 말한 필자의 소견을 뒷받침하는 글이 있어 다음에 옮긴다.

"일본어는 가장 많은 중국어를 수입했기 때문에 동음어(同音語)의 누적을 초
래하여 표음문자화(表音文字化)를 거의 불가능하게 만들고 있는 감이 있다. 외
래어는 이러한 국어의 혼란이나 불편을 구(救)해 주는 구세주(救世主)이다.
(중략) 불쌍한 일본어가 아니겠는가(あわれな 日本語では なかろうか)."

여기에서는 외래어를 구세주라고까지 말했는데, 이것은 일본사람들
의 본심을 말해 주고 있는 것이다. 또, 여기서 한 가지 지적할 것은 한
국도 중국어를 많이 수입했지만, 우리는 아직도 일본과 같이 절박한 사
태에는 이르지 않았다. 이것은 변화무쌍한 조합으로 수천의 소리를 만
들어 낼 수 있는 우리 한글 덕분임은 말할 필요조차 없다.

구로다 카쯔히로씨는 ' 한국인은 한국인이다.'라는 책에서 '한글'은
세계에서 가장 새로운 문자라는 제목으로 다음과 같이 쓰고 있다.

"한국과 일본이 함께 중국의 '한자문화권'에 속하면서 한쪽은 한글, 한쪽은
가나문자를 만들어 냈다는 사실은 무척 흥미로운 일이다. 여기에서도 헤엄쳐 건
너갈 듯싶은 현해탄을 사이에 두고 한일 두 나라의 '문화의 격차'가 실감되기
때문이다. (중략) 그 역사야 어쨌든, 한글은 한자와 전혀 관계없이 태어났다는
의미에서 매우 독창적인 문자이다. 이에 반해 일본의 '가나'는 '히라가나'나 '가
다까나'를 막론하고 한자의 초서체나 획 등에서 따온 글자인 것이다. 따라서, 독
창이라고 하기보다는 한자의 형태를 살리면서 모양만 바꾸어 놓은 글자라 하는
것이 옳겠다. 즉, 한국의 '한글'은 한자에 대해 '혁명적'이고 일본의 '가나'는
'개량적'이다. 외래의 문물을 받아들여 자기 나름대로 소화시키고 '양념을 쳐서'
새로이 일본적인 것으로 만들어 내는 것이 일본문화의 특징이다. 그러나, 한국
문화는 몇백 년이라는 긴 시간의 흐름 속에서 생활할 때 터무니없이 거창하고도
독창적인 것을 생산해 내는 모험에 넘치는 가능성의 문화라는 생각을 하게 된다."

黑田氏가 '한쪽은 한글, 한쪽은 가나를 만들어 냈다는 사실은 무척 흥미로운 일이다.'라 하고 '한글은 혁명적이고 가나는 개량적'이라고 한 것은 핵심을 잘 찌르고 있는 말이다. 혁명적인 착상으로 창제된 한글은 오늘날 온 세계에서 으뜸가는 문자체계이고 고루한 개량만을 거듭해 온 일본문자는 오늘날 그들에게 갈증만 더해 주고 한자와 외래어에 대한 깊은 의존을 강요하고 있다. 그러나, 우리는 그들이 모자라는 글로나마 우리보다 강한 집념으로 어떻게 해서든지 훌륭하게 활용 하려고 노력하고 있는 것을 잊어서는 안 된다.

지금까지 설명한 바와 같이 가나문자와 한글과는 비교가 되지 않는다. 즉, 이것은 일본문자가 낼 수 있는 201개 소리와 우리 한글이 만들어 낼 수 있는 8,778개 소리의 대비이다. 그것은 마치 어른과 어린애를 비교하는 것과 같다. 그러나, 여기에 만족하고 정체한다는 것은 과거의 꿈에 안주하는 것과 마찬가지다.

일본 가나문자가 갖고 있는 글자 가운데 우리에게 없는 것은 탁음표기 문자들이다. 이 문제는 제2편에서 따로 다루겠다.

여기서는 일본 가나문자의 결점이 많이 지적되었다. 그러나 우리는 그들이 이 모자라는 글자를 최대한 이용하고 있는 사실을 간과해서는 안 될 것이다.

9. 중국 한자와 비교

1) 글자에 비해 모자라는 소리

Semitic 앨화벹과 거기에서 파생한 이집트, 로맨, 키릴 앨화벹 등 현존하는 모든 앨화벹을 합친 것 정도의 무게를 지니는 것이 중국 한자라고 할 수 있다. 사실 18세기 말까지 전세계에서 만들어진 모든 책의 절반 이상이 한자로써 저술된 책이었다고 하여도 과언이 아니다. 근세에 이르러서는 Semitic에서 파생한 앨화벹 사용 국가들이 공업 혁명을 이루어 부유해졌기 때문에 중국 한자의 판도가 줄어든 것은 사실이다. 그러나, 한자는 아직도 그의 파생 문자와 함께 제2의 지위를 유지하고 있다. 이들 대표적인 두 갈래의 문자와 하등의 역사적 관련이 없는 문자는 현존하는 것으로는 오직 한글뿐이다. (또 한 가지는 BC 1200~1500에 그리스에서 사용되었던 음절문자인 Linear B라는 문자이지만 소멸한 지 오래다.)

한글이나 Semitic 같은 표음문자에 대해서 중국문자는 상형(象形) 내지는 표의(表意) 문자이다. 따라서, 한글과의 비교는 힘들며, 여기서는 중국문자의 포괄적인 고찰에 그치겠다. 우선 중국문자는 소리를 대표하지 않고 주로 형체나 뜻을 대표하고 있기 때문에 한글이나 앨화벹 같은 글자의 조합이 불가능하고, 동시에 글자의 수가 엄청나게 많다. 필자가 약 40 년 전에 산 '東方國語辭典'이라는 타이뻬이에서 출판된 중국어사전이 있어서 들여다보았다. 서문에 9,883 자가 수록돼 있다는 것과 "이것으로써 大, 中, 小 학생과 사회 일반 인사의 일상적 응용에 족하리라."라는 말이 있다. 이것은 10,000 자 정도를 외우면 대학 교재는 불편 없이 읽을 수 있을 것이라는 뜻으로 이해할 수 있을 것이다.

일전에 이곳 고려서점에 들렸더니 학력개발사에서 편찬한 萬字玉篇이라는 손바닥만한 예쁜 옥편이 보이고 표지에 「중국발음수록」이라고

써 있고, 또 그 밑에는 문교부 선정 기초한자 및 상용한자라는 글이 보
였다. 뜻은 풀이가 잘 되어 있지 않으나, 일본 kun 및 On 발음, 중국
발음, 한국발음이 모두 있고, 거기에다 영어단어까지 곁들인 참 재미나
는 옥편이었다. 값도 싸서 하나 사다가 이리저리 뒤져보았는데 한자가
10,000 자나 되면, 한자를 꽤 공부한 나로서도 알 수 없는 글자들이 꽤
있다는 것을 깨달았다. 필자는 미국 친구들이 물을 때마다 이제까지는
"10,000 자 정도는 알 것이다." 하고 대답하곤 하였는데, 앞으로는 7~
8,000 자 정도로 내려야 할 것 같다. 필자는 새삼스럽게 한자 10,000 자
의 무게를 깨달았다.

1932년에 '중국교육부 국어통일준비위원회'에서 심사 결정한 '國語
常用之彙'는 9,000 자를 수록하고 있다. 국어상용한자 9,000 자라는
것은 위에 말한 옥편들에 수록된 한자 수와 일치한다. 상용한자가 9,000
자라면 지식인으로 행세하려면 15,000이나 20,000 자를 알아야 할 것
이다. 정보처리용 문자코드로서 20,900 자의 한자가 등록되어 있다는
사실은 이것을 뒷받침한다. 중국 최대의 사전 강희자전(康熙字典,
1716년)에는 49,030 자가 수록되어 있다.

이 많은 글자들을 옥편에서 찾는 일도 쉬운 것이 아니다. 옥편을 항
상 이용하는 이는 우선 손끝으로 쓰면서 몇 획인지를 세어서, 부수색인
(部首索引) 쪽으로 가서 그 부수를 찾고, 거기서 페이지를 알아서 그
쪽으로 가면, 또다시 나머지 부분이 몇 획인지를 세어 봐서 그 글자를
찾아내게 된다. 어떤 때는 하나의 글자의 상하좌우 어느 부분이 부수인
지 알기 힘든 때도 있고, 또 月이라는 글자는 肉이라는 부수를, 忄는
心을, 扌는 手를, 亻는 人을 찾아봐야 하는 등의 복잡성까지 겹친다.
최종 목적 페이지에 도달해서도 같은 획수의 글자가 많으면 몇 페이지
를 샅샅이 뒤져야 한다. 심지어 소리를 알 때에도 획수를 셀 필요가 있
다. 이것은 한글사전이나 영어사전을 찾아보는 일에 비해서 너무나 복
잡한 작업이다.

한자의 획수 또한 문제이다. 한자사전을 살펴보면 20 획이 넘는 글
자들이 수두룩하다. 한자의 평균 획수가 몇인지 아무 자료도 갖고 있지

않다. 평균 10 획은 될 것이다. 뉴욕에서 나오는 대만계 중국신문, 세계일보에서 제목 한 줄을 뽑아서 살펴보았다.

美	國	和	歐	洲	共	同	體	廿	日	簽	署	協	定	14 자
9	11	8	16	9	6	6	23	4	4	18	14	8	8	145 획
미	국	과	유	럽	공	동	체	20	일	협	정	서	명	73 획

이 자그마한 실험에 의하면, 중국어 쪽은 총 145 획(평균 10 획)이고, 거기에 비해서 한글 쪽은 대강 절반 정도인 75 획이다. 이러한 제목에서는 별 차이가 없으나 보통 문장이 되면 첨가어(添加語)가 많아지는 우리 글의 획수는 좀 늘어날 것이다.

4만 개의 한자를 읽기 위해서 준비되어 있는 중국 발음부호는 44 개이다. 이 가운데 기본모음 a, e, i, o, u, ü 부호와 이것들이 조합돼서 만들어지는 2중모음 부호가 전체 발음부호의 절반 정도이고 나머지는 자음부호다. 이들 모음, 2중모음, 자음부호가 조합되어 만들어지는 소리는 도합 427 개가 된다. 중국 한자 40,000 자를 그들이 가지고 있는 소리의 총수 427로 나누면 평균 100 자의 같은 소리글자가 있다는 결론이 나온다. 중국어는 옛부터 단음절어(單音節語)의 구조를 가지고 있었고, 하나의 음절로써 하나의 뜻을 나타내므로 보통 100 개의 동음이의어(同音異義語)가 있다는 소리가 된다. 이것은 평균 숫자이지 실제로는 어떤 글자는 150 자, 어떤 글자는 50 개의 같은 소리글자가 있다는 것이 될 것이다. 다시 말하면 글자는 많고 소리는 적은 것이 중국 문자이다.

2) 중국 문자에 사성(四聲)이 필요한 이유

위에서 말한 '동방국어사전'에서 Yi 즉 중국 발음부호 '一'에 해당하는 글자수를 세어 보았더니 160 자 가량 되었다. 우리가 알 수 있는 한자를 몇 개 들어 보면, 衣, 餌, 醫, 移, 噫, 一, 己, 矣, 益, 翌, 逸, 役, 屹, 液 등이다. 이 한자들을 우리말로 읽어 보면, 우리 한글의 무궁무진한 조합 가능성이 우리에게 주는 이득을 새삼 깨달을 것이다. 참고로 역시 앞에서 소개한 바 있는 萬字玉篇에 한글자음색인(字音索引)이 있어서 찾아봤더니 '이'부에 44 자의 한자가 있었다. 독자들은 중국사람들이 동음자 또는 동음어 때문에 고생하는 정도를 대강 알 수 있을 것이다.

이러한 불편을 줄이기 위해서 중국사람들이 궁여지책으로 고안해 낸 것이 소위 4성이라는 것이다. 간단히 설명하면, 陰平(1聲)은 평평하게 읽는 소리(一), 陽平(2聲)은 끝을 올리는 소리(／), 上聲(3聲)은 가운데가 낮아지는 소리(◡), 去聲(4聲)은 끝이 낮아지는 소리(＼)의 4 종류이다. 영어의 액센트와 비교할 수 있는 것이라고도 할 수 있겠으나 중국어의 경우는 4성이라는 말이 표시하는 대로, 액센트와는 비교도 안 되는 복잡한 존재이다. 그래서 그런지 필자는 이제까지 이 4성에 관한 필자의 질문에 마지막까지 정확하게 대답을 해주는 중국사람을 본 일이 없다.

이론적으로 이들 4성은 전술한 160 개의 Yi 소리 글자수를 넷으로 나눠서 진정한 동음어를 40 개로 내리는 구실을 하게 된다. 그러나, 이러한 수학적 계산은 실제로는 통용되지 않는다. 실제로 Yi의 去聲은 85 자에 이른다. 가령, 이런 수학적 계산에 의한 평균 숫자가 통한다 해도 $40,000 \div (427 \times 4) = 23+$ 즉 사성을 골고루 이용해도 평균 23자의 동음자가 있게 된다.

또, 이 4성은 과학이 아니다. 전후의 글자에 따라 천변만화의 변화를 하기 때문에 4성을 완전히 매ー스타ー한다는 것은 凡人에게는 불가능한 일이다. 몇만 자의 한자를 제대로 읽는 것도 힘드는데, 거기에다 이러한 4성까지 곁들여서 발음한다는 것은 쉬운 일이 아니다. 그들은 책으로 배워서 외우는 것이 아니라, 어릴 때부터 귀로 익힘으로써 자연적으로 섭취한 것을 일상 쓰고 있는 것이다. 그래서, 4성을 제대로 가리지 못하는 사람의 경우에는 위에 계산한 23은 46도 되고 69도 되고 160도 될 수 있는 것이다. 이렇게 수많은 동음딴뜻말은 중국사람들의 의사소통에 커다란 지장을 가져왔다. 중국사람들이 회화를 나눌 때, 공중에다 글자를 그리는 시늉을 많이 하는데, 이것은 자기 말이 오해되는 것을 예방하려는 데서 무의식중에 하는 동작이다.

중국 TV방송을 보면 가극, 드라마, 영화, 그리고 심지어는 뉴스시간에 까지 화면 밑에 자막이 나온다. 외국 영화도 아니고 외국 말이 그때 사용되고 있는 것도 아닌데 한자 자막이 나오는 이유는 동음이의어가 일으키는 혼란의 가능성 때문이다. 또, 뉴욕에서 지하철을 탈 때 다른 승객에 방해가 될 정도로 큰 소리로 말하고 있는 사람들은 거의 모두가 중국어를 사용하고 있는 사람들이다. 하루는 지하철을 탔는데 옆자리에 앉은 두 여인이 역시 큰소리로 이야기를 나누고 있었다. 필자는 간단한 주간지를 읽고 있었는데도, 그들의 큰 말소리에 잡지를 읽을 정도의 정신 집중도 도저히 할 수 없어, 자리를 옮긴 일이 있다. 필자는 이것이 그 사람들이 온 지방에 따라 말소리가 클 것이라고 생각하고 있었지만 그것이 아니고, 그들의 정확한 의사소통을 위한 노력이 그들의 말소리를 높이고 있다는 것을 깨달았다.

3) 간체자(簡體字)는 중국 사람의 한자 포기

앞에서도 잠깐 언급했지만 이러한 소리의 문제와 별도로 중국사람들이 골치를 앓는 것이 너무나 많고 복잡한 글자의 획이다. 한자는 오랜 역사를 통해서 여러 가지의 다른 자체(字體)나 간체자(簡體字)를 탄

생시켰다. 중화인민공화국에서는 자체의 복잡성을 완화할 목적으로 '자국문자개혁회의'를 1955년에 열었다. 이 회의에서 515 개의 간체자를 심의 결정해서 일반 시민에게 통용시키려고 노력하고 있다. 중국은 모든 한자를 10 획 이내로 줄이려는 계획을 계속 추진중에 있다. 지금 현재 몇 자의 간체자가 만들어졌는지 알 수 없지만, 수천 개의 새로운 약자가 만들어졌을 것이며 앞으로도 더욱더 늘어날 것이다. 한자를 배우기 시작하는 어린이들에게는 도움이 되겠지만 한자를 벌써 익혀 쓰고 있는 사람들에게는 수천 개의 간체자를 다시 배워야 하는 고통을 주고 있다.

필자 자신 중공계의 간행물을 보면 짐작이 가는 간체자도 있지만 전혀 짐작조차 할 수 없는 간체자도 많다. 앞으로 우리나라에서 한자를 배우고자 하는 사람들도 두 가지의 한자를 배워야 할 것이다. 우리가 과거에 배운 번체자(繁體字)를 배우면 현재의 출판물이나 간행물을 읽을 수 없을 것이요, 간체자를 공부하면 우리의 과거의 문화와의 접점을 찾을 수 없을 것이다. 한자 혼용론자들에게는 큰 숙제거리가 하나 생겼다고 할 수 있다.

일본에서도 당용한자(當用漢字)라는 약자를 만들어서 쓰고 있는데, 중국의 옛 한자(繁體字)와 간체자와 당용한자를 참고로 제시한다.

번 체 자	開	幹	歸	嚴	殺	習	運	藝	華	態	願	從	孫
간 체 자	开	干	归	严	杀	习	运	艺	华	态	愿	从	孙
당용한자	開	幹	帰	厳	殺	習	運	芸	華	態	願	従	孫

현재 중국에서는 모택동이 신민주주의론에 적은 "문자는 일정한 조건 밑에서 개혁되어야 하며, 언어는 민중에 접근하여야만 된다."는 기본 방침에 따라서 한자의 간략화와 로마자화(字化)의 두 가지 노선을 추진하고 있다. 1956년부터 간체자가 인쇄물에 정식으로 채택된 뒤부터 종래의 한자는 특별한 경우를 제외하고는 사용금지 하고 있다.

중국어의 로마자화에 관해서는 주은래 수상이 일본의 방중사절단에게 "21세기의 문제이다."라고 말했다고 보도된 바 있다. 중국말의 로마자화는 사성(四聲)의 문제도 있어서 용이한 문제가 아니다.(사성 문제 해결을 위해서는 중국글자와 같이 네모진 한글이 더 적합하다.) 한자가 배우기 힘들고, 쓰기 힘들고, 따라서 읽기도 힘들다는 것은 중국 사람들 자신이 누구보다도 잘 알고 있다. 현대 중국문학의 아버지로 추앙받는 노신(魯迅)은 "한자(漢字)가 망(亡)하느냐 민족이 망하느냐." 라고 하는 극단적 표현을 써 가면서 한자의 어려움을 개탄하였고 중국 문자의 로마자화를 주창하였다.

중국 현대문학의 거목이고 모택동 밑에서 부주석까지 지낸 곽말약(郭沫若)은 간체자를 더욱더 보급시킬 것을 주장했다. 그는 공표된 간체자 말고도 민간에서 새로운 약자를 많이 쓰고 있으니, 그것들을 흡수 보급하도록 해야 된다고까지 주장했다.

한자는 글자 한 자의 뜻이 깊어서 문자의 뜻을 신속하게 파악할 수 있게 하는 장점이 있다. 필자는 어떤 모임에 나가서 얘기해야 될 때 한글로 메모를 적어 가지고 나가곤 했는데, 한참 연설을 하다가 메모에 눈을 돌리면 자기가 말하던 곳을 찾기가 힘들어서 머뭇거리거나 꼭 이야기 할 것을 빼먹게 되는 때가 많았다. 생각한 끝에 되도록 한자를 많이 사용해서 메모를 만들었더니 그 결과는 너무나 달랐다. 그러나, 이러한 편리하다는 사실과 몇천 몇만 시간을 한자 공부에 소비한다는 것은 전혀 다른 차원의 문제이다. 한글세대의 젊은이들은 앞으로 자기 나름대로의 방법을 발견해서 이러한 어려움을 문제 없이 극복하리라고 믿는다. 우리 한글은 한자에 비해서는 시각 전달도가 약할지 모르나, 영어 앨화벹에 비해서는 뒤떨어지지 않는다.

중국 한자는 글자가 많고 획이 많아서 외우기 힘들다. 더구나 컴퓨터 정보시대로 접어든 이때, 한자시대는 막을 내렸다고 봐야 하겠다. 한때 유럽에서는 라틴어와 그리스어에서 빌려온 낱말을 많이 사용하였고, 그러한 말을 많이 사용할수록 그 사람의 교육이나 세련됨이 증명되는 것 같이 생각한 때가 있었다. 세종대왕 때에도 물론 한자 지식이 같은 역할을 하고 있었고, 이러한 생각은 최근까지 계속되었다. 오늘날 우리나라에서 이러한 관념이 무너졌다는 것은 다행한 일이다.

한글과 한자의 소리 수를 비교하면 8,778:427로 거의 20:1의 비례이다. 중국소리 가운데서 우리 글로 표기할 수 없는 소리는 순치음(唇齒音) f(服)와, 권설음(捲舌音) sh(是), zh(只), ch(城), r(日) 등이다. 이중 권설음은 아주 발음하기 힘든 소리여서 중국 내부에서조차 여러 지방에서 차차 퇴보해 가고 있는 실정이다.

중국문자는 현재 커다란 전환기를 맞이하고 있다. 중국사람들이 지금 무엇을 생각하며 무엇을 하고 있는지 이 궁금한 부분을 가장 단적으로 알려주는 책자의 내용을 다음에 소개하겠다.

4) 중국의 문자개혁에서 배울 일

1958년 북경의 외국어 인쇄소에서 찍어 낸 〈중국문자의 개혁〉이라는 영문 소책자에 "중국문자의 개혁에 관한 당면 과업"이라는 주은래의 글이 실려 있다. 이것은 같은해 1월 10일 중국인민정치자문회의에서 행한 그의 연설을 실은 것이다.

"중국문자의 개혁의 당면 과업은 중국 한자의 단순화, 보통화의 보급, 그리고 중국 표음문자안(案)의 완성과 실행의 과제들을 포함한다."

이어서 중국 간체자 355자의 제정 경위를 설명하고, 기타 사항을 실례를 들어 가며 설명하고 있다.

"분명한 것은 간체자는 원래의 자체보다 배우기 쉽고 쓰기가 쉽다. 따라서 노동자, 농민, 학생, 그리고 선생들이 이 새로운 글자들을 열성적으로 받아들이는 것은 당연한 일이다."

"우리와 같은 지식인은 수십 년 동안 항상 한자와 접촉해 왔으며 옛날의 학교 시절의 기억은 잊어버리고 있다. 우리가 글자를 잘못 써서 선생님의 꾸지람을 듣고 손바닥에 매질을 당하던 것이 우리의 학창 시절이었다. 한자를 다 배우고

난 우리에게는 글자가 간단하거나 복잡하거나 그리 문제가 되지 않는다. 따라서, 우리는 간체자에 대해서 무관심하거나 또는 간체자를 혐오하고 반대한다. 이점에서 리추첸(당시 중국의 경공업상)이 〈월간문자개혁〉에 발표한 논설에 동의한다. 리추첸은 이렇게 말했다. '중국 한자의 개혁이 문제가 될 때마다 어떤 이는 번체자에 반대 의견을 표시하고 또는 반대 이유를 완고하게 제시한다. 어떤 이는 번체자는 그리 힘든 것이 아니라고 말한다. 나는 이런 사람은 일단 상처가 아물면 그가 겪은 아픔을 잊어버리는 사람이라고 말하고 싶다. 그는 그가 3자고전(古典)이나 천자문(千字文)을 배울 때의 고통을 잊고 있다. 만일에 그가 한자를 배울 때의 쓰라린 경험을 상기하기만 한다면, 그리고 어린이들이나 문맹자들의 입장에 자기를 놓고 그들의 관심사를 생각한다면, 그는 반대하거나 그렇게도 강한 반대는 하지 않을 것이다.'"

"간체자를 반대하는 사람들은 그들 자신이 문맹자가 될 지경이라고 선언했다. 이러한 실망이나 걱정은 불필요한 것이다. 많은 간체자 문자는 우리에게 익숙한 글자들이다. 어떻게 우리가 문맹자가 될 수 있겠는가. 물론 어떤 글자는 좀 낯선 것이다. 그러나, 조금만 더 생각하면 이러한 난점을 극복할 수 있다. 수많은 노동자들과 수천만의 어린이들의 이익을 위해서도 지식층의 사람들은 그들의 보잘것없는 정신노동을 불만해서는 안 된다."

이어서 주은래는 리추첸이 원래의 李燭塵보다 간체자의 李烛尘으로 적는 것을 좋아하는 것을 소개하고, 간체자를 격렬하게 반대하는 자들을 당과 정부를 반대하는 극우주의자로 몰아붙인다. 이어서 과도한 약자(略字) 같은 시행착오가 있었던 것을 지적하고, 현재까지 이루어진 약자에 대한 국민의 지적을 희망하며, 일관성의 결여를 지적하고, 개인에 의한 약자의 남용을 경고하였다. 이어서 글자의 간략화는 역사적 추세라는 것을 언명한 다음, 일본 사람들이 만든 약자를 중국에서 채택한 것도 있다는 재미나는 사실을 지적하였다.

"서도(書道)는 예술이다. 따라서 그것은 간체자의 제한을 받을 필요가 없다. 약자는 주로 인쇄 부문에서 사용될 것이다. 우리는 모든 사람에게 간체자의 사용을 강요할 수는 없다. 따라서 간체자는 서도에 반대 영향을 주지 않는다. 동시에 서도가들이 간체자에 예술적인 감각을 부여하는 것을 환영해야 할 것이다."

"보통어의 보급은 지방어 사이의 장벽을 제거하는 것이 목적이다. 보통어의 보급이 방언의 사용을 금지하는 것이냐의 질문에 대한 대답은 단연 'No!'이다. 방언은 오랫동안 존재하는 것이다. 방언은 행정력으로 금지할 수도 없는 것이며 인위적인 대책으로 폐지될 수 있는 것도 아니다."

"세 번째 과제는 중국 표음문자안의 작성과 보급이다. 처음부터 분명하게 해 둘 것은, 이 계획은 중국 한자에 표음부호를 주로 달아서 보통어로 보급시키는 데 그 목적이 있다. 그것은 중국 한자를 대체할 것이 아니라 그것이 제일 먼저 할 기능은 중국한자의 발음을 표기하는 것이다.", "중국 한자는 읽기도 쓰기도 힘들고 따라서 외우기도 힘들다는 것을 솔직히 인정해야 되겠다고 나는 생각한다. 금방 한자를 배우기 시작한 어린이들뿐만 아니라 여러 해 중국 한자를 공부한 어른들도 많은 한자를 이해하지 못하고 또한 발음도 틀리게 하고 있다.", "과거에는 통일된 만족할 만한 표음부호가 없었고, 이것은 보통어의 보급에 결정적인 지장을 초래했었다.…… 앞으로는 라틴 앨화벳을 중국의 표음문자로 사용해야 되겠다. 과학기술 부문에서 일상 사용되고 있는 앨화벳은 쉽게 기억될 수 있을 것이다."

"중국의 50 개 소수민족의 대부분은 그들의 문자체계를 갖추지 못하고 있다. 한자를 갖고 있는 한(漢)민족 외에 티벹 앨화벳, 몽골 앨화벳, 한국의 '한글' 앨화벳, 그리고 그밖의 몇몇 앨화벳을 갖고 있는 민족이 있다."

"중국 남서부의 몇몇 민족은 라틴 앨화벳을 기본으로 삼으면서 그들 자신의 문자체계를 창조하였다.…… 따라서 중국 표음문자안은 이 이상 지연되어서는 안 된다. 라틴 앨화벳을 중국 표음문자로 쓴다는 것은 결정을 본 것이므로, 장차 딴 민족이 자기들의 문자체계를 만들 때는 라틴 앨화벳을 기초로 해서 중국 표음문자를 되도록 따르면서 만들어야 할 것이다."

"외국 사람들이 중국어를 배울 때 만나는 가장 큰 장애물은 한자를 배우는 일인데, 어떤 사람은 거의 가망 없는 과업같이 느낀다."

"중국의 문자체계는 최초의 갑골문 시대부터 계산할 때 약 3,500 년의 역사를 갖고 있다. 이 기나긴 세월에 중국 한자는 여러 변동을 거쳐왔다. 자체가 간략해지고, 새로운 글자가 첨가되고, 그리고 낡은 글자는 폐기되었다. 읽는 방법도 변했다." "1911년 혁명 뒤에 주음자모(注音字母)가 표음문자로 소개되었다.", "아편전쟁 후 많은 사업가와 선교사들이 제국주의 여러 나라에서 중국에 오게 되었다. 그들의 중국어 학습을 위해서 또는 그들의 신앙을 전파하기 위해서 그들은 여러 가지 중국어 표음문자를 고안했다. 그중에서 '우체국씨스템'과 Wade System이 가장 널리 보급되었다.", "1956년 중국 문자개혁위원회는 최초의 개혁안을 발표하였다. 중국인민자문회의는 각 분야의 대표들로 하여금 이 개혁안을 검토하게 하였으며, 지방에서는 지방의 정치자문회의에서 동일한 작업을 전개했다. 그것은 또 다시 국가심의회 밑에 직속하는 중국표음문자심의개정위원회에서 수십 차례의 심의, 토론, 개정을 거쳤다. 1957년 10월 중화인민공화국 전국위원회 상임위원회 확대회의의 검토를 거친 개정안은 같은 해 11월 1일 국가심의회 제60차 전권 총회에서 통과되었다."

"한 가지 남은 의문은 중국 한자의 운명이다. 우리는 모두 한자가 지울 수 없는 공헌을 역사에 남긴 것에 대해서 동의한다. 한자가 앞으로도 영구히 변함없이 살아남을 것이냐, 원래의 형체에서 변할 것이냐, 또는 표음문자에 의해서 대체될 것이냐, 그 대체 문자가 라틴문자일 것이냐 또는 그 밖의 어떤 표음문자일 것이냐. 우리는 거기에 대해서 성급한 결론을 내릴 필요가 없다. 글자의 변천에서 실증되는 바와 같이 어떠한 언어도 과거에 변하였고 또 장래에도 변할 것이다. 우리는 이렇게도 말할 수 있을 것이다. 어느 날 모든 다른 민족의 언어나 문자가 서서히 하나로 혼합될 날이 올 것이다. 인류의 언어 발전의 추세는 모든 언어가 서로 접근한다는 것이며, 그것은 드디어 각 언어 사이에 커다란 차이가 없어질 때까지 계속된다."(이 한 절의 글 속에는 시사하는 깊은 말과 철학적 사고가 많이 담겨져 있다.)

"우리는 이렇게 함으로써 중국문자가 착실하고 기운찬 개혁을 계속해서, 6억의 중국 인민들이 문화적 후진성을 떨치고, 사회주의 건설에서 더 위대하고, 빠르고, 나은, 그리고 더욱 경제적인 성과를 거두기를 바란다."

여기서 주은래의 말을 너무 길게 인용한 것 같다. 필자는 이제까지 주은래의 전기를 읽은 적도 없고, 막연히 큰 인물이라는 생각만 갖고 있었다. 그러다가 23 페이지도 안 되는 이 짧은 글을 읽고, 그의 통찰력과, 그의 자상한 인품과 그러면서도 중국의 문자개혁을 위해서는 무슨 일이든 해내려는 결단력을 보는 것 같아, 새삼스럽게 그가 중국 국민의 경애를 받는 이유를 알 수 있을 것 같았다.

한자가 쓰기도 복잡하지만 읽기도 힘든 글이라는 것을 중국사람들 자신이 절감하고 있다는 사실, 그들 자신이 한자가 표음문자에 의해서 대체될 가능성을 예견하고 있다는 사실은 우리에게 좋은 참고가 될 수 있을 것으로 믿는다. 어린 시절에 손바닥에 매를 맞으면서 한자를 배우던 고통을 옛 기억 속에 묻어 버리고, 힘들이지 않고 배울 수 있을 듯이 착각하고 있는 일부 지식인들을 나무라고 있는 말은 우리나라 현실에도 꼭 들어맞는 이야기라고 생각된다.

이 글에서 우리가 배울 일은 많다. 지울 수 없는 공헌을 역사에 남긴 중국한자가 현대 정세에 맞지 않을 때, 한자와의 결별도 불사하는 결연한 태도, 여러 해에 걸쳐 수많은 회의를 중앙과 지방에서 개최하며 검토와 개량을 거듭하는 신중한 태도, 외국 앨파벹이라도 실정에 맞기만 하면 기꺼이 받아들이려는 개방적, 진취적 태도 등 모두 우리가 배워야 할 것으로 생각한다. 한자간화방안은 문자개혁위원회의 초안을 전국의 문자학자, 성(省)이나 시의 언문 교사, 군대와 노동조합의 교육관계자, 언론인 등 약 20,000 명의 토론을 거쳤다. 그 결과로 맨처음에 채택된 것은 불과 257 자였다.

일본 가나문자를 논한 끝에 지적한 바와 비슷한 말을 여기서도 해야겠다. 우리는 한자의 결점을 논하기 보다, 그들이 간체자를 만드는데 붓고 있는 꾸준하고 조직적인 노력, 그리고 한자의 폐기도 불사하는 그들의 진취성과 결단력에서 배우는 바가 있어야 하겠다.

10. 영어 앨화벹과 비교

영어 앨화벹은 우리 한글에 가장 근접한 문자체계이다. 자모음 글자의 수도 26 자로서 우리 한글 부호의 수와 비슷하다. 앨화벹은 원래 상형문자에서 시작되어 여러 번의 부분적인 개량을 거듭하여 온 것이기 때문에 한글에 비해서는 훨씬 비과학적이다. 한글같이 1 자 1 음이 아니라 모음 글자 한 개가 평균 7~8 가지의 소리를 대표하고, 자음도 한 자가 평균 세 가지의 소리를 대표하는 그러한 문자이다. 거기에는 어떤 원칙도 없고, 주로 기억에 의지해야 되는 표기법이 있을 뿐이어서 영어권의 사람들에게는 스펠링은 그야말로 요람에서 무덤까지 따라다니며 괴롭히는 문제이다.

1992년 미국의 대통령 선거전이 본격화하기 얼마 전, 부통령 퀘일이 어떤 소학교에 참관을 가서, 한 아이가 제대로 한 포테이토우(potato)의 스펠링을 점잖게 potatoe로 정정하여 주었다. 즉, 낱말 끝에다 불필요한 'e'자를 한 자 더 붙여 주었던 것이다. 이 사건은 즉시로 TV, 신문, 그밖의 간행물에서 경쟁적으로 취급되었다. 마침 선거 때가 돼서 퀘일의 부통령으로서의 자격에 관한 문제를 언론에서 떠들던 때라, 이 소식은 불붙는 데 기름을 부어 놓은 결과가 되었었다. 아마도 이 자그마한 실수가 공화당의 표를 수십만 표는 깎아내렸을 것이다.

영어 앨화벹은 우리 한글 다음으로 우수한 앨화벹이라 해야겠고, 또한 우리나라 사람들의 대부분이 영어와 깊은 인연을 맺고 있으므로 일본어나 중국어보다 훨씬 많은 지면을 할애해서 영어 앨화벹의 복잡한 점을 살펴보고자 한다. 한 가지 또다시 말해 둘 것은 이 책에서 다루고 있는 것은 글자이지 말이 아니다. 영어는 오늘날 세계어로서의 지위를 굳히고 있는 언어이며, 말의 비교를 시도한다는 것은 무의미한 일이다. 그러나, 글자를 비교할 때는 한글이 비교가 안 될 정도로 우수하다는 것을 곧 알게 될 것이다.

1) 모음자의 여러 가지 발음

한글에서는 '아' 자는 '아' 소리 이외의 어떠한 소리도 대표할 수 없다. 그러나, 영어 앨파벹에서는 a 한 자가 무려 8 가지로 읽힌다. 영어를 오랫동안 공부한 사람은 전후 글자의 관계에서 어떤 모음이 어떻게 발음될지 대강(여기서는 대강이라고 할 수밖에 없다) 짐작이 가겠지만, 그렇지 않은 사람은 오직 기억에 의존할 수밖에 없다. 즉, 이 낱말은 이렇게 읽는 것이다 하고 무조건 외우는 것이다. 우리 한글의 철자법도 쉽지는 않지만 영어 철자의 복잡성에 비하면 아무것도 아니다. 우선 하나의 모음자가 얼마나 많은 방법으로 읽히는지 살펴보기로 하자.

영어 철자의 복잡성을 예증하기 위해서 많은 예를 들겠는데, 이들 단어들은 되도록 사용도가 높거나, 발음이나 철자면에서 특수하고 주의를 요하는 낱말들을 선택하려고 하였다. 또한, 영어에서는 모든 모음이 심지어는 복합모음까지도 그 모음 위에 액센트가 오지 않을 때는 많은 경우에 발음부호 'ə' 소리로 읽힌다. 그래서, 그러한 예를 항상 마지막에 제시하였다. 이 'ə' 소리 발음에 대해서는 뒤에 상세하게 논하고자 한다.

우선 글자가 한 개로 된 모음, 즉 a, e, i, o, u, y부터 살펴보기로 하자. 제일 왼쪽이 개개의 글자들이고 다음이 그 글자가 읽힐 수 있는 여러 가지 발음부호들이다. 다음에 그 발음부호대로 읽게 되는 낱말을 예로 제시했다. 글자 한 개가 여러 가지로 읽히는 것도 재미있지만 a, e, i, o, u, y 모든 글자가 모두 'i(이)'소리로 읽힐 수 있다는 사실도 흥미롭다. 자세히 들여다보면 들여다볼수록 어지러워지는 앨파벹의 무절제한 문자 사용법을, 추호도 흐트러짐이 없는 한글의 사용법과 비교하여 음미 고찰하여 보기 바란다.

모음자	읽는 방법	낱말 / 발음부호 / 뜻
a	i	image(ímidʒ) 영상, 모습
	ei	bass(beis) 음악의 저음
	æ	patent(pǽtənt) 특허
	ɑ:	mirage(mirɑ́:dʒ) 신기루
	ɔ	warrant(wɔ́rənt) 영장, 보증
	ɔ:	install(instɔ́:l) 설치하다
	e	many(méni) 많은
	ə	achieve(ətʃí:v) 성취하다
e	ei	detente(dèitá:nt) 국제간 긴장완화
	e	epoch(épək) 신기원
	i	economy(ikánəmi) 경제
	i:	zenith(zí:niθ) 정상, 절정
	ə	ceremony(sérəmòuni) 의식, 식전
i	ai	finance(fáinæns) 재정
	i	vineyard(vínjərd) 포도원
	i:	marine(mərí:n) 바다의, 해병
	ə	deficit(défəsit) 재정적자, 손실
o	i	subpoena(səpí:nə) 소환장, 소환하다
	ou	embargo(imbá:rgou) 수입금지
	ɔ	boycott(bɔ́ikɑt) 배척
	ɔ:	oral(ɔ́:rəl) 입의, 말의
	ʌ	covert(kʌ́vərt) 숨은, 비밀의
	u	bosom(búzəm) 가슴, 마음의
	u:	tomb(tu:m) 무덤
	ɑ	opposition(àpəzíʃən) 반대, 대립
	ə	acronym(ǽkrənim) 머리 문자로 만든 단어
u	ju	emulate(émjuleit) 본받다

	u	ful̲fill(fulfíl) 성취하다
	u:	truce(tru̲:s) 휴전, 정전
	e	bu̲rial(bériəl) 매장, 장례식
	i	bu̲siness(bíznis) 사업, 직업
	ʌ	du̲mp(dʌmp) 내던지다, 투매하다
	ə	su̲ggest(səgdʒést) 시사하다
y	ai	testif̲y(téstifài̲) 증언하다
	i	security̲(sikjú:riti̲) 안보

2) 모음 배합 후의 여러 가지 발음

앨화벹의 글자 수가 모자라는 탓도 있겠지만, 몇 개의 모음글자가 배합되어서 또 하나의 모음이나 복합모음을 만든다.(한글에서 두 개의 모음이 합쳐질 때는 또 하나의 단모음이 된다) 원래 몇 개의 모음자를 합쳐서 하나의 소리를 만들었을 때는 어떠한 특정의 소리가 목표였을 것이다. 그러나, 영어에서는 이러한 조합된 모음글자조차도 또다시 몇 가지의 다른 소리를 대표하게 된다. 'ou'는 '오우'로밖에 읽을 수 없을 것 같지만, 실제로는 도합 여섯 가지 방법으로 읽힌다. 그이상 또 다르게 읽는 방법이 있을지도 모를 일이다. 결국, 우수한 문자체계의 첫째 조건이라고 할 수 있는 단순명료함과 1 자 1 음의 원칙은 영어 앨화벹에서는 찾아볼 수 없다.

영어의 복합모음조차도 여러 가지 소리를 또다시 내게 된다는 사실을 아래에 제시하는 예에서 똑똑히 보겠지만, 거꾸로 한 가지 소리를 포기하는 방법이 영어에서는 얼마나 많을 수 있는지도 관찰하기 바란다. 대표적인 예로 'ou' 즉 '오우'라는 이중모음을 표기하는 방법으로 o, au, aw, ew, eo, eau, oa, oe, oo, ou, ow 등 11 가지의 방법이 있다. 우리 자신도 평소에 대단한 도량을 갖고 이러한 황당한 철자법을 크게 나무라지도 않고 열심히 외워 왔지만, 가만히 생각해 보면 이러한 철자를 열심히 일생 동안 외워야만 하는 그들이 가련하다. 우리가 한글을 쓸 때 '오우'라는 소리를 표기하기 위해서는 그때 그때 단어에 따라서 '오, 아우, 아우-, 에우, 에오, 에아우, 오아, 오에, 오오, 오우, 오우-' 등에서 한 가지를 골라서 써야 한다면, 우리는 얼마나 많은 시간을 그 방면에 소비해야 될 것인가. 이러한 수고를 할 필요가 없는 우리 국교생과 중학생이 학력평가 국제 비교에서 종합 성적 1위를 차지하는 것은 당연한 일이라고 할 수 있다. 그러면 영어 복합모음의 신비한 세계를 산책해 보기로 하자.

복합모음	읽는 방법	낱말 / 발음부호 / 뜻
ai	æ	pl<u>ai</u>d(plæd) 격자무늬 천
ay	ai	<u>ai</u>sle(<u>ai</u>l) 좌석 사이의 통로
	ei	str<u>ai</u>t(str<u>ei</u>t) 해협
	i	capt<u>ai</u>n(kǽpt<u>i</u>n) 선장, 대위
	e	s<u>ay</u>s(s<u>e</u>z) 말하다
	ε	d<u>ai</u>ry(dέri) 낙농업
	ə	ren<u>ai</u>ssance(rèn<u>ə</u>sά:ns) 문예 부흥
au	ei	g<u>au</u>ge(gέidʒ) 계기, 규격
	ɔ:	<u>au</u>tocrat(ɔ́:təkræt) 독재자
	æ	<u>au</u>nt(ænt) 고모
	ou	ch<u>au</u>vinist(ʃóuvinist) 남성우월주의자
ar	aɾ	h<u>ar</u>binger(hά:ɾbindʒəɾ) 선구자, 전조
	ɔ:	w<u>ar</u>rior(wɔ́:riəɾ) 군인, 전사
	əɾ	haz<u>ar</u>d(hǽzəɾd) 위험, 해
ea	i:	f<u>ea</u>ture(fí:tʃəɾ) 특색, 얼굴 생김
	ei	st<u>ea</u>k(st<u>ei</u>k) 스테이크, 고기
	e	sw<u>ea</u>t(sw<u>e</u>t) 땀 z<u>ea</u>lot(zélət) 광신자

	ə	pageant(pǽdʒənt) 화려한 행사
ei	ei	feint(feint) ―척하다, ―척하는 동작
	iː	leisure(líːʒər) 여가
	ai	height(hait) 높이
	i	forfeit(fɔ́rfit) 상실하다, 몰수당하다
ey	ei	hey(hei) 이봐, 어머나!
	ai	eyewitness(aiwítnis) 목격자(目擊者)
	iː	turnkey(tɔ́ːrnkiː) 완성 인도 계약의
	i	honey(hʌ́ni) 꿀, 귀여운 사람
		kidney(kídni) 신장
eu	juː	neutral(njúːtrəl) 중립의
ew	uː	renewal(rinúːəl) 갱신
	ou	sew(sou) 꿰매다
eo	e	jeopardy(dʒépərdi) 위험
	iː	people(píːpl) 사람들, 국민
	ou	yeoman(jóumən) 자유민, 자작농
er	ə	sovereign(sávərən) 군주
	əːr	germ(dʒəːrm) 세균, 미생물
	ər	interact(intərǽct) 상호 작용하다
ear	ɛər	tear(tɛər) 찢다
	iər	tear(tiər) 눈물
	əːr	earth(əːrθ) 지구
	ɑːr	heart(hɑːrt) 심장
ere	ɛə	therefore(ðɛ̀əfɔ́r) 따라서

	iə	hereafter(hiərǽftər) 앞으로
eau	ju:	beauty(bjú:ti) 미인
	ou	bureau(bjú:rou) 관청의 국, 부
	ɑ	bureaucracy(bjurɑ́krəsi) 관료주의
ia	aiə	giant(dʒáiənt) 거인
	ə	parliament(pɑ́:rləmənt) 의회
	i	marriage(mǽridʒ) 결혼
	jə	Australia(ɔ:stréiljə) 오스트레일리아
ie	ai	diet(dáiət) 식이요법, 국회
ye	i:	yield(ji:ld) 낳다, 수획고
	i	ponies(póuniz) 조랑말들
io	ə	faction(fǽkʃən) 당파, 파벌
	jə	opinion(əpínjən) 여론, 의견
oa	ou	boatswain(bousn) 갑판장
	ɔ:	abroad(əbrɔ́:d) 해외로
oe	ou	foe(fou) 적대자, 원수
	u:	canoe(kənú:) 카누 -
oi	ɔi	soil(sɔil) 토지, 흙, 더럽히다
	ə	tortoise(tɔ́:rtəs) 거북
	wɑ	repertoire(répətwɑ:r) 상연목록, 능력 범위
oo	u:	mood(mu:d) 분위기, 기분
	u	rookie(rúki) 신병, 신인 선수
	ʌ	bloodbank(blʌ́dbæŋk) 혈액은행

	ou	brooch(brout∫) 브러찌
	ju:	Houston(hjúːstən) 도시/사람 이름
ou	au	tout(taut) 지나치게 권유/칭찬하다
ow	ou	borough(bɔ́ːrou) 구(區), 자치 도시
	ɔː	cough(kɔːf) 기침(하다)
	ʌ	southern(sʌ́ðən) 남쪽의
	uː	wound(wuːnd) 상처, 부상
	ə	moustache(məstǽ:∫) 코밑수염
our	əː	courteous(kɔ́ːrtiəs) 예의바른
	ɔː	court(kɔːrt) 안뜰, 법정
	uə	bourgeois(búərzwɑː) 중산계급
or	ɔː	sword(sɔːrd) 검, 칼
	əː	worldly(wə́ːrldli) 세속적인
	u	worsted(wústid) 털실
ue	juː	due(djuː) 회비
	uː	true(truː) 진리, 진실
	ei	bouquet(buːkéi) 꽃다발
	e	guest(gest) 손님
ui	juː	nuisance(njúːsns) 방해
	uː	cruiser(krúːzər) 유람선, 순양함
	i	circuit(sə́ːrkit) 회로
	jui	genuine(dʒénjuin) 순종의, 진품의
	wiː	suite(swiːt) 호텔의 특별실
	uːi	fluid(flúːid) 유동체
ur	əː	turnpike(tə́ːrnpaik) 유료고속도로
	ə	surprise(sərpráiz) 놀라움

ure	ər	injure(índʒər) 해치다, 다치게 하다
	juə	mature(mətjúər) 성숙한
	jər	tenure(ténjər) 재직 기간

3) 자음 글자의 여러 가지 발음

자음부호	읽는 방법	낱말 / 발음부호 / 뜻
c	s	ceremony(sèrəmóuni) 의식, 예식
	ʃ	racial(réiʃəl) 인종의
	k	campaign(kæmpéin) 선거 운동, 전투
cc	k	occupant(ákjupənt) 점유자, 거주자
	ks	access(ǽkses) 접근 방법, 접근 기회
ch	tʃ	mischievous(místʃivəs) 해로운
	k	choreograph(kɔ́ːriəgrǽf) 무용 안무를 하다
	ʃ	chateau(ʃætóu) 성, 대저택
d	d	demand(dimǽnd) 요구, 수요
	t	provoked(prəvóukt) 도발하였다
f	f	fanatic(fənǽtik) 광신자
	v	of(ov) ─의
g	g	gamble(gæmbl) 도박
	dʒ	hegemony(hidʒéməni) 패권, 헤게모니
gh	g	gheto(gétou) 유태인 거주지역, 흑인 빈민가
	f	tough(tʌf) 강인한, 질긴
	u	doughnut(dóunʌt) 도우넛

gu	g	fatigue(fətíːg) 피로
	gw	distinguish(distíŋgwiʃ) 구별하다, 식별하다
	gju	argue(áːrgjuː) 논쟁하다
n	n	nuance(njúːɑːns) 미묘한 차이
	ŋ	link(liŋk) (사슬의)고리, 연결물, 연결하다
ng	ŋ	singer(síŋər) 가수
	ŋg	warmonger(wɔ́ːrmʌ́ŋgər) 전쟁 도발자
qu	kw	qualitative(kwɔ́litətiv) 질적인
	k	mosquito(moskíːtou) 모기
s	s	risk(risk) 위험, 위험률
	z	charisma(kərízmə) 카리스마, 매력
	ʃ	tension(ténʃən) 긴장, 불안
	dʒ	version(vɔ́ːrdʒən) 해석, 변형
ss	s	impasse(ímpæs) 막다른 상태
	z	scissors(sízəz) 가위
sc	s	scenario(sinériou) 각본, 줄거리
	sk	scrap(skræp) 조각, 스크랩
	ʃ	conscience(kánʃəns) 양심
sch	sk	schedule(skédʒuːl) 일정, 예정표
	s	schism(sizm) 분열, 분파
t	t	terrific(tərífic) 굉장한, 훌륭한
	ʃ	pollution(pəlúːʃən) 오염, 불결
	tʃ	question(kwéstʃən) 질문

th	θ	thermometer(θə𝑟mámətə𝑟) 온도계
	ð	thee(ði:) 그대를, 그대에게
	t	Thames(temz) 템즈강
x	ks	express(iksprés) 표시하다, 급행
	gz	exotic(igzátic) 외국의, 외국풍의
	z	xenophobia(zēnəfóubia) 외국인 공포증

이상 본 바와 같이 모음이나 자음을 막론하고 얼마나 무원칙하고 복잡한 표기가 이루어지고 있는지를 알았을 것이다. 항목별로만 보지 말고 각 항목을 상호 연관시켜서 보면, 영어 표기법의 복잡성을 더욱 실감할 것이다. 가령 K 소리를 표기할 수 있는 표기 방법을 여러 항목에서 찾아 보면 c, cc, ch, qu, k, ck, x(ks) 등 무려 일곱 가지나 된다. 그밖에도 필자가 아직 찾지 못한 철자가 있을지도 모른다. 그러면서도 앨화벨의 K는 한글과 같이 ㄱ, ㄲ, ㅋ으로 세분된 정확한 표기를 할 수 있는 것도 아니다. 다만 관습, 편리성, 기억에 따라 그때 그때 ㄱ, ㄲ, ㅋ으로 구별하여 읽고 소리내고 있을 뿐이다. 한글의 구성이 얼마나 정교하게 되어 있는가를 새삼 깨달았을 것으로 믿는다.

우리가 중학교에서 공부할 때의 영어 철자는 더 복잡했었다. 형무소는 지금은 jail(ʒeil)이지만 그 당시에는 gaol로 표기되었었다. 읽기는 마찬가지이다. 왜, '제일'이 gaol로 표기되느냐는 알 수 없었으나 무조건 외워야만 했다. 모든 것을 쉽고 간단하게 고치기 좋아하는 미국 사람들 덕분에 영어 철자는 많이 쉬워졌다. 영국과 미국 철자법의 차이점을 예를 들어 살펴보자. 어떤 때는 경계가 모호한 때도 있으므로 '이것은 대강 미국식(또는 영국식) 철자'하는 식으로 이해해야 할 것이다. 현재의 추세는 물론 미국식 철자 쪽으로 가고 있다. gramme, pyjamas 등의 스펠링을 열심히 외우던 어린이들의 고생을 짐작할 수 있다.

영국 철자	미국 철자	뜻
travelled	traveled	여행했다
councillor	councilor	평의원, 고문관
appal	appall	오싹하게 하다
enrol	enroll	등록하다
skilful	skillful	재주가 좋은
worshipping	worshiping	예배
waggon	wagon	짐마차
woollen	woolen	양모의, 모직의
gramme	gram	그램(무게)
programme	program	프로그램
annexe	annex	부속건물
axe	ax	도끼
cigarette	cigaret	연초
colour	color	색깔
labour	labor	노동
honour	honor	명예
defence	defense	방어
offence	offense	공격
organise	organize	조직하다
realise	realize	깨닫다
connexion	connection	연결
entrust	intrust	믿고 맡기다
encyclopaedia	encyclopedia	백과사전
manoeuvre	maneuver	작전
judgement	judgment	판단
catalogue	catalog	카다록
grey	gray	회색
kerb	curb	언저리
storey	story	이야기
cheque	check	수표

drau<u>gh</u>t	dra<u>f</u>t	초안
pl<u>ough</u>	pl<u>ow</u>	쟁기
py<u>j</u>amas	pa<u>j</u>amas	잠옷
<u>s</u>ceptic	<u>sk</u>eptic	회의론자
t<u>y</u>re	t<u>i</u>re	타이어

4) 영어의 묵음(默音)

이상 예를 든 모음 자음의 복잡한 발음에 못지않게 힘든 것이 silent letter라는 것이다. 문자 그대로 발음되지 않는 글자들이다. 문예부흥기에 라틴어, 그리스어에 심취한 영국의 학자들은 영어 철자법을 라틴어, 그리스어와 같은 것으로 만들려고 노력하였다. 그 결과로 dout(의심하다)에 b를 삽입해서 doubt로 만들고 vitual(음식)에 c를 삽입해서 victual로 만드는 등 개량 아닌 개악을 하였던 것이다. 그래서 오늘날에도 영어 철자에는 발음도 안 되는 무수한 글자들이 들어 있다. 이러한 불필요한 글자가 들어 있는 낱말들을 자음과 모음으로 구분해서 예를 들어 보면 아래와 같다.

자음 silent letter

b bom<u>b</u>(bɑm) 폭탄 comb(koum) 머리빗
   clim<u>b</u>(klaim) 기어오르다 dum<u>b</u>(dʌm) 벙어리의
   de<u>b</u>t(det) 빚, 부채 dou<u>b</u>t(daut) 의심
   sub<u>t</u>tle(sʌtl) 미묘한 wom<u>b</u>(wuːm) 자궁

c mus<u>c</u>le(mʌsl) 근육 indi<u>c</u>t(indáit) 기소하다

ch s<u>ch</u>ism(sizm) 분열 ya<u>ch</u>t(jɑt) 요트

d hand<u>s</u>ome(hǽnsəm) 아름다운 han<u>d</u>kerchief(hǽŋkərtʃif) 손수건

landscape(lǽnskeip) 경치   wednesday(wénzdei) 수요일
pledge(pledʒ) 서약, 언질   budget(bʌ́dʒit) 예산(안)

g   gnaw(nɔ:) 씹다   **paradigm(pǽrədaim) 모범**
    phlegm(flem) 가래   **malign(məláin) 악의 있는**
    sign(sain) 징조   **singer(siŋər) 가수**

gh   naught(nɔ:t) 제로, 없는 상태   drought(draut) 가뭄

h   heir(ɛər) 상속인   honor(ánər) 명예
    exhaust(igzɔ́:st) 고갈시키다   rhetoric(rétərik) 웅변술
    exhibit(igzíbit) 전시하다   ghost(goust) 유령
    forehead(fɔ́:rid) 이마   Thames(temz) 템즈강
    shepherd(ʃépərd) 양치기

k   knee(ni:) 무릎   knight(nait) 기사
    know(nou) 안다   knife(naif) 작은 칼
    knack(næk) 요령   knock(nɑk) 두드리다, 치다

l   calf(kæf) 송아지   half(hæf) 절반
    walk(wɔ:k) 걷다   folk(fouk) 일가친척, 사람들
    calm(kɑ:m) 조용한   salmon(sǽmən) 연어
    almond(á:mənd) 아몬드   calve(kæv) 새끼를 낳다
    halve(hæ:v) 등분하다   colonel(kɔ́:rnəl) 대령
    folk(fouk) 가족, 사람들

m   mnemonic(ni:mánik) 기억술, 기억을 돕는

n   autumn(ɔ́:təm) 가을   condemn(kəndém) 비난하다
    solemn(sáləm) 엄숙한   colmn(káləm) 난(欄)

p pseudonym(súːdənim) 익명   psychology(saikálədʒi) 심리학
   corps(kɔːz) 군단   receipt(risíːt) 영수증
   pneumonia(njumóunjə) 폐렴   psalm(saːm) 찬미가
   cupboard(kʌ́bərd) 찬장   coup(kuː) 불시의 일격

r iron(aiən) 쇠, 철

s dessert(dizə́ːrt) 후식   aisle(ail) 좌석 사이의 통로
   island(áilænd) 섬   debris(dəbríː) 잔해, 쓰레기 더미

t often(ɔːfn) 자주   soften(sɔːfn) 부드럽게 하다
   asthma(ǽzmə) 천식   mortgage(mɔ́ːrgidʒ) 저당
   fasten(fæsn) 단단히 매다   moisten(mɔ́isn) 추기다
   castle(kæsl) 성(城)   nestle(nesl) 보금자리를 만들다.
   depot(díːpou) 저장소   chestnut(tʃésnʌt) 밤
   Christmas(krísməs) 성탄

w write(rait) 쓴다   wrong(rɔːŋ) 그릇된
   wrist(rist) 손목   wrap(ræp) 포장하다, 싸다
   sword(sɔːd) 검, 칼   answer(ǽnsər) 대답, 해결

모음 silent letter

a   cocoa(kóukou) 코코아   breakfast(brékfəst) 조반
    head(hed) 머리

al scandal(skǽndl) 추문   bridal(braidl) 신부의
    fatal(feitl) 치명적

e   forfeit(fɔ́rfit) 상실, 벌금

el model(mάdl) 본보기, 모델   vessel(vesl) 선박
en citizen(sítizn) 시민   garden(gάːdn) 정원, 뜰

i   cousin(kʌ́zn) 사촌   villain(vílən) 악당, 망나니
      suit(suːt) 고소, 한 벌의 옷   parliament(pɑ́rləment) 영국의회
      missile(misl) 유도탄   leisure(léʒər) 여가

il   devil(devl) 악마   fossil(fɑ́sl) 화석
      pensil(pensl) 연필   evil(iːvl) 사악한, 간악한

in   cousin(kʌ́zn) 사촌   raisin(reizn) 건포도

o   couple(kʌpl) 부부   country(kʌ́ntri) 나라

ol   idol(áidl) 우상

on   button(bʌ́tn) 단추   cotton(kɑ́tn) 목화
      reason(riːzn) 이성, 이유   lesson(lésn) 교습, 학과

u   aunt(ænt) 고모, 이모   guess(ges) 추측하다
      guarantee(gǽrəntiː) 보증   guide(gaid) 안내하다
      guilty(gílti) 유죄의   guard(gɑrd) 수위, 보초
      southern(sʌ́ðərn) 남쪽의   restaurant(réstərənt) 식당
      gauge(geidʒ) 계기, 척도

ue   vague(veig) 희미한   vogue(voug) 유행, 인기
      harangue(hərǽŋ) 장광설, 열변

미국 어린이들에게 spelling을 익히게 하기 위해서 이러한 수수께끼가 주어진다.

"Who is the silent member in the parliament?"
(영국의 의회에서 침묵을 지키는 의원은 누구일까?)
"I." (나다)

Parliament는 파―라만트로 발음해야 한다. 여기서 i자는 발음이 안되고 파―라만트가 되어 버린다. 발음은 '라'로 되지만 spelling은 lia

로 해야 된다는 것을 기억시키기 위한 재미있는 방법이다. 영어 철자에서 묵음화되어 버리는 글자까지 외워야 하는 어린 학생들의 고충을 짐작케 하는 좋은 예라고 할 수 있다.

또 이런 말도 있다. ghoti라고 쓰고 fish라고 읽어야 한다는 것이다. enough의 경우에 gh 는 f 가 된다. women의 경우에 o 는 i 가 된다. emotion의 경우에 ti 는 ʃ 가 된다. 따라서 f+i+ʃ=fiʃ가 된다는 이야기다. 미국사람들도 자기들의 철자법이 하도 한심해서 이러한 농담을 만들어 내는 것이다.

5) 액센트에 따라 변하는 음가

중국 음절에 사성(四聲)이 따라 오듯이 영어 낱말에는 단음절(單音節) 단어를 빼고는 꼭 액센트가 달려 있다. 이 액센트는 우리말에는 없는 것이므로 우리는 흔히 이것을 소홀히 하게 된다. 그러나, 액센트는 영어에서는 너무나 중요한 것으로서, 액센트를 정확한 위치에 두지 않을 때 미국사람들은 이해하지 못할 정도이다. 가령, 얼마 전에 전화로 미국사람하고 통화하고 있을 때 exit를 '이그짓트'로 둘째 음절 모음 'i'에다 액센트를 두고 말했더니 '뭐?'라고 되물어와서 다시 한 번 '이그짓트' 했더니 다시 '뭐?' 하고 물어왔다. 야차 하고 '에그짓트'라고 첫째 음절에 액센트를 두어서 말했더니 이번에는 아무 의문 없이 알아들었다.

위의 예에서 exit의 첫 글자 e가 액센트를 갖고 있을 때는 '에'로 발음되고 액센트가 없을 때는 '이'로 발음되는 것에 주의하기 바란다. exit의 i 에 액센트가 있는 낱말은 없지만 e 자가 액센트 없이 발음될 때는 '이'로 발음하는 버릇이 붙어서 나도 모르는 사이에 '이그짓트'로 발음했을 것이다. exist의 경우 발음부호는 igzíst(이그지스트), 즉 액센트가 둘째 음절에 있고, 따라서 최초의 글자 e는 '에'가 아니고 '이'로 발음된다. e 말고도 액센트가 있고 없고에 따라서 음가(音價)가 달라지는 모음이 많으니, 이 책에 실린 많은 단어를 자세히 보고 액센트의 유무에 따른 음가 변동을 살펴보면, 영어에서는 액센트의 유무에 따른 또 하나의 거대한 음가변동이 있음을 알게 될 것이다.

아래에 액센트의 이동에 따라 명사가 동사로 되는 예와, 형용사가 동사로 되는 예를 제시한다. 명사와 형용사의 경우에는 액센트가 거의 첫째 음절에 있고, 동사의 경우는 마지막 음절에 있다. 여기에서도 액센트의 이동에 따른 음가의 변동(밑줄을 친 부분)에 주의하기 바란다.

한국말에서는 동사나 명사 뒤에 우랄알타이어의 특색인 교착어(膠着語)가 뒤따른다. 즉, '사람이 길을 걷는다'의 경우의 '이, 을, 는다'와 같은 것이다. 이 교착어 때문에 명사와 동사가 혼동될 가능성이 거의 없으나, 영어에는 이러한 교착어가 없기 때문에 액센트를 딴 곳에 붙이면 문장의 뜻이 와전될 가능성이 많다. 또한 액센트의 유무에 따라서 모음 부호가 다른 소리로 발음되는 데도 유의하기 바란다. 특히 액센트가 없을 때는 모든 모음 문자가 거의 다 ə 소리로 변한다.

	액센트 있을 때	액센트 없을 때
a	ɑ, æ, ei	ə
e	e, iː	ə, i
i	i, ai	ə
u	ʌ, u, juː	ə
o	ɑ, ou	ə

명사가 액센트의 이동에 따라 동사로 변하는 예

낱 말	명사발음 / 뜻	동사발음 / 뜻
accent	ǽksənt 액센트, 음조	æksént 강하게 발음하다
attribute	ǽtrəbjùːt 속성, 특질	ətríbjuːt —의 탓으로 하다
compound	kámpaund 복합, 화합물	kəmpáund 혼합하다, 조합하다

concert	kánsərt	kənsə́ːrt	
	음악회, 협력	협조하다. 협력하다	
conduct	kándʌkt	kəndʌ́kt	
	품행, 지휘	행동하다, 지휘하다	
conflict	kánflikt	kənflíkt	
	모순, 충돌, 대립	투쟁하다, 충돌하다	
contrast	kántræst	kəntrǽst	
	대조, 대비	대조를 이루다	
convert	kánvəːrt	kənvə́ːrt	
	전향자, 개종자	변하게 하다, 개종시키다	
decrease	díːkriːs	dikríːs	
	감소	줄다, 감소하다	
desert	dézərt	dizə́ːrt	
	사막, 황야	버리다, 탈주하다	
envelope	énvəlòup	envélop(invélop)	
	봉투	싸다, 포장하다	
escort	éskɔrt	iskɔ́rt	
	호위, 데이트 상대	호송하다, 동반하다	
exploit	éksplɔit	iksplɔ́it	
	영웅적 행위, 공적	이용하다, 개발하다	
export	ékspɔːrt	ikspɔ́rt	
	수출, 수출품	수출하다	
forecast	fɔ́ːrkæst	fɔːrkǽst	
	예상, 예보	예상하다, 예보하다	
import	ímpɔːrt	impɔ́ːrt	
	수입, 수입품	수입하다, 도입하다	
impress	ímpres	imprés	
	인상, 날인	인상을 주다, 날인하다	
increase	ínkriːs	inkríːs	
	증가, 번식	늘다, 증가하다	
insult	ínsʌlt	insʌ́lt	
	모욕, 모욕적 언동	모욕하다	
object	ábdʒikt	əbdʒékt	
	물체, 대상	반대하다	
overthrow	óuvərθròu	òuvərθróu	
	타도, 전복	뒤집다, 전복시키다	
permit	pə́ːrmit	pərmít	

		허가, 면허		허가하다, 인가하다
present	préznt	선물	prizént	선물을 주다
project	prádʒekt	계획, 사업	prədʒékt	계획하다, 예측하다
record	rékɔːd	기록, 경력	rikɔ́ːrd	기록하다
subject	sʌ́bdʒikt	신하, 주제	səbdʒékt	복종시키다, 지배하다
survey	sə́rvei	관찰, 측량	sərvéi	관찰하다, 조사하다
suspect	sʌ́spekt	용의자, 주의인물	səspékt	의심하다
transfer	trǽnsfər	운반, 전속, 양도	trænsfɔ́ːr	나르다, 옮기다
underline	ʌ́ndərlàin	밑줄	ʌndərláin	밑줄을 긋다, 강조하다
upset	ʌ́psèt	전복, 심란	ʌpsét	뒤엎다, 어지럽히다

형용사가 액센트의 이동에 따라 동사로 변하는 예

낱 말	형용사발음/뜻	동사발음/뜻
absent	ǽbsnt 결석한, 방심상태의	æbsént 결석하다, 결근하다
alternate	ɔ́ːltərnit 교대의, 번갈은	ɔ́ːltərnéit 교체하다, 번갈아 하다
consummate	kənsʌ́mit 완전한, 터무니없는	kánsəmèit 완료하다, 달성하다
converse	kánvəːrs 반대로 한, 거꾸로의	kənvə́ːrs 환담하다
desert	dézərt 사막의, 불모의	dizə́ːrt 버리다, 탈주하다
frequent	fríːkwənt 자주 일어나는	fríːkwént 자주 가다
present	préznt 현재의, 출석해 있는	prizént 제출하다, 선물하다

영어 액센트가 더 복잡해지는 예로서 위에서 본 바와 같이 어떤 단어에는 액센트가 두 개 있다. 그리고 두 개가 있을 때는 첫 액센트가 더 강할 때가 있고 또 둘째 액센트가 강할 때가 있다. 이것은 액센트 부호의 방향으로 표시된다. 즉, '＇'=주된 액센트, '˵'=제 2 액센트로 된다. '경제학'을 말하는 economics의 발음부호는 ì:kənámiks 이니까 i 보다 ɑ 가 더 강하게 발음되어야 한다. rècreátion(휴양)의 경우도 같다. 되씹으며 깊이 생각한다는 뜻의 rumineit의 발음부호는 rú:minèit이며, 이 경우에는 'u' 즉, 첫 모음에 주액센트가 있다. melancholy(mélənkɑ̀li ; 우울증)도 마찬가지다. 영어에서는 전자의 경우가 더 많다. 위에 설명한 2중액센트의 명사나 형용사가 동사로 변할 때에는 '＇˵'형의 액센트가 '˵＇'형의 액센트로 변하고 있다.

이상 영어 앨화벹의 복잡한 면을 설명했지만, 이 밖에도 꼭같은 철자가 두 가지의 다른 소리로 읽히는 동시에 두 가지의 각기 다른 뜻을 나타내는 경우와, 거꾸로 두 가지의 철자로 쓰며 뜻도 다른 낱말이 같은 소리로 읽히는 경우가 있다. 한글에서는 생각조차 할 수 없는 일이다. 이러한 단어의 예는 뒤에 새로운 한글 표기 부호를 시험해 보기 위해서 새로운 표기법에 관한 설명이 끝날 때까지 미루고자 한다.

여기에 적은 것은 그나마 어떤 규칙이 잠재하는 예들이며, 실제로 모든 낱말에서 일어나는 예외들은 어떠한 훌륭한 언어학자들도 당혹하게 만들기에 충분하다. 가령, boatswain(배의 갑판장)은 누가 읽어도 '보우트 스웨인'이라고 읽어야 할 것 같은데 실제로는 '보우슨'이라 읽는다. 선생님이 '보우슨'이라고 크게 읽을 때 boatswain으로 스펠링해야 되는 학생들을 생각하여 보라. 우리가 한글철자법이 힘들다고 하는 것은 너무나 안이한 사고방식이다.

이상에서 예시하지 않은 이상한 규칙도 무수히 있다. 가령 일례를 들어서, mat(받침) 경우의 a는 æ지만, 어미에 e 자가 하나 더 붙어서 mate(짝)가 되면 a는 갑자기 ei로 변한다. 이것은 u 자의 경우도 마찬가지여서 cut(자르다)에서는 ʌ, cute(귀여운)에서는 ju:가 된다. i 의 경우에도 bit(조각)에서는 i, bite(묻다)에서는 ai가 된다. 이 모든

예에서 보는 바와 같이 어미에 붙은 e 자가 그 앞에 있는 단모음을 이
중모음으로 바꾸어 놓는다. 이렇듯이 무수한 규칙 아닌 규칙이 지배하
고 있는 영어 앨화벹을 과연 음소문자라고 할 수 있을는지 의문을 갖
지 않을 수 없다. 상형문자, 표의문자, 표음문자 중 어느 한 가지에 귀
속시켜야 한다면 앨화벹은 물론 표음문자가 될 것이다. 그러나, 앨화벹
의 글자는 한글과 같이 한 가지 음소만을 대표하는 것이 아니라, 여러
가지 음소를 대표한다. 이러한 문자는 하나의 음소를 대표하는 부호가
아니고 어떤 집단적 소리를 표시하는 상징에 불과하므로, 이러한 문자
는 음소군 문자, 상징적 음소문자 또는 유사(類似) 표음문자라고 부르
는 것이 타당할 것이다. 진정한 음소문자는 오직 한글뿐이다.

6) 한글의 로마자 표기가 힘든 이유

한글을 로마자로 표기하는 것은 힘들다못해 불가능할 지경이다. 그것
은 우리 한글이 모든 소리를 너무나 세분해서 치밀하게 표기하고 있기
때문이다. 우선, 북한 과학원의 로마자표, 문교부 로마자표, 1968년의
예일체계 등에 의한 로마자 표기에서 영어로 표기하기가 힘든 한글 자
모를 골라서 다음에 제시해 본다. 우리 글을 로마자로 표기하는 것이
얼마나 힘든 것인가를 금방 알 수 있다. 그것은 힘들다못해 거의 불가
능하다.

만약에 반달표 ' ˘ '와 어깨점 ' ˊ '을 쓸 수 없다면 '서울'이 Seoul
이 되듯이, 영등포는 Yeoungdeungpo와 같은 알 듯 모를 듯한 표기가
되고 말 것이다. ㄱ, ㄲ, ㅋ도 서로 합의에 의해서 k, kh, kk로 표기
할 뿐이지, 앨화벹에 의하면 kk나 k같은 표기법은 없다. 그렇다고 해
서 영어에 ㄱ, ㄲ, ㅋ와 같은 소리가 없는 것이 아니고, 소리는 있지만
표기방법이 없을 뿐이라는 것은 이미 언급했다. 영어를 한글로 표기하
는 것은 그리 힘들지 않은데 한글을 앨화벹으로 표기하기는 매우 힘들
다는 사실은 한글이 그만큼 더 많은 소리를 세분해서 표기하고 있다는

것을 단적으로 증명하는 사실이기도 하다. 다음의 표를 보면 한글의 로
마자 표기가 얼마나 힘들고 무리한 일인지 알 수 있다.

1956년 조선어 자모	북조선과학원 로마자표	1984년 문교부 로마자표	음운변화에 따른 표기	1968년 예일 체계
ㅂ	p	p, b	m	p
ㅍ	ph	p	p, m	ph
ㅃ	pp	pp		pp
ㄷ	t	t, d		t
ㅌ	th	t´	j, n	th
ㄸ	tt	tt		tt
ㅅ	s	s, sh	t, n	s
ㅆ	ss	ss	t, n	ss
ㅈ	ts	ch, j	t, r	c
ㅊ	tsh	ch´		ch
ㅉ	tss	tch		cc
ㄱ	k	k, g	ng	k
ㅋ	kh	k	k, ng	kh
ㄲ	kk	kk	k´	kk
ㅚ	oi	oe		oy
ㅐ	ai	ae		yay
ㅡ	ŭ	ŭ		u
ㅓ	ŏ	ŏ		ae
ㅕ	yŏ	yŏ		ye
ㅝ	wŏ	wŏ		we
ㅢ	ŭi	ŭi		uy

7) 그래도 영어는 위대한 언어

이렇게 복잡하고 무원칙한 문자를 가진 영어가 그래도 오늘날 전세계의 공용어가 되었으니, 우리는 그 이유가 어디에 있는가를 생각해 볼 필요가 있다. 영국이 한때 세계를 지배했던 강대국이었다는 이유도 있을 수 있다. 그러나, 징기스칸도 한때는 세계를 제패했지만 그들의 언어는 보잘것없는 영향을 남겼을 뿐이다. 영어가 오늘날 외교, 과학, 문학, 경영 등 모든 분야에서 다른 언어를 압도하고 있는 것은 무엇보다 영국사람들이 자기 나라 말을 사랑하는 마음과 자기 말을 가꾸려는 노력에 연유한다. 나영균(羅英均) 교수의 〈문학적 산책〉에서 '이 조용한 가운데 불꽃을 튀기는 효과는 언어에 대한 비상한 관심과 애정과 능력을 가진 영국인들간에만 통하는 쾌감을 주는 듯했다.'라는 몇 줄의 글을 읽었을 때, 필자는 많은 공감을 느꼈다. 영국사람들의 영어에 대한 애정은 각별하다.

필자는 직장 관계로 영국에서 온 동료들을 가끔 만나는 일이 있었다. 그들과 회화를 할 때마다 느낀 것은 그들이 영어를 무척 사랑한다는 것, 항상 적합한 어휘를 골라서 간단하지만 정확한 표현을 하려고 세밀한 주의를 하고 있다는 것이었다. 그도 그럴 것이 전세계에서 모여든 이민들이 만든 나라 미국에서는 영어가 겨우 2 세대나 3 세대에 걸쳐서 사용한 언어에 불과한 때가 많다. 필자의 경우 영어는 아직도 제2 외국어일 뿐이다. 미국사람들의 대화에서는, 말은 의사전달의 도구일 뿐이다. 그것도 대부분의 경우에 빌려 온 도구이다. 영국사람들의 대화에서는 영어에 실린 역사의 무게를 느낀다.

또 한 가지 중요한 것은 영어나 영국인의 포용성이다. 영어는 가장 풍부한 어휘를 가지고 있다. Bill Bryson은 《Mother Tongue》이라는 책에서 이렇게 말한다.

"개정된 Oxford 사전은 615,000 단어를 수록했다.······ 기술, 과학 용어까지 합치면 기백만의 단어가 더 늘 것이다. 이중 약 200,000 단어가 상용되는 단어이며, 이것은 독일어의 184,000 단어나 후랑스어의 100,000 단어보다 훨씬 많은 것이다. 영어 단어의 풍부함, 동의어의 풍부함은 영어 사용자들에게 훨씬 더 정확한 표현을 허용한다. 한 예로 후랑스어는 house와 home을, 마음과 두뇌를, 남자와 신사를, 그리고 'I wrote'와 'I have written'을 구별하지 못한다."

"많은 어휘는 작가들에 의해서 만들어졌다. 주의깊게 계산된 바에 의하면 셰이크스피아는 그의 저서에서 17,677 개의 어휘를 사용했는데, 그중 10분의 1의 어휘는 그전에 절대로 사용된 바 없던 낱말들이었다. 당신이 쓰는 10 번째의 단어가 모두 original이라고 생각해 보라. 그것은 놀라운 천재성의 시위이다. ······ 1,500년에서 1,650년까지의 1 세기 반 동안, 영국은 새로운 말이 넘쳐흘렀다. 그때 10,000 내지 12,000의 새 말이 만들어졌는데, 그중 절반 이상은 아직도 사용되고 있다.······ 오늘날의 새로운 어휘들은 기술의 비약적 발전에서 오는 것이다. 이는 lunar module이나 myocardial infraction 같은 단어이며 시(詩)나 감정에 관한 단어가 아니다."

"말을 입양한다. 영국의 영광의 하나는 마치 피난민을 받아들이는 것처럼 많은 말들을 기꺼이 외국에서 받아들였다는 사실이다. 우리는 거의 모든 곳에서 말을 받아들였다. 인도에서 shampoo를, Basque에서 chapparal을, Algoquin Indian한테서는 caucus를, 중국에서는 ketchup를, Haiti에서는 potato를, Arabia에서는 sofa를, 휠리핀에서는 boondocks를, Gaelic에서는 Slogan을 들여왔다. 이 이상 더 수용적일 수는 없었다. 우리는 이것을 여러 세기에 걸쳐서 해왔다. 16세기까지 영국은 벌써 50개국 이상의 외국에서 새로운 말을 받아들였다. 이것은 당시로서는 대단한 숫자이다. 어떤 때는 극히 우회적으로 이들 어휘를 받아들였다. 많은 희랍단어들이 Latin어휘들이 되었고, 그것은 다시 후랑스단어가 되었고, 결국은 영어로 귀착되었다."

우리들은 그들의 무원칙한 표기법을 비판하기 전에 위와 같은 그들의 태도에서 많은 것을 배워야 하리라고 믿는다. 세계 여러 곳의 다른 나라에서 자기들에게 없는 말, 자기들에게 필요한 말을 너그러이 받아들여서 주저없이 그대로 사용하고, 새로운 말을 만들어 내고, 사전 편찬에 남달리 많은 수고를 하고 있다. 이런 노력들이 오늘날의 영어의 지위를 확보하게 한 요인이 된 것이다. 이것은 외래어에 대해서 극도로 신경질적인 후랑스어의 위상이 차차 떨어지고 있는 것과 좋은 대조를 이룬다.

마지막으로 지금까지 설명한 여러 문자체계의 장단점을 비교하는 표를 만들어 보고자 한다.

	소리의 수	1자 1음	자음/모음부호		글자 총수
가나	301	yes ?	—	—	71
한자	427	—	—	—	49,030
앨화벹	7,000?	no	21	5	26
한글	8,778+	yes	19+	10+	29+
	자모음 분리	개량 가능성	분 류		평점
가나	no	없다	음절문자		
한자	no	없다	표의문자		
앨화벹	yes	어렵다	유사음소문자		
한글	yes	쉽다	음소문자		

한글 자음의 수를 19+로 한 것은 우선 14개 자음에다 ㄲ, ㄸ, ㅆ, ㅉ, ㅃ을 합해서 19로 한 것이고 + 부호는 장차 얼마든지 늘어날 가능성이 있다는 의미이다. 이 점에 관해서는 제2편에서 논하기로 한다.

한글이 표기하지 못할 이들 세 나라의 소리를 다음에 다시 적어 본다. 중복된 소리를 빼면 13개에 불과한 소리가 된다.

가나 — 탁음 Ga(が), Za(ざ), Da(だ), Ba(ば)

한자 — 순치음 F, 측음 L, 권설음 sh(尸), zh(坐), ch(彳), r(日)

영어 — 측음 L, 탁음 B, D, G, Z, 순치음 F, V, 치찰음 θ와 ð(th)

II. 오늘의 한글 : 잃어버린 글자와 글자 없는 소리

1. 한글의 무한한 가능성

1) 정음한글은 얼마나 변했나?

인류의 언어와 문자는 무수한 변천과 무한한 변화를 거쳐 왔다. 우리 경우에도 예외는 아니었다. 훈민정음에 실린 글과 오늘날 우리가 쓰는 글을 비교해서 5 세기 좀 넘는 사이에 얼마나 변했는지 살펴보자.

사룸마다히ᅇ여수비니겨날로ᄡᅳ메뻔한킈ᄒᆞ고져홇ᄯᆞᄅᆞ미니라
사람마다 쉬이 익혀서 날로 씀에 편하게 하고저 할 따름이라

500년 사이에 일어난 변화 치고는 작은 것이 아니다. 그러나 한글이 본격적으로 우리의 글이 되기 시작한 것은 최근 1 세기 동안이다. 최근에 '한국어의 발전방향'이라는 책에서 또다시 이기문 선생의 '독립신문과 한글문화'라는 글을 읽을 기회가 있었다. 1897년에 독립신문에 실린 서재필 선생의 글을 소개하고 다음과 같이 끝맺고 있다.

"서재필이 한글에 대해서 남달리 깊은 관심을 가지고 있었음을 특히 그의 한글에 관한 논설을 통해서 알 수 있었다. 그 대표적인 예로 빈 칸 띄어 쓰기를 들 수 있다. 서재필은 한글만으로 쓸 때에는 빈 칸 띄어 쓰기를 거듭 강조하였다. 이것이 현대 맞춤법의 띄어 쓰기의 원천이 된 것임을 생각할 때 얼마나 뜻 깊은 일인가를 새삼 깨닫게 된다. (중략) 한글은 세종대왕이 창제하고 그 뒤에 조금씩 뿌리를 내려왔지만, 이것을 진정한 민족의 문자로 만든 개혁운동의 첫 봉화를 올린 것은 서재필이었다. 이 신문에서 이루어진 서재필과 주시경의 만남은 어떤 섭리에 의한 것 같은 느낌이 든다. 서재필은 배재학당의 만국지지(地誌) 강의를 통해서 넓은 세계에 대한 주시경의 눈을 뜨게 했거니와 독립신문을 통해서 한글에 대한 그의 신념을 더욱 굳혀 주었을 것임에 틀림없다. 서재필은 외로웠던 청년 주시경에게 무한한 용기를 주었을 것으로 추측된다. 20세기의

한글운동은 주시경으로부터 그의 제자들에게 이어졌는 바, 그 시초에 서재필이라는 큰 지렛대가 있었음을 잊어서는 안 될 것이다."

선각자들의 통찰력과, 사명감과, 결단력으로 한글은 이렇게 항상 다듬어지고 고쳐져 왔다. 그들은 그들의 식견을 지상논쟁에 낭비하기보다는 실천에 옮겼으며, 과거에 집착하여 수성에 골몰하기보다는 미래를 경영하였으며, 개인의 이해보다는 민족의 장래를 생각하였다.

「신동아」지에 실렸던 안춘근 선생의 수필을 보면, 일찍부터 현대 한글의 표기체계를 만들어내고 있었으니, 1933년에 한글학회에서 만든 맞춤법통일안이 최초의 것이라는 생각은 대단한 잘못이었다.

1908년 한승곤의 「한국철자첩경」을 평양 광명서관에서 펴냄.
1912, 1921년 두 차례에 걸친 철자법 개정이 「보통학교 조선어독본 편찬취지서(1930년 발행)」에 기록되어 있음.
1930년 장지연이 엮은 「조선어 철자법 강좌」를 서울 활문사에서 펴냄.
1933년 한글학회에서 맞춤법통일안이 나옴.

이러한 선각자들의 지혜와 노고의 결정체인 업적들이 있었기에 오늘날의 한글이 있는 것은 당연한 일이라는 느낌이 들었다. 길게는 인류문자의 역사를 생각하고, 짧게는 우리 글자가 겪어 온 변천을 생각할 때, 우리가 왈가왈부하는 문제들은 너무나 작은 일들인 것 같다. 우리는 과거를 추적하기보다는 미래를 겨냥한 연구에 더욱 박차를 가해야 될 것이다. 지금 우리가 처해 있는 현실을 살펴보면 세상은 너무나 좁아졌다. 필자가 어릴 때만 해도 몇 달이 걸려서 가던 미국은 이제 열다섯시간이면 날아갈 수 있는 곳이 되었다. 서울에서 방영되는 뉴스는 뉴욕에서 동시에 시청할 수 있다. 과학정보, 공업기술의 도입은 시각을 다투는 문제가 되었다. 대체어를 만들기 위해서 몇 시간씩 머리를 맞대고 씨름을 하고 결론을 못 내려서 한 달 뒤에 또 만나는 그러한 한가한 때가 아니다. 좁아지는 세계에서 우리는 더 많은 사람을 맞아들이게 되고 우리 젊은이들은 온 세계를 마음내키는 대로 뛰어다니게 되었다. 우리

나라에서 인문사회계 고교생의 영어교육을 위한 국제고교 설립이나, 국민학교에서부터의 영어교육이 실행되는 것도 당연한 시대적 요청이라고 할 수 있겠다. 그러나, 지금은 외국에서 밀어닥치는 거센 물결에 수동적인 대응만 하고 있을 때가 아니다. 능동적으로 만사에 대처하는 방법을 생각해야 될 때다.

인간은 약할 때 변화를 두려워한다. 자신감이 마음속에 가득 차 있을 때는 오히려 변화를 촉구한다. 외국문화의 물결을 두려워하는 것은 문화적 약소민족이 하는 짓이다. 외국어를 배운다는 것은, 외교 경제 분야에서 실제적 효능을 얻기 위한 것만이 아니다. 모든 언어에는 그 뒤에 숨어 있는 문화가 있다. 하나의 외국어를 자기 것으로 만든다는 것은 자기 이외의 사람들의 사고방식을 배우고, 이질적인 것에 대한 통찰력과 이해를 키우는 것이다. 많은 우리나라 사람들이 외국어를 익혀서 세련된 문화감각을 지닌 국제인이 되어 주었으면 한다.

2) 흐르지 않는 강물은 썩는다

외교 부문으로 잠깐 눈을 돌려 보자. 중국어가 UN의 공용어로 되어 있는데, 중국의 외교가 이 사실에서 얼마나 덕을 보고 있을까. UN은 근본적으로 영어의 세계이고, 다음으로는 후랑스어와 스페인어의 세계이다. 외교의 가장 섬세하고 예민한 교섭은 식사나 칵테일 석상의 극히 적은 사람의 모임에서 이루어진다. 그러한 곳에 통역을 데리고 간다는 것은 불가능하다. 따라서, 본인이 영어를 못하면 이러한 모임에 참가하지도 못하고 정보도 얻지 못한다. 또, 총회나 위원회에서 연설한다는 것은 회원국가에게 자기나라의 입장을 명확하게 설명하고자 하는 것인데, 다른 나라의 대표가 중국말을 얼마나 이해할 수 있겠는가. 필자는 이제까지 자기나라 말로는 잘된 연설이 서투른 동시통역의 입을 거칠 때 엉망이 되는 것을 여러 번 들은 일이 있다. 자기의 생각이나 감정을 외국인에게 잘 전달하지 못하면 살기 힘든 세상이 되었다. 우리가 우리말만 표기하는데 만족하고 있지 못할 또 하나의 이유이다.

중학교에 입학해서 첫 영어 클래스에 들어섰을 때 앨화벹 몇 자를 배우면서, 마치 딴세상에 발을 들여 놓은 것 같은 흥분과 기대와 긴장의 한 시간을 보낸 생각이 난다. 모든 것이 다 생소했지만 그중에서도 발음이 제일 큰 문제였다. 처음으로 영어 클래스에 들어온 학생에게, 영어 선생님이 "영어의 모든 소리는 우리 글자로서 정확하게 표현할 수 있다. 그러므로 영어의 발음에 관해서는 하나도 걱정할 필요가 없다."라고 말해 줄 수 있다면, 학생들의 영어에 대한 위화감(違和感)은 금방 친근감으로 변할 것이다. 처음 외국어를 대하는 어린이들에게 이 위화감이 결정적인 걸림돌이 된다는 것은 모든 외국어 교육 관계자들이 인정하는 바다. 우리 어린이들이 친근감을 가지고 느긋한 마음으로 명랑하게 영어 시간을 즐길 수 있게 할 수 있다면, 그것이 무엇이든지 주저없이 그 방법을 시험해 보아야 할 것이다.

영어의 모든 소리를 한글로써 표기할 수 있는가? 우리의 자그마한 노력으로 충분히 가능하다. 그것이 될 수 없는 이유가 있다면, 그것은 우리의 꽉 닫혀진 마음이다. 우리의 마음을 조금이라도 열 수 있게 되기를 바라는 마음에서 문자의 역사를 소개하였다. 우리의 마음을 활짝 열고, 과거보다는 미래로 눈을 돌리고, 끊임없는 전진을 기약하는 민족이 되어야 하겠다.

흐르지 않는 강물은 썩는다. 과거의 영광에 안주하는 대국은 쇠망의 길을 걷지 않을 수 없었다. 새로운 기술 투자를 소홀히 하는 기업은 오래가지 못했다. 우리 한글이 아무리 우수하고 배우기 쉽다고 하여도 거기에 안주해서 아무런 투자나 노력도 하지 않는다면 시시각각으로 변해 가는 이 시대의 상황에 부응할 수 없게 될 것이다. 문자나 언어상의 진취성과 국가의 발전은 상호 연관되어 있다. 중국이 세계의 서적의 절반을 출판하고 있을 때, 중국은 세계의 최대 강국이었다. 그리이스가 세계 최초의 모음 앨화벹을 만들어 냈을 때, 그리이스 철학과 문예가 찬란하게 피어났다. 셰익스피어가 허다한 새로운 낱말을 써내고 있을 때, 영국은 세계 최강의 공업국가가 되었다. 진취적 기상으로 각 분야의 개혁을 이룰 때, 그 나라는 항상 비약적인 발전을 하였다.

3) 한글의 세계화

　필자가 가끔 받는 질문은 "한글이 세계에서 가장 우수한 문자라고 하는데 정말 그렇소?"라는 것이다. 이 점에 관해서는 1편에서 자세히 논하였지만, 필자가 최근 읽은 다음의 글을 소개하여 독자들의 자신감을 북돋우고저 한다. 미국의 권위있는 과학잡지 'Discover'는 1994년 6월호에 '바르게 쓰기'(Writing Right)라는 제목의 글을 실었다. 필자 Jared Diamond는 제목 바로 밑에 다음과 같이 적고 있다. "어떤 문자는 인간의 말의 반사경이다. (한글을 일컬음) 반면 영어를 비롯한 어떤 문자들은 잡탕(mess)이다.…" 그리고 본문에서 그는 이렇게 적고 있다.

　학자들은 '세종대왕의 28개의 부호는 전세계에서 가장 우수한 앨화벹이며 가장 과학적인 문자체계'라고 말한다. 한글은 초이성적(ultrarational)인 문자체계인바, 그 이유는 다음의 세 가지 특징으로 이해된다.

　첫째 한글의 자음과 모음은 한눈에 식별할 수 있다. 그리고 상호 관련있는 소리의 부호들은 비슷한 형체의 상호 관련있는 부호로써 구성되어 있다. 일례를 들면, 원순모음 'ㅜ'와 'ㅗ'를 대표하는 모음부호 사이의 유사성, 'ㄱ', 'ㄲ', 'ㅋ' 등 연구개음부호의 유사성 등은 매우 합리적이다.

　더욱 놀라운 것은 자음부호의 형체는 그 소리가 발음될 때의 입술, 입, 혀의 위치를 나타내고 있다는 점이다. 예를 들면, 'ㄴ'과 'ㄷ' 부호는 혀끝에 입천정이 올라붙은 상태를 나타내고, 'ㄱ' 부호는 혀 뿌리가 목구멍을 막는 모양을 묘사하고 있다. 20세기의 학자들은 이러한 '부호와 발성기관 형체의 연관성'을 믿을 수가 없었다. 그러나 1446년에 반포된 세종대왕의 훈민정음 해례본이 1940년에 발견됨으로써, 그들은 위의 이론이 너무나 분명하게 밝혀져 있음을 발견하였다.

　마지막으로 이들 부호들은 수평 또는 수직으로 묶어져서 네모꼴 안에 든 음절문자가 된다. 이때 각 음절문자 사이의 간격은 낱말과 낱말사이의 간격보다 작다. 결과적으로 한글은 음절문자와 음소문자의 장점을 모두 갖추고 있다. 불과 28개의 부호만 외우면, 그 부호들이 모아져서 음절이 될 때, 그 응집된 형체는 신속한 읽기와 뜻의 파악을 가능케 한다.”

우리는 여기서 한글에 대한 무조건의 찬사를 읽을 수 있다. 이글은 읽는 필자의 마음은 한없이 기뻤다. 동시에 우리는 그동안 무엇을 하고 있었나 하는 생각이 들었다. 우리 스스로 이러한 문화적 보물을 가지고도 그 사실을 별다르게 의식하고 있지 않다. 이제라도 늦지 않았다. 한글의 모든 가능성을 개발하여 한글의 세계화를 우리세대에서 이루어야 할 것이다. 그 꿈과 사명이 우리에게 주어져 있다.

파알 S. 박 여사의 말을 인용해서 한글의 우수성을 다시 한번 확인하고저 한다. 그는 그의 저서 ‘The Living Reed’의 서언에서 다음과 같이 말하고 있다.

“가장 주목할만한 일은 세종대왕의 영도아래, 한글이 창조되었다는 사실이다. (중략) 그의 가장 우수한 학자들의 도움으로 한글은 창조되었다. 오늘날 이것은 전세계에서 가장 훌륭하고, 가장 단순한 글자라고 인정되고 있다. 세종이 발명한대로 이 앨화벹은 14개의 자음과 11개의 모음으로 구성되어 있다. 이것은 오늘날에도 한개의 모음이 빠진 것 외에는 꼭 같은 형태로 남아 있다. 이 24개의 부호는 인간의 목청에서 나오는 어떠한 소리도 놀라운 정도로 정확하게 표현할 수 있도록 조합될 수 있다. 그것은 세종대왕과 그의 학자들이 한국것은 물론이려니와 많은 외국의 문헌을 연구하여 음운론의 원칙을 연구하였기 때문이다. (중략) 그러나 4대조왕 세종에 비견할만한 임금은 없었다. 그는 천부의 재능의 깊이와 다양성에 있어서 한국의 레오나ー드 다뷘치라고 할 수 있다.”

파알 S. 박 여사는 1932년도 퓨ー릿짜ー상과 1938년도 노우벨문학상의 수상자이다. 미국의 지성이라고 할 수 있는 그는 우리보다도 더 정확하게 한글의 우수성을 통찰하고 있었다. “It is considered the best and simplest in the world.”라는 말의 ‘simplest’를 우리들은 오해하기가 쉽다. 우리는 단순한 것보다 복잡한 것을 선호하는 경향이 있다. 한자혼용론이 그 일례이다. 그러나 인류가 지금껏 갈구하여 온 것이 정교하고도 단순한 문자체계였음을 생각할 때, 그의 "the best and simplest"라는 말은 한글을 인류가 갖고 있는 모든 문자체계의 최고위에 올려놓는 찬사라고 할 수 있다. 온 인류의 모든 소리를 정확하고 간단하게 표기할 수 있는 한글은 우리들만이 아니라 온 인류가 자랑으로 삼아야 할 문자체계이다.

그러나 여기에는 한가지 문제가 있다. 즉 한글은 아직도 인류의 모든 소리를 표기할 수가 없다. 아니 그보다도, 우리가 현재 가지고 있는 소리조차도 표기하지 못한다. 다만 가능성을 가지고 있을뿐이다. 제2편에서는 세종대왕이 이미 마련해 놓으신 한글의 무한한 가능성을 활용해서 우리가 가지고 있는 모든 소리를 표기하는 방법을 생각해 보고저 한다.

우리가 갖고 있는 소리 가운데 표기방법이 없는 소리를 찾는 방법으로써, 필자는 영어를 대상으로 해서 검토해 보았다. 영어를 대상으로 택한 이유는, 영어는 이제 세계어로 자리잡았고, 우리에게 가장 가까운 언어이며, 우리의 세계화, 국제화의 도구이고, 또한 그 문자는 우리문자와 가장 비등한 수준에 있는 문자이기 때문이다. 영어소리 가운데는 우리 글자로써 표기못할 소리가 많다. 그런데 이경우에, 우리에게 그 소리 자체가 없다는 것과, 소리는 있는데도 다만 표기방법이 없다는 것 사이에는 커다란 차이가 있다. 전자의 경우에는 우리는 우선 그 소리의 개념을 정립하여야 하고, 부호를 새로 만들어야 한다. 후자의 경우에는 기존의 부호를 활용함으로써 표기가 가능하게 된다.

이 과정에서 우리는 자연히 영어의 모든 소리를 세밀하게 분석하여야 하며, 이때 영어를 배우려는 사람들이 항상 품고 있는 영어소리에 대한 의문을 자연히 풀어주게 된다. 뿐만아니라, 최종결론은 한글부호로써 이루어지기 때문에 그 소리에 대한 가장 정확한 개념을 정립하게 될 것이다. 그것은 말과 글은 거울속에 비치는 모습과 자기자신의 관계와 같기 때문이다. 여기서 또한 한국사람들이 영어소리에 대한 왜곡된 개념을 시정할 수 있을 것이다. 한국사람의 영어가 미국의 모든 소수민족 가운데서 가장 뒤떨어진다고 정평이 나 있다. 우리가 가장 섬세한 문자를 갖고 있다는 사실을 생각할 때, 도저히 이해할 수 없는 일이지만, 사실이 그러니 어찌할 도리가 없다. 이렇게 만든 주범은 적당주의의 표본인 외래어표기법이요, 종범은 그릇된 것을 폐기도 개량도 못하는 우리들 자신이다.

우리가 영어의 소리를 그릇되게 표기하는 데서 오는 폐해는 막대하다. 외래어표기법의 영향으로 그릇된 영어발음을 익힌 기성세대는 그것을 시정하는 데 일생이 걸릴 것이다. 새로이 영어를 배우기 시작하는 학생들도 많은 혼란을 느낄 것이고, 그 결과는 영어에 대한 위화감으로 나타날 것이다. 그런데도 거기에 대한 개혁의 불길이 일어나지 못하는 것은 한국의 사회구조가 관을 중심으로 구성되어 있기 때문인 것 같다. 지금과 같이 외국문화가 홍수같이 밀려들어오고 있는 현실에서 외래어표기법은 외국어표기법의 역할을 해야 될 때가 되었다. 이러한 현실을 외면하고 우리는 외래어표기법을 그대로 지키고 있으며, 이 사실은 수많은 피해자를 낳고, 앞으로도 국민 모두를 피해자로 만들 것이다.

한국교열기자회에서 편저한 '국어 순화의 이론과 실제'(p. 61)에 이런 글이 실려 있다.

"1974년 12월 조사에 의하면 (중략) 서울에서 발행되는 일간지(8개)의 하루 평균 한 신문의 외국어사용량은 830단어였고, 그중 기사에서 550단어, 광고에서 280단어를 쓴 것으로 나타났다. 방송국(9개)의 방송 제목 중에는 36.6%가 외국어로 된 제목이었음도 지적되었다."

우리의 어린이들과 젊은이들은 싫든 좋든 매일 매순간 이러한 외래어의 소나기를 맞으며 살고 있다. 이런 사실을 그대로 방치해서 무한한 해를 초래할 수도 있고, 자그마한 노력으로 훌륭한 교육의 기회로 삼을 수도 있다. 만일에, 모든 우리나라 사람들이 매일 1,000개의 외국단어를 원음에 충실한 표기나 소리로 보고 듣는다면, 우리는 얼마 안 가서 수천 개의 귀중한 외국어 단어를 정확하게 발음하고 이해할 수 있게 될 것이다. 이것은 모든 외국어를 완벽하게 표기할 수 있는 문자체계를 갖고 있는 우리들만이 향유할 수 있는 특권이다. 이 일을 관리하는 사람과, 언론, 출판계, 방송계의 협력만 있으면, 우리는 온 나라를 간단하게 거대한 교실로 만들 수 있고, 그곳은 하루 24시간, 부담없고 자연스러운 교육의 장이 될 것이다. 이것은 만능의 무기, 한글을 갖고 있는 우리만이 할 수 있는 일이다.

우리는 자녀교육을 위해서는 어떠한 희생도 감수하는 미풍을 가지고 있다. 이제 한국의 부모들도 자신의 아들딸만을 위한 교육에서 한국의 모든 어린이들을 위한 교육으로 눈을 돌려야 할 것이다. 위에서 말한 것과 같은 환경을 우리 어린이들에게 만들어 주기 위해서, 우리 부모들이 앞장서서 외래어 표기법의 개정을 선도해야 할 것이다. 이를 위해서는 우리학자들도 자신의 자녀들을 위해서 기꺼이 동참할 수 있을 것으로 믿는다. 감정보다는 이성을 앞세우고, 마음으로 생각하기보다는 머리로 생각할 때, 간단한 부호 몇 개를 첨가하는 것을 겁내지 않게 될 것이다. 세종대왕은 한자 이외의 문자를 절대로 허용하지 않는 역사적 배경과 시대적 여건에서, 한글창조라는 문자혁명을 완수하였다. 그의 후손인 우리들은 문자의 개량이라는 지난한 일을 또다시 해냄으로써, 다시 한번 겨레의 지혜와 결단력을 온 세계에 과시해야 할 것이다. 이것이야말로 한글의 세계화, 미래화의 길이다.

2. 영어의 ə 소리와 한글의 ' ﹒ ' 소리

1) 영어의 ə 소리

한글의 ' ﹒ ' 소리를 논하기 전에 영어의 ə 소리를 생각해 보는 것이 옳은 순서일 것 같다. 영어의 발음부호 ə 소리는 특수한 소리이다. 거의 모든 모음 문자가 ə로 읽힐 뿐 아니라 소리 자체가 아무 특색이 없는 모호한 소리다. 영어의 중간모음으로 규정되어 있는 소리는 ə 소리 뿐이다. 일본의 영어사전 가운데서 가장 역사가 오래고 권위 있는 사전의 하나인 산세이도(三省堂)의 콘사이스 영일사전 61판(1964)에는 ə 소리가 다음과 같이 규정되어 있다.

"입술이나 혀에 힘을 주지 않고 자연 그대로 입을 조금만 열고 '아'라고 발음하는 소리로서 모호한 소리라고 일컫는다. 이때 이와 이 사이에 연필 끝이 들어갈 정도로 입이 열려 있는 것이 가장 좋다."

이렇게 어떠한 소리값을 말로써 정의하려 하는 것은 최근의 사전에서는 찾아볼 수가 없다. 영국이나 미국 사전에도, 우리나라 사전에도, 단지 그 소리를 내는 예를 열거해서 소리의 설명을 대신하고 있기 때문이다. 따라서, 위에 든 정의는 어떤 의미로는 매우 귀중한 설명이라고 할 수 있다.

이 설명에서 '자연 그대로 입을 조금만 열고'라고 한 것은 이, 애, 에와 같이 입을 옆으로 넓게 열고 내는 소리도 아니고 '아'같이 입을 크게 열고 내는 소리도 아니고, '오'나 '우'같이 입을 작게 오므리고 내는 소리도 아니라는 뜻이다. 이것은 우리의 '어' 소리와는 전연 다른 소리다. 도대체가 영어에는 '어' 소리가 존재하지 않는다. 그런데도 우리나라에서는 ə 소리는 무조건 '어'자로 표기하고 있는바, 이는 한글맞춤법의 외래어 표기법에서 오는 결과로 보이는데 실로 놀랍고 한심한 노릇이다.

92년 1월 8일자 중앙일보에 '부시 방한 이모저모와 떠나는 날'이라는 제목의 기사가 실렸는데, "부시 미 대통령 부인 바버라 여사가 6일 오전 국립중앙박물관을 방문, 박물관 중앙 대청에서 한글서예를 배우고 있는 학생들을 보고 즉석에서 붓을 들고 '한미우호'라는 한글 휘호를 써 한병삼 박물관장에게 주었다."라는 사진 설명이 있었다. 한글 휘호에는 상당히 연습한 것으로 보이는 글씨로 '한미우호 임신 새해 바바라 부쉬'라고 적혀 있었다.

이 짤막한 사진 설명에 한국사람과 미국사람이 생각하는 ə의 음가의 차이가 너무나 선명하게 부각되어 있었다. Barbara라는 이름은 미국에서는 매우 흔한 이름이어서 사전에도 올라 있다. 발음부호는 báːbərə이다. 우리나라 신문들은 ə=ㅓ라는 적당주의 표기법을 그대로 적용해서 주저없이 바버라로 적었다. 이상한 일은 bə는 '버'가 되었지만, rə는 '라'가 되어 있는 것이다. 하여간, 우리나라 사람은 ə=ㅓ로 생각하는데 미국 사람은 ə=ㅏ로 생각하고 있다. 미국대통령 부인의 자문에 응한 사람이 그 방면의 권위자였을 것은 의심할 여지가 없다. 그의 건의에 따라서 부인은 '바바라' 석 자를 연습하였다. '바버라'로 표기된 것을 읽은 사람이 실제로 부쉬 부인을 그렇게 부르지 않았기를 바란다. 만약에 '바버러'라고 불렀더라면 농담도 심한 농담으로 받아들였을 것이다.

Carter(káːrtər)대통령도 '카터'로 불리우면, 자기 이름인지 알지도 못하려니와 알아도 듣는 기분이 좋지 않을 것이다. '카타'가 훨씬 더 정확한 표기이다. '카ー타ー'로 하면 완전한 표기가 된다.

사람 이름은 얼굴을 맞대고 부르는 기회가 많아서 특히 조심해서 표기해야 할 것이다. 쏠라즈 전의원의 뒤를 이어 미국 하원 태평양소위원회 위원장으로 Eckerman이라는 하원 의원이 선출되었다. 그 사람이 한국사람 모임에 나타났을 때 한국 신문에는 '애커먼'이라고 보도된다. 산세이도ー의 「고유명사영어발음사전」에는 발음부호가 'ékəmaːn (mən)'으로 되어 있다. 이것은 우리글로 '엑ㅋ마ーㄴ'이나 '엑ㅋ믄'으로 표기되어야 한다. '엑'이라고 한 것은 그 위에 액센트가 있기 때문이다.

1991년 하반기 어느 때라고 생각되는데 영국의 전수상 Thacher와 David Frost의 대담이 CH13에서 한 시간 동안 방영되었다. 몇 주일 뒤에는 현수상 Major와의 대담이 방영되었다. 영어의 본바닥인 영국에서는 종성이 되는 r 자를 발음하지 않는다. 영국사람에게는 'r' 자는 중성을 따르는 장음부호일 뿐이다. 미국사람들은 r 자를 발음하기 때문에 그 전에 오는 '아' 소리를 약간은 'ㅓ' 쪽으로 들리게 발음하게 된다. Thatcher와 Major의 두 수상은 person(pəːrsn)은 '파ー슨'으로, prepared(pri-pɛərd)는 '푸리페아드'로, there(ðɛər)는 '데아'로, Center (sentəːr)는 '쎈타ー'로 모든 ə 소리를 너무나 분명하게 '아' 소리로 발음하고 있었다. 이것들은 푸ー슨, 프리페ㅇ드, 데ㅇ, 쎈트ー로 표기하면 완전한 표기가 될 것이고, 파ー슨, 프리페아드, 데아, 쎈타ー로 발음해도 영어권 사람들에게 완전히 이해될 것이다. 퍼슨, 데어, 센터 등의 발음은 알아 듣기 힘들 뿐 아니라 알아든더라도 어쩐지 바보스럽게 들릴 것이다. 미국 TV영화 'North and South'를 본 사람은 상원의원의 사생아라는 악역을 맡아서 나온 청년이 '옛싸ー'(Yes, sir)라고 너무나 똑똑하게 '아' 소리로 소리지르는 장면이 많이 나왔던 것을 기억하고 있을 것이다.

영어에서 'ㅓ' 소리에 아주 가까운 소리를 찾는다면 그것은 early(일찍)이라는 단어일 것이다. 그러나, 이 소리조차도 우리의 '어' 소리와는 거리가 먼 소리다. 같은 ear가 들어간 단어지만 learn은 훨씬 더 '아'에 가깝다. 클린튼 대통령이 취임한 얼마 뒤에 그의 부인 힐라리 여사가 어떤 소학교를 방문한 장면이 TV에 나왔는데. 상대가 소학생인지라 learn이라는 말이 서너 번 되풀이 사용되었다. 그의 발음은 'ㅏ'가 70 %, 'ㅓ'가 30 % 정도로 들렸다. 그밖에 hurt(həːrt), turtle (təːrtl) 등의 'ur'가 'ㅏ'와 'ㅓ'의 중간에 위치하는 소리일 것으로 생각되는데, 이들도 '하ー트'나 '타ー틀'로 발음해도 무방할 정도로 '아'

에 가까운 소리다.

person이라는 단어의 발음부호는 pə:rsn이다. 한국에서는 '퍼슨'으로 아무 주저없이 표기한다. 영국사람은 '파ー슨'이라고 발음하고, 미국사람은 '프ーr슨'이라고 발음한다. 영국사람과 미국사람의 발음 차이는 r 자의 발음 때문이다. 미국에서는 r 자는 분명히 발음한다. 이때의 혀를 굴리는 소리는, 입을 '아' 소리를 낼 때보다 훨씬 덜 열고 소리를 내게 하기 때문에 그 앞의 모음을 '아'에서는 좀 거리가 있는 소리로 만들어 버린다.

필자는 r소리를 발음하는 데 아무런 곤란을 느끼지 않지만, 자기 자신의 이름을 발음할 때만은 그렇지도 않다. 전화로 말할 때 'This is Mr. Park speaking'. 이라고 하면 'Could you spell your last name please?'하고 되묻는 수가 많다. 이유는 ɑ 소리는 입을 크게 열고 발음해야 되는데, ɑ 자 다음에 혀의 중앙부를 올리고 입을 작게 열어야 하는 r 소리가 뒤따르고 있기 때문이다. 즉, r 자의 발음을 위해서 그 앞에 있는 ɑ 자가 자연히 모호음 ə소리로 발음되는 것이다. Pak라고 철자하면 흔히 '백'으로 발음하기 때문에 Park로 쓰는 것인데, 뜻 밖의 문제를 초래하고 말았다.

영어의 clerk라는 단어의 발음이 미국사전에는 klə:rk로 표시되어 있지만 영국 Oxford사전을 찾아 보면 klɑ:k로 발음부호가 적혀 있다. ə는 '어'보다는 '아'로 하는 것이 더 정확한 표기가 된다는 또 하나의 증명이라고 하겠다. 우리글로 클라ー크로 표기하면 Oxford사전 발음의 가장 완전한 표기가 될 것이다.

왜 우리나라에서는 ə소리는 무조건 'ㅓ'로 표기하게 되었을까? 물론 문교부의 '외래어표기법'이 그렇게 되어 있기 때문이다. 그러면 외래어 표기법은 왜 그렇게 만들어졌을까. 어떤 사람이 'ㅓ'소리를 적당한 중간음쯤으로 생각했기 때문이다. 사실 '아 야 어 여 오'라고 쓸 때 '어'는 정확히 '아'와 '오'의 중간에 있다. ə=ㅓ의 철칙이 일단 수립된 다음에는 누구 하나 실제의 발음을 확인하려는 생각도 없이, 그야말로 대를 이어서 이 어정쩡한 표기를 답습하고 있다. 따라서 그렇게 표기된 글을 읽는 사람들은 충실하게 맹목적으로 butter를 '버터'로 발음하고 있다. 이러한 잘못된 발음이 마치 표준 영어 발음인 양 착각하면서 전국에 만연되고 있는 사실이 딱하기만 하다. 이들에게는 불행한 일이지만 우리의 '어'라는 글자는 '적당한 중간음'도 아니고 '모호한 소리'도 아닌, 아주 특수한 음가를 지니고 있는 글자이다. 우리가 명백하게 이해해야 될 것은 ə는 '아의 모호음'이지 '어의 모호음'이 아니라는 것이다. 의문이 있는 사람은 영국사람이나 미국사람들을 붙잡고 묻든가 아니면 AFKN뉴—스라도 들으며 확인해야 한다. 그것이 학자로서 보여주어야 할 최소한의 양심적, 학구적 태도일 것이다.

영어의 ə 소리가 모호음이라고 불리는 이유는 또 한 가지 있다. 영어사전의 발음부호를 자세히 살펴보면 알 수 있듯이, 어떤 모음이건 그 위에 액센트가 와 있지 않을 때는 ə로 발음될 때가 태반이다. 이것은 제1편에서 영어 발음의 예를 제시할 때 충분히 설명되었을 것으로 믿는다. 비단 영어에서뿐만 아니라 러시아어에서도 액센트가 없는 모음은 모두 ə 소리에 가까워진다. 영어의 발음에서 또 한 가지 우리가 알아야 할 것은 영어의 발음은 전후 글자와의 연관관계에서도 많이 결정된다는 것이다. 즉, 전후의 글자가 입을 크게 열지 않는, 또는 열지 못할 소리일 때는 그 사이에 낀 소리는 모호한 음이 되어 버린다.

최근에 이 ə 소리에 관해서 재미있는 경험을 한 바 있어 그것을 적고 다음으로 넘어가려고 한다. 회사에서 매리라는 여자 매니쟈—와 말하고 있었는데, 이 여자가 '퍼—쳐스', '리터—ㄴ'과 같이 거의 '어' 소리와 같은 ə 발음을 하고 있었다. 어디서 왔느냐고 물었더니, West Indies에서 왔다고 하며 왜 묻느냐고 했다. ə 발음이 특수하다고 했더니 '당신 말이 맞는다'고 하며 이 쪽의 예민한 청각에 놀라는 눈치였다. 며칠 뒤에 수입과장과 이야기를 하게 되었는데, 이 양반도 말이 똑 같은 식의 '어' 발음이었다. 그래서, 당신 혹시 West Indies에서 오지 않았느냐고 물었더니, 깜짝 놀라며 '어떻게 알았느냐?'고 했다. "매리하고 말할 때 같은 ə=어의 발음을 들은 일이 있어서 알았다"고 했더니, 자기는 매리의 추천으로 이 회사에 들어왔으며, 매리와는 Bahama에서 근처에 살았던 사이라고 하는 것이었다. 이 친구도 무척 놀라는 눈치였다. 미국에서는 이 정도로 '어'와 가까운 소리만 내어도 금방 귀에 잡힌다. 한국 사람이 Subway를 '서브웨이'로, Mahler(음악가)를 '말러'로, fund를 '펀드'로 발음할 때 그 말들이 얼마나 귀에 거슬리는 소리가 될지 깨달아야 한다. 그러면, 우리 한글에서는 전후의 글자 때문에 일어나는 음가의 변동을 전혀 고려하지 않았던가의 문제를 다음 제2절에서 생각해 보겠다.

2) 한글의 '、' 소리

'、' 부호의 호칭은 '아래아'이다. 이름 자체가 '、' 부호에 가장 가까운 소리가 '아' 소리라는 것을 벌써 말하고 있다. 광무(光武) 9년에 지석영(池錫永)의 '신정(新訂) 국문 실시에 관한 상소'로 '、'를 'ㅏ'로 병합하는 칙령이 공포되어서 그때까지 사용되던 '、' 부호는 전부 'ㅏ'로 대체되었던 것을 보아도 '、'는 'ㅏ'소리에 가장 가까운 소리였다. 먼저 인용한 '독립신문과 한글문화'에서 이기문 선생은 두 가지 이야기를 소개했다. 하나는 윤치호 선생이 독립신문에 "아래아자는 다만 뒤 받치는 자(ㄱㄴㄷ더)와 토씃(ㄱㄴ롤ㄷ믄) 마치는 데만 쓰고 다른 데는 모두 큰아(ㅏ)자를 통용하면 편리할 듯"이라고 기고하였다는 이야기이다. 또 하나는 서재필 선생은 "언제든지 웃 아 자는 긴음에 쓰는 것이요 아래 ㅇ 자는 짧은 음에 쓰는 것이다."라고 하였다는 것이다. 예리한 관찰력이 번득이는 말이다. 서재필 선생은 a＝ㅏ, ʌ＝ㅇ의 등식을 제시한 것이다.

이숭녕 선생은 모두 알다시피 우리 국어 음운학계의 거성이었다. 옛날 평양사범학교에서 관헌의 눈을 피해 가면서 한국말을 학생들에게 가르친다는 이야기를 들었을 때부터 존경하게 되었고, 그뒤 신문에서 티끌 한 점 없는 그분의 사생활에 관한 이야기를 읽고 더욱 존경하는 마음을 갖게 되었다. 최현배 선생으로 말하면 이분 또한 우리 한글학계의 거성이었고, 모든 고난을 겪으면서 일생을 한글 연구에 바치고, 온 겨레의 존경을 받고 계시던 분이다. 이 두 분의 대학자께서 모음 '·'의 음가에 관해서 가장 오랜 논쟁을 계속하고 계셨으니, 이 '·'소리가 우리에게 얼마나 신비스러운 소리인지 짐작이 가고도 남는다. 이숭녕 선생의 '국어학선집음운편' 제2권에 실려 있는 "'·' 음고 재론(音攷再論)"의 머리말에서 1절을 인용한다.

"筆者가 1935년『新興』No.8에「母音 '·'의 音價攷」를 발표한 것은 그리 문제될 것이 아니었지만 1940년『震檀學報』No.12에 발표한 拙稿「'ㅇ'音攷」는 곧 뒤이어 崔鉉培씨의 著『한글갈, pp. 515-529』에서 소개와 아울러 비판을 받았는데 그 모진 文體는 筆者를 놀라게 한 것이다. 해방이 되자 筆者는 1948년 드디어 單行本 乙酉文化叢書『朝鮮語音韻論研究 第1集 '·'音攷』로 이에 답한 것인데 이제 1959년 6월『東方學志』No.4「'·'자 소리값 연구—배달말의 소리못(音韻)연구—」에서 10년 만에 拙著는 다시 崔鉉培씨의 熾烈한 반발을 받음에 筆者가 느낀 바 있어 이에 응하기로 한다. '그가, 그의 ...etc'를 除하고 '이숭녕님', '이님'의 119次에 걸친 呼名과 '한마디 앙탈도 못하면서'(p. 58:5)式의 文體에 이르러 筆者도 '과학하는 見地'에서 敢然 붓을 들지 않을 수 없게 되고야 말았다. 돌이켜 생각하건대 1940년 이래 兩次의 說往說來, 20년에 걸친 논란에 대하여 筆者로서는 한낱 과제의 시비가 이같이 줄기차게 전개됨에 지극 만족히 여겨 마지않는다."

우리는 여기서 이 두 거인의 모음 '·'에 관한 논쟁이 얼마나 오랫동안 치열하게 전개되었는지를 알 수 있다. 위의 글에 이어서 175 페이지의 심오한 논술이 계속되나 그중에서 다만 몇 줄만 더 인용하겠다.

"崔鉉培씨의 이번 論文에서 氏가 주장하는 '·' 는 (ㅓ)다'라는 결론은 全篇 힘찬 論旨이었으나 결국 다음과 같은 요지로 氏의 주장이 全然 성립될 수 없음을 우선 槪觀的으로 지적하여 둔다."

결국 'ㆍ = ə'라는 것이 최현배 선생의 결론이라고 생각된다. 최현배 선생의 글을 직접 읽을 기회가 없었던 것이 유감이지만, 'ㆍ'음은 만국발음부호의 ə 음에 해당하는 소리라는 것은 필자의 평소 생각하던 바와 일치하는 견해로서 속으로 반갑기 이를 데 없었다. 이에 대해서 이숭녕선생의 결론은 "'ㆍ' 음의 위치는 '아, 오'의 간음(間音)이다." 라고 결론짓고 있다.

글자의 음가는 특히 글자가 벌써 사라진 지가 오래 되었을 때에는 사용 당시의 말소리를 녹음한 테이프가 수십 개나 남아 있지 않는 한 지극히 가리기가 곤란하다. 이숭녕 선생의 '아, 오의 중간 소리'라 함은 실제로 그것이 어떤 소리인지 아무리 페이지를 뒤져보아도 완전하게 파악할 수가 없었다. 이숭녕 선생의「중세국어문법」개정판(1990, p. 49/50)에도 "'ㆍ'는 'ㅗ—ㅏ'의 간음이다. 훈민정음 제자해(制字解) 에서 얻은 결론은 이것이 가장 정확한 것이다. 학자에 따라서는 'ㆍ'는 'ʌ'라고 하기도 한다."라고 하였다. 또한 같은 책의 p.6에는 다음과 같은 몇 줄이 보인다.

"1. 본저에서 설명의 필요상 로마자로 표기할 때가 있다. 그때의 음운은 다음과 같이 표기한다. (여섯 행 생략)

　　a(ㅏ) o(ㅗ) ʌ(ㆍ) ə(ㅓ) u(ㅜ) ✝(ㅡ) i(ㅣ)"

여기에서 이숭녕 선생 같은 대학자가 ə=ㅓ라는 표기를 활자화한 것은 국어학의 견지에서는 몰라도 영어를 배우는 사람을 위해서는 대단히 불행한 일이었다.

그 밖에도 주시경선생은 'ㅣ와 ㅡ의 합음(合音)', 이극로선생과 김윤경선생은 'ㆁ음', 최현배선생은 'ㅏ 외 ㅡ의 간음', 河野六郎는 'ʌ음', 허웅선생은 "서울말의 '어머니'의 'ㅓ'와 비슷한 것"이라고 하였다.

이렇게 학자마다 'ə=ㅓ', 'ㅏ ㅗ의 간음', 'ㅓ와 비슷한 소리' 등 모두가 다른 해석을 하고 있다. 윤석헌 선생은 필자의 물음에 'ㆍ'는 ㅏ

와 ㅓ의 중간음이라고 하였다. 외국에 오래 있던 사람의 어감 또는 음
가에 대한 감각이 역시 많이 예민하다는 것을 느꼈다.

필자의 생각으로는 'ㆍ'소리의 음가를 완벽하게 재생시키지 못하는
이상 거기에 관한 논쟁은 별로 의미가 없는 것이아닌가 한다. 그러나 'ㆍ'
소리에 관한 논쟁이 비약해서 ə = ㅓ와 같은 결론이 도출되는 것은 절
대로 피했어야 됐을 것으로 생각한다. 이유는 ə는 글자가 아니다. 일종
의 소리를 상징하는 발음부호이다. 그리고 그 부호는 이제까지 여러 번
언급한 대로 너무나 여러 가지 글자들의 소리를 상징적으로 대표하고
있는 부호에 불과하다. ə 소리는 소위 모호음으로서, 엄격하게 말하면
절대적 음가가 없는 소리이기 때문에 이것을 우리 글자와 같이 1 자 1
음의 철칙을 가진 문자체계 안의 어떤 특정 문자에 대응시키려는 시도
는 옳지 못한 일이다. 모호음에 해당하는 소리는 시종 모호음으로 다루
어야 한다. 필자는 'ㆍ'음이 '아' 소리의 모호음이라고 생각하며, 거기
에 관한 필자의 의견을 다음에 개진코자 한다.[2]

훈민정음의 중성해(中聲解)에서 'ㆍ' 소리가 어떻게 설명되고 있는
지 살펴보자. "가운뎃소리란 낱소리의 가운데에 있어 첫소리 끝소리와
한데 어울리어 소리를 이루는 것이니, 곧 '툰' 자의 가운뎃 소리는 'ㆍ'
이니 'ㆍ'가 'ㅌ'과 'ㄴ'의 사이에 있어 '툰'이 되고"라고 설명하고 있
다. 제자해(制字解)에서는 "'ㆍ'는 혀가 움츠러들고 소리가 깊으니 하
늘이 자(子)에서 트임이다."라고 하였고, 이어서 "'ㅏ'는 'ㆍ'로 더불
어 같되 입이 벌어지는 것이다."라고 하였다. 첫째, 왜 "'안(安)'의 중
성과 같다."고 하지 않고 툰(呑)의 중성과 같다고 하였을까? '아'는
입을 넓게 여는 것을 허용하고 '타'는 파열음 'ㅌ'다음에 오는 'ㅏ' 소
리이기 때문에 아무래도 입을 여는 도수가 제한된다. 더구나, 이 경우
의 종성이 입술 끝을 입천정에 갖다대게 하는 'ㄴ' 소리이기 때문에 입
을 여는 도수는 더욱 제한된다. 둘째로, "'ㅏ'는 'ㆍ'로 더불어 같되 입
이 벌어지는 것이다"라고 한 것은 거꾸로 "'ㆍ'는 'ㅏ'로 더불어 같되

입이 좁아지는 것이다"와 같은 뜻이다. 이 두 가지의 정의를 함께 생각할 때 " ' ᆞ '는 ' ㅏ '와 같은 소리이나, 전후의 소리와의 관계 때문에 입을 크게 열고 '아'라고 분명하게 발음할 수 없을 때, 입을 조금 열고 내는 '아' 소리이다"라는 것이 중성해와 제자해에서 말하고자 한 것임을 알 수 있다. 이것은 산세이도 - 의 일영사전의 ə 소리의 정의와 완전히 일치하며, 또한 최현배 선생의 ' ᆞ '=ə의 등식과도 어울린다. 필자는 이에 이르러 세종대왕께서 550 년 전에 벌써 일종의 모호음의 필요성을 통찰하고 계셨다는 사실에 깊이 감동되고 있는 자신을 발견하였다.

현존하는 유일한 ' ᆞ ' 소리는 제주도의 '물'이라는 소리라고 한다. '말'이라는 글자는 ' ㅁ + ㅏ + ㄹ'과 같이 3 개의 부호로써 이루어진다. 중성 ' ㅏ ' 소리의 전후에 있는 두 가지 소리, 즉 초성 ' ㅁ '이나 종성 ' ㄹ '은 모두 입을 작게 열고 내는 소리다. 특히 ' ㅁ ' 소리는 입을 다물었다가 열면서 내는 소리다. 입을 닫았다가 열며 ' ㅏ ' 소리를 내고 그것도 ' ㄹ ' 소리로 끝맺어야 할 때, 도저히 입을 크게 열 수 없기 때문에 ' ㅏ ' 소리는 모호음이 되지 않을 수 없다. 따라서, ' ㅏ '는 ' ᆞ '로 변해 버리는 것이다. 이런 점에서 '물'은 중성해에서 인용한 톤(呑) 자보다도 더 적절한 예라고 할 수 있겠다.

글자의 형체로써 ' ᆞ '의 음가를 생각해 보자. 한글의 모음은 수직 또는 수평선의 좌우 또는 상하 어느 곳에 한 개의 점이 위치하고 있느냐에 따라서 음가가 정해진다. 따라서, 수직이나 수평선이 없이 하나의 점만이 있을 때, 그것이 가장 분명치 못한 모음 소리가 된다는 것은 당연한 결론이다. 분명치 못하다고 하는 것은 i, e, ɛ, æ 같이 전설(前舌)모음도 아니고, ʌ, a, u, ɔ 같이 후설(後舌)모음도 아니고, 중설모음으로 규정되어 있다는 뜻이다. 즉, 과히 특색이 없는 소리, 모호한 소리라는 것을 글자의 생김새가 시사하고 있다.

이러한 여러 가지 사실로 미루어 다음과 같은 결론을 내리게 된다. " ' ᆞ '는 '아'에 가까운 모호한 소리다. 좀더 구체적으로 말하면 전후의 소리와의 관계 때문에 입을 크게 열지 못할 때, 입을 자그마하고, 자연스럽게 열고 '아'라고 하는 소리다."

위에서 필자가 모든 사실을 종합해서 얻을 수 있는 결론을 내렸지만, 여기서 한 가지 분명히 지적해야 할 것은 ə는 'ㅓ'가 아니라는 것이다. ə는 모호음을 표시하는 상징이지만 '어'는 엄연히 독특한 소리를 대표하는 한 개의 글자이고, 또 그것은 필자가 알기에는 우리말과 중국말에만 있는 소리다. 이 ə=ㅓ라는 등식이 얼마나 많은 폐단을 우리에게 가져다주고 있는지는 다음에 논하고, 왜 이러한 등식이 만들어졌을까 생각해 보았다. 너무 간단한 생각일지 모르지만, '아 야 어 여 오'라고 다섯 자를 써 놓고, '어'는 '아'와 '오'의 간음이라는 학자들의 주장에 따라, 중간 위치에 있는 '어'='ㆍ'='ə'라는 결론을 이끌어내지 않았을까 한다. 그렇다면 그것은 너무나 안이한 생각이었다. 한국사람은 '어'를 모호음으로 취급하고, 무엇이든지 명확지 못한 소리는 '어'로 표기하고, 말소리에 관한한 '어'를 모든 문제를 손쉽게 해결해 주는 도깨비 방망이쯤으로 생각하고 있는 모양인데, 이것은 대단히 위험한 생각이다. ə=어의 등식은 한국사람의 영어를 그르치고 있는 원흉이기 때문이다.

서비스, 셔터, 커브, 서포터 등의 외래어가 새국어표기법이라는 책에, 문교부 외래어표기법의 범례로서 버젓이 실려 있다. 영어를 아는 사람이 영어의 감을 가지고 읽는 것이 아니라, 영어를 전혀 모르는 어린이가 이 글자를 또박또박 읽을 때 그것을 알아들을 수 있는 영어권 사람들은 드물 것이다. 차라리 싸ー뷔스, 샷타ー, 카ー브, 싸포ー타ー와 같이 ㅓ를 전부 ㅏ로 대치하면 잘 알아들을 것이다. 이것은 ə가 ㅓ보다는 ㅏ에 가깝다는 것을 말한다. 싸ー뷔스, 샷투ー, ㅋㅡ브, 싸포ーㅌ一와 같이 표기하면 완벽한 표기가 된다. 또한 이러한 표기로 된 외래어를 평소에 접하던 어린이들은 후일 교실에서 영어를 배울 때 정확한 발음을 다시 배울 필요가 없다.

"왜 이렇게 대수롭지 않은 일을 가지고…"하는 사람이 있을지도 모르겠는데, 이런 사람들은 외국사람이 '나는 덩신을 서렁합니다' 할 때, 그 말을 듣는 여인이 배꼽을 쥐고 웃지나 않을지 생각해 볼 필요가 있다. 또한 당나귀를 덩나귀로, 다방을 더벙으로, 산수(山水)를 선수로, 강 건너를 겅 건너로, 마포를 머포로, 마 선생을 머 선생으로, 대마초를 대머초로, 백두산을 백두선으로 발음하는 것을 듣게 되었을 때, 과연 어떤 반응을 일으키게 될지를 생각해 봐야 할 것이다. 말의 뜻을 이해할 수 없는 것은 별개의 문제로 하고 말이다. 우리가 under par를 '언더파'라고 할 때, 미국사람들은 꼭 같은 반응을 보일 것이다. 우리는 마땅히 이것을 '은ᄃ–파–'로 발음해야 된다.

필자는 일전에 기초중국어회화라는 책에 '완랴(完了)'를 '완러'로, '빠오랴(飽了)'를 '빠올러'로 주음을 달고 있는 데 깜짝 놀랐다. ㅓ는 모호음이라는 적당주의의 산물은 뜻밖의 곳에까지 해독을 끼치고 있었다. 또, 앞에서 예로 든 바 있는 구로다 카쯔히로씨의 '한글은 힘들지 않다' 220페이지에, 한국 담배를 소개하면서 '선(太陽)＝ソン(손)'이라고 한 것을 보았을 때 '쑨'이 '선'이 되고, '선'이 'ソン(손)'이 되는, 말이 딴 곳으로 옮겨질 때 어떻게 변하는가 하는 실례를 눈앞에 보는 것 같아 무척 흥미롭게 느꼈다. 일본어에는 '어' 소리가 없다.

마지막으로 왜 이 귀중한 'ㆍ' 자가 없어지고 말았는지를 생각하여 보자. 첫째는, 이 글자가 모호한 소리를 나타내고 있었기 때문일 것이다. 원래 분명치 못한 소리를 대표하는 글자가 변변치 못한 글자로 취급받게 되고, 푸대접 받은 끝에 없어지게 되는 것은 당연한 운명이었을는지도 모른다. 결과적으로 'ㆍ' 자는 '아, 어, 오, 우, 으, 이' 등의 여러 가지 소리로 차차 변해 버리고 그나마 남아 있던 것도 급기야 지석영(池錫永)의 상소로 모두 '아' 자로 병합되는 운명을 맞았다. 인간이 말을 빨리 하려면 모호한 모음도 필요한 법인데, 군자의 나라인 조선에서는 말도 점잖게 느릿느릿 해야만 양반 행세를 할 수 있었기 때문에, 이러한 모호음은 필요치 않았던 것 같다. 한국에도 영국과 같이 의회가 있었더라면 'ㆍ' 자의 운명도 달라지지 않았을까 생각된다. 세종대왕께서는 투철한 안목으로 'ㆍ' 자를 만들어 놓으셨는데, 그와 같은 뜻을 미처 헤아릴 줄 모르는 후손들이 그만 이 귀한 글자를 없애버리고 말았다. 둘째 이유는, 글자의 특이한 형체에 있지 않나 생각된다. 모든 모음이 선과 점으로 되어 있는데, 이 부호는 점만으로 되어 있으니 글자 같지도 않고 쓰기에도 어색하지 않았을까 생각된다.

필자는 ㅏ의 낙점이 수직선의 왼쪽까지 뚫고 나가는, 즉 ㅓ와 같은 부호를 사용하면 어떨까 생각한다. 즉, 모든 모음 문자의 기본 요소가 되는 수직선과 수평선을 합친 것이므로 모호한 모음을 나타내는 데 적합하고, 또한 무엇보다도 그 형체가 ㅏ에 가깝다. Sun을 표기할 때 썬보다는 '쌘'이 ㅏ에 가까워 보이고 시각적으로나 쓰는 데에도 무난한 글자가 될 것 같다. 또 한 가지 이유는 Ocean(óuʃən)이나 journal (dʒɔ́ːrnəl)을 '오우섄', '져ㅡ날' 등으로 정확하게 표기할 수가 있다. 이 줄 다음부터는 이 책이 끝날 때까지 이 새로운 부호를 시험해 보도록 하겠다.

3) 영어에는 '어' 소리가 없다

ə를 '어'로 발음해서는 안 될 이유는 간단하다. 영어에는 '어'라는 소리가 존재하지 않는다. 그런데도 왜 우리나라에서는 ə=어라는 관념이 철저하게 정착하게 됐는지 나름대로의 추측은 해 보았지만 확실한 이유는 아직도 알 수가 없다. 필자의 외국어 지식 범위내에서는 명확한 '어' 소리를 가지고 있는 언어는 우리말과 중국어뿐이다.

중국어의 的(더)는 모든 단어 뒤에 붙여서 그 단어를 형용사나 소유격으로 만드는 글자로서 그 사용 방도는 아주 방대하다. 實在的(실제로 있는), 我們的(우리의), 好的(좋은), 漢江以南的(한강 이남의), 干淨的(깨끗한), 可疑的(의심할 만한), 過去的(과거의), 眞的(정말), 我講的(내가 말한), 不可思議的(불가사의한), 你的(당신의), 一定的(일정한) 등 거의 만능에 가까운 글자인 '的'자는 '더'로 읽히는 글자이다. 그밖에도 哥(꺼), 個(거), 莫(머), 過(꿔), 喝(허), 客(커) 등 무수한 'ㅓ' 소리 글자가 있고, 그것들이 모두 사용빈도가 높은 중요한 글자들이다.

　이렇게 많은, 중국말의 'ㅓ' 소리가 과연 우리말에 어떤 영향을 끼쳤는지 알 수 없으나, 두 나라에만 존재하는 'ㅓ' 소리가 있다는 것은 주목할만 한 사실이다. 갓난아기의 인생 최초의 단어는 '엄마'이다. 영어에서는 'mom(맘)'이나 'mama(마마)'다. 이 'ㅓ'와 'ㅏ'의 차이가 영어에서는 'ㅏ'를 모호음으로 생각하고, 한국에서는 'ㅓ'를 모호음으로 취급하게 하고 있는 것일까. 그래서 그런지는 몰라도, 한국사람은 무엇이든지 불확실한 소리나 자신이 없는 소리가 있으면, 'ㅓ' 음을 사용함으로써 무난하게 빠져 나갈 수 있는 것으로 생각하고 있다. 이것은 착오도 이만 저만한 착오가 아니다. 한글의 'ㅓ'는 아주 독특한 소리이며 절대로 모호음이 아니다.

　어떤 사람은 왜 이렇게 사소한 문제를 너무 오래 다루고 있느냐고 할지도 모르겠다. 그 이유는, 첫째로 ə를 ㅓ로 발음할 때, 그 발음은 너무나 촌스럽게 들린다. circus, member, pattern, zebra 등을 서커스, 멤버, 패턴, 지부러라고 발음하는 것과 싸ー카스, 멤바ー, 패타ーㄴ, 지ー브라라고 발음하는 것을 비교하면, 전자는 우리의 토속어같이 들리고, 후자는 정확한 영어 발음이 된다. 둘째로 더 중요한 이유는 영어에는 ə로 발음되는 음절이 너무 많다. 우선 무조건 ə가 되는 철자가 있다.

철자		
...re	theatre(θíətər)	극장
...er	term(təːrm)	학기
	germ(dʒəːrm)	세균
...ir	firm(fəːrm)	단단한, 견고한
	third(θəːrd)	세 번째
...or	Arbor Day(árbərdei)	식목일
	factor(fǽktər)	요소, 요인
...our	courtesy(kə́ːrtisi)	예의
	courage(kə́ːridʒ)	용기
...ur	murmur(mə́ːrmər)	중얼거리다

burner(bə́:rnər) 연소기, 석유 등

영어의 2중모음 9 개 가운데 4개가 ə 음으로 끝나는 것이다.

<u>철자</u>

...iə	medium(mí:diəm) 중간의
	premium(prímiəm) 프리미암
...ɛə	rare(rɛə́r) 드문, 날(生)것
	fair(fɛə́r) 공평한, 공명정대한
...uə	power(páuər) 힘, 능력
	tour(tuə́r) 여행
...ɔə	core(kɔə́r) 핵심

영어의 3중모음은 aiə, eiə, ɔiə , auə, ouə 등 모두 ə 음으로 끝나는 것들뿐이다.(예 : fire, prayer, royal, flour, sower)

앞에서 한 번 말했지만, a, e, i, o, u 모든 모음자가 그 위에 액센트가 없을 때는 ə 음으로 발음될 때가 많다. 다음 예로써 살펴보자. 똑같은 글자가 한 단어 안에서조차 액센트의 있고 없고에 따라서 다르게 읽히는 것을 주의해서 보시라.

a	lava(lá:və) 용암
	saga(sá:gə) 영웅호걸담
e	element(éləmənt) 요소, 성분
	envelope(énvəloup) 봉투
i	intimidate(intímədeit) 위협하다
	invisible(invízəble) 보이지 않는
o	opposite(ápəzit) 반대편의
	orthodox(ɔ́:rθədaks) 정통파의
u	upturn(ʌ́ptə:rn) 호전
	ultimatum(ʌ̀ltəméitəm) 최후통첩

a의 경우에 한 단어 안에서 발음이 a(아)도 되고 ə(˛)도 된다. 액센트가 그 글자에 올 때는 명백한 '아'로 발음되고, 액센트가 없으면 아래아(˛) 소리가 된다. 여기에 든 예들은 모두 한 단어 안에서 모든 모음이 원래의 자기 소리와 ə 소리로 발음되는 예만 들었다. 이 낱말들을 적당주의의 표본인 우리 외래어표기법에 따라서 읽으면, '라버, 사거, 엘러먼트, 엔벌로프, 업턴' 등이 된다. 차라리 '러ㅡ봐, 싸ㅡ가, 엘라만트, 엔벨로우프, 아프타안'으로 표기했더라면 얼마나 원음에 가까워졌을까. 매우 답답한 노릇이다.

여기서 element를 좀더 생각해 보자. 발음부호에 따라 충실하게 읽으면 '엘ㄹ믄트'가 될 것이다. 이것을 '엘레멘트'로 읽으면 어떻게 될까. 그래도 영어권 사람들은 잘 알아들을 것이다. 오히려 '이 사람은 철자를 정확하게 알고 있는 사람이다'라고 속으로 존경스러운 생각을 가질 것이다. 그러나, 독자들도 '엘레멘트'를 빠른 소리로 20 번 가량 외워 보라. 마지막에는 '엘ㄹ믄트'로 변해 있는 것을 발견할 것이다. 아마 '엘레멘트는 유치원생용, '엘ㄹ믄트'는 국회의원이나 애나운사용이라고 할 수 있을 것이다.

시험삼아 사전을 아무 페이지나 열리는 대로 열고 전체 단어를 세어 보았다. 우선 열린 곳이 Sideshow에서 silence까지의 단어를 싣고 있는 곳이어서 별로 ə 음이 없을 것 같았다. 그런데도 세어 본 결과는 전체 75 단어 중 35 단어가 ə 발음부호가 들어 있는 단어였다. woozy에서 workless까지의 페이지를 보았더니 42 단어 중 34 단어가 ə발음이 들어 있었다. 여기서 결론지을 수 있는 것은 ə 발음을 제대로 하지 못할 때, 특히 'ㅓ'로 발음할 때, 그 사람의 영어 전체가 엉망이 된다는 사실이다. 독자도 한 번 사전을 펴 놓고 세어 보기 바란다. 그러면 여기서 필자가 말하는 것이 과장이 아니라는 것을 알 수 있을 것이다. ə 소리에 대한 한국사람의 오해는 한국사람의 영어회화 수준을 한심하도록 저하시켰다.

다음에는 문교부 외래어표기법에 의한 표기 중에서 특히 이상하게 느껴지는 단어를 골라서 제시하고, 특히 이상한 것은 좀더 자세히 논해 보기로 하겠다. 여기서는 부호 'ㅏ'를 사용하였다. 앞에서도 설명한 대로 'ㅏ'소리는 입술이나 혀를 자연의 상태 그대로 하고 '아'라고 발음하면 되는 소리다. 이렇게 쉬운 소리가 세상에 또 어디에 있겠는가. 또한, 만일에 ə(ㅏ) 소리가 내기 힘든 소리라면 영어 단어에서 그렇게 자주 사용되지 않았을 것이다. 오히려 '어'소리가 입을 특수한 형태로 가다듬어야 하는 소리이기 때문에 더 힘들다. 'ㆍ'나 'ㅓ'에 대한 생소한 느낌을 뿌리치고 자연스럽게 'ㅏ'를 발음함으로써 시골뜨기의 영어 발음에서 벗어나자.

		낱말(발음부호)	옳은 표기	외래어표기법
		back mirror(bǽk mírər)	백미라ー	백미러
1	*	barter(báːrtər)	바ー타ー	바터
		best seller(best sélər)	베스트쎌라ー	베스트셀러
		broker(bróuker)	브로우카ー	브로커
		bumper(bʌ́mpər)	밤파ー	범퍼
2	*	burner(bə́ːrnər)	바ー나ー	버너
		butter(bʌ́tər)	바타ー	버터
		career(kəríər)	카리아ー	커리어
		census(sénsəs)	쎈사스	센서스
		center(séntər)	쎈타ー	센터
		conductor(kəndʌ́ktər)	칸닥타ー	컨덕터
3	*	christian(krístʃən)	크리스챤	크리스천
		circle(sə́ːrkl)	싸ー클	서클
4	*	concert(kánsərt)	칸싸ー트	콘서트
		doctor(dáktər)	닥타ー	독터
		double(dʌbl)	다불	더불
5	*	doughnut(dóunət)	도우낱	도넛
		economy(ikánəmi)	이카나미	이코노미
		feather(féðər)	훼다ー	페더
6	*	hitter(hítər)	힡타ー	히터

		intern(íntəːɾn)	인타ーㄴ	인턴
7	*	kicker(kíkəɾ)	킥카ー	키커
8	*	manager(mǽniʒəɾ)	매니져ー	매니저
		meter(míːtəɾ)	미ー타ー	미터
9	*	monitor(mánətəɾ)	마나타ー	모니터
10	*	observer(əbzɔ́ːrvəɾ)	어브자ー봐ー	업저버
11	*	perfect(pɔ́ːrfikt)	파ー휘크트	퍼펙트
12	*	poker(póukəɾ)	포우카ー	포커
		power(páuəɾ)	파우아ー	파워
		setter(sétəɾ)	쎗타ー	세터
		slow curve(slóukəːrv)	슬로우카ーㅂ	슬로커브
		soccer(sákəɾ)	싹카ー	사커
13	*	sponsor(spánsəɾ)	스판싸ー	스폰서
14	*	spurt(spəːrt)	스파ート	스퍼트
		summer(sʌ́məɾ)	싸마ー	사머
		suspense(səspéns)	싸스펜스	서스펜스
15	*	taboo(təbúː)	탸부ー	터부
		terminal(tɔ́ːrminəl)	탸ー미날	터미널
		timer(táimər)	타이마ー	타이머
		turbine(tɔ́ːrbin)	탸ー빈	터빈
		waiter(wéitəɾ)	웨이탸ー	웨이터
16	*	winter(wíntəɾ)	우인타ー	윈터
17	*	journal(dʒɔ́ːrnəl)	쟈ー날	저널

1. barter=바터. 이 단어는 바ー타ー로 표기함이 타당하다. 이것이 힘들면 차라리 바ー타ー로 발음하되, 입을 작게 열고 자연스럽게 ‘아’라고 발음하면 완전한 영어발음이 된다. ‘바터’라는 발음으로는 절대로 그 뜻을 전할 수 없다. 듣는 사람은 bud 같은 말로 오해할 것이다.

2. burner=버너. 버너라는 소리의 말은 영어에는 있을 수 없다. 한국사람은 ‘번호’로나 들을 것이다. 여기서 힘든 r 자를 발음하려고 애쓸 필요가 없다. 큰 소리로 충분히 길게 뽑으며 바ー나ー라고 발음하면 어떤 미국인도 알아들을 것

이다. 입을 크게 열지 말고 작게, 자연스럽게 열고 발음하면 금상첨화격이다.

3. christian＝크리스천. 이 예는 '천'이라는 표기 때문에 들었다. '천'보다는 '챤'이 더욱 정확한 소리고, '챤'으로 적으면 더욱 좋겠다.

4. concert＝콘서트. 여기에서는 우선 미국발음과 영국발음의 차이를 설명해 야겠다. 영국발음과 미국발음의 가장 큰 차이점은 o의 발음이다. stop의 경우 영국에서는 스톱으로, 미국에서는 스탑으로 발음된다. 발음부호로 표시하면 stɔp과 stɑp의 차이이다 (표기법 책에서는 발음부호가 kɔ́nsərt로 실려 있었는데, 미국식 발음인 kɑ́nsərt로 고쳤다.) 일본사전이나 한국사전을 막론하고 최근에는 모두 미국발음을 택하고 있다. 미국발음이 경쾌하고, 미국 인구가 많고, 외교, 경제면에서 미국의 영향력이 더 커져서 그럴 것이다. 그런데, 유달리 우리 표기법에서는 영국식과 미국식발음이 혼용되고 있다. 아마 20~30 년 전에 결정된 것을 답습하고 있는 것 같다. 현재의 우리 사전에 실려 있는 발음과 일치하지 않는 외래어 표기는 학생들에게 혼란을 줄 뿐이다. 세계의 추세에 따라, 미국식 발음 채택이 필요하다. doctor 나 economy 의 경우도 마찬가지다.

5. doughnut을 '도넛'이라고 발음하면 doughnut을 파는 집에서조차 못 알아들을 것임을 장담한다. 우선 dough의 발음부호는 dou로서 앞에서도 설명한 대로 모음이 두 개 겹친 것, 즉 장음이다. 따라서, 도－낱이라고 길게 뽑아야 알아듣는다. 정확한 표기는 물론 도우낱이다. 여기서 '낱'의 종성받침을 'ㅌ'로 한 것은 이렇게 표기된 글을 보고 익힐 때, 그 학생은 자연적으로 nut이라는 스펠링도 연상하고 기억하게 될 것이라는 생각에서이다.

6. hitter : 히터는 heater(난방장치)와 혼동하기 알맞다. '힡'이라고 'ㅌ'을 단 이유는 tt 발음에 가깝게 하는 것과 위 '5.항' 마지막에서 말한 것과 같은 이유에서이다.

7. kicker : '키커'는 해괴망측한 표기이고 이것을 '키카－'로 고치더라도 keycar로나 들릴까 하는데, 이런 영어는 물론 없다. 이것은 역시 킥카－가 되어야 정확하다. socker는 물론 싹카－가 되야 한다.

8. manager에서는 원래 '저'로 표기된 ger를 '져'라는 새로운 부호로 시도해 보았다. dʒər는 '저'가 될 수 없다.

9. monitor의 mo는 미국식 발음으로는 '모'가 아니고 '마'로 발음된다.

10. observer : '업저버'는 '업쩌버'가 되기 쉽다. '버'는 '봐－'로 고치면 거의

원음과 같은 소리가 된다. 아브자ー봐ー.

11. perfect의 fect는 어느 사전을 찾아보아도 발음부호가 fikt로 되어 있다. 한국표기법에는 f=ㅍ으로 되어 있는데 ㅎ이 ㅍ보다 훨씬 정확하다고 본다. 이 것은 다음에 다시 논할 기회가 있을 것이다.

12. poker의 'o'는 '오우'로서 이중모음 즉 장음이 된다. 포우커ー로 하기 싫 으면 최소한 포ー카ー 정도로는 해야 될 것이다. '포커'를 어느 미국인이 이해 하겠는가!

13. sponsor는 미국 대사관에 가면 자주 사용되는 단어이다. 스폰서라고 하 면 꼭 되물어올 것이고, 스판싸ー로 하면 곧 알아들을 것이다. 완전한 표기는 물론 스판싸ー이다.

14. spurt : '스파ー트'라고 그토록 정확하게 표기할 수 있는데, 왜 '스퍼트' 와 같은 이상한 소리로 발음 하는지 알 수가 없다. 그리고 '스퍼트'는 spot 와 혼동되기 안성맞춤이다.

15. taboo : 여기에서 '타부ー'라고 '부ー'를 장음으로 표기하고 읽으면 자연 히 '부'에 액센트가 간다. 이것이 '부ー'로 장음화해야 될 또 하나의 이유이다. 이 말을 ta에다 액센트를 두고 말하면 못 알아들을 사람이 많다.

16. winter : 여기에서 wi는 우리가 '위에서 내려온' 할 때의 '위'보다는 '우' 와 '이'를 따로 발음해서 '우인타ー'와 같이 발음하는 것이 옳다. 마찬가지로 win(이기다)은 '우인'이라고 발음해야 된다. 미국에서는 교포들이 'Queen's'를 흔히 '퀸즈'라고 발음해서 의사소통에 실패하는데, 이것도 '쿠이ーㄴ즈'라고 발 음해야 미국사람들이 알아듣는다.

17. journal : 저널. 이 얼마나 해괴한 표기인가. 더구나 이 낱말은 필자의 집 에 매일 배달되어 오는 한국일보에 대문짝 만한 글자로 박혀 있다. 옛날에는 한 국일보의 원제(原題)에 '미주판 가로쓰기 신문'만 붙어 왔지만 요즈음은 「저 널」이라는 것이 또 하나 붙어 온다. 어떤 날은 「경제저널」이 되고, 어떤 날은 「여성저널」 또는 「연예저널」, 「스포츠저널」 등 다채로운 내용으로써 독자들에게 신선한 흥미를 일으키고 있을 것으로 믿는다. 그런데, 이 「저널」이라는 말같이 눈에 거슬리는 글자가 없다. 「저놈」 할 때의 억양으로써 「저널」을 발음해 보 라. 이것은 제정신이 있는 사람이라면 도저히 사용할 수 없는 표기방법이다. 그 러한 표기가 언어에 대해서 가장 예민한 감각을 지니고 있을 쟈ー날리즘 사회 에서 버젓이 통용되고, 대문짝만한 활자로 된 이 신문 표제를 매일 보면서도 거

기에 대해 비판을 하는 양식 있는 사람이 하나도 없다는 것은 놀라운 사실이다. 아니면 외래어표기법의 벽이 의외로 높고 두텁다는 이야기다.

최근 우리나라 TV에서는 '태풍 더그'라는 말이 수백 번 되풀이되었다. 솔직히 말해서 필자는 이 '더그'라는 이름이 어데서 온 것인지 알 수가 없었다. 그런데 바로 옆의 AFKN 미군방송으로 다이알을 돌렸더니 거기서는 너무나 분명하게 '다그'라고 발음하고 있었다. '다그'라는 이름은 미국에서는 흔하다.

한국 유학생이 몇번 만난 친구더러 "Hi! 더그."하고 말을 건넸다고 하자. 상대방은 "자식아. 언제부터 안다고 사람을 '개'라고 불러대는 거야."하고 시비를 걸어 오기가 십상이다.

필자가 여기서 지적하고 있는 것은 '더그'라는 낱말 하나를 가지고 문제삼고 있는 것이 아니다. 모든 영어 낱말을 엉터리 발음으로 수십번 수천 번 되풀이해서 들을 때, 그것은 너무나 머리속 깊이 들어가 박힌다. 그리고 드디어는 우리의 의식조차 바꾸어 버린다.

어떤 인문계 석사과정을 마친 청년이 말했다. "'아' 소리로 발음하면 소리가 단순하고, 일본사람 흉내나 내고 있는 것같이 느껴진다. 역시 버터, 터미널, 월드컾 같이 'ㅓ' 소리를 넣어야 영어를 말하는 기분이 든다." 이 말은 우리나라 사람들이 외래어표기법이라는 마약에 완전중독되어 있다는 사실을 증명하고 있다. 그러니 학생이나 일반대중은 말할 것도 없다. 외래어표기법, 특히 그 중에서도 ə = ㅓ = ʌ 와 같은 표기는 하루속히 폐기 또는 시정되어야 한다.

---

2) 최현배선생은 옛말의 'ㆍ'가 오늘날 무슨 소리로 바뀌었는가를 옛말 135개를 대상으로 조사하였다. 사용빈도에 따라 3, 2, 1 점을 각각 배당하여 만든 통계표의 총점과 백분비는 아래와 같다.(한글갈 1946년, p. 538) 54%라는 과반수가 ㅏ 로 변했다는 사실과 더불어 이 표는 ə와 'ㆍ'의 동질성을 잘 나타내고 있다.

오늘의 소리	ㅏ	ㅓ	ㅗ	ㅜ	ㅡ	ㅣ	ㅐ
총 점 수	305	22	29	47	132	19	12
백분비(%)	54	4	5	8	23	4	2

3. ʌ 소리는 짧은 'ㆍ' 소리

영어의 발음부호 'ə' 소리와 'ʌ' 소리는 비슷한 소리여서 벌써 언급한 것을 또 한 번 약간 다른 각도에서 보며 설명해 보겠다. 제3장에서 이미 언급한 훈민정음에서는 "'ㆍ'는 톤(呑) 자의 중성과 같다."라고 하였고, 이 '톤' 자는 오늘날 '탄' 소리가 되었다. 잠시 책에서 눈을 떼고 '아ー'라고 길게 소리를 내어 보자. 다음에는 '탄' 하고 짧게 소리내어 보자. '아'나 '타'나 모두 모음이 'ㅏ'이지만, '아ー'와 '탄' 사이에는 혀와 입 모양의 차이가 완연하다. 즉, '타'라고 발음할 때, 입모양이 훨씬 작아지고 혀가 높아진다. '타' 소리는 '아' 소리와 같이 입을 크게 여는 것을 허락하지 않는다. 더구나, 그 뒤에 종성 'ㄴ'이 오면 혀끝이 입천정에 가 닿는다. 'ㄴ'이 모음 'ㅏ' 소리를 막는 구실을 또 다시 하고 있다. 이렇듯 어떤 소리도 그 소리의 전후에 오는 소리에 따라서 모음발음이 영향을 받는다. 즉, 앨화벹의 발음은 소리의 장단이나 전후의 글자에 따라 또다시 소리가 약간씩 변한다. 그러나, 이것은 발음부호의 문제일 뿐, 글자 자체는 이러한 전후 글자와 연관되서 일어나는 소리의 변화를 따로 표기하지 못한다.

한글에서는 '아' 소리는 '아' 자로 표기될 뿐, 소리의 장단, 전후의 글자와의 관계에 따른 소리의 변화를 표기할 발음부호는 따로 마련되어 있지 않다. 그러나, 영어의 경우에는 '아' 소리만 해도 ɑ, a, ʌ 세 가지의 발음부호로 구분된다. 발음부호 ɑ는 '아' 소리가 단독으로 있을 때 사용되고, a는 '아' 다음에 또 하나의 모음이 뒤따를 때 사용되고, ʌ는 짧은 '아'를 표음하기 위해서 사용된다. '톤'의 경우의 발음부호는 'ʌ'가 될 것이다.

우선 ɑ는 흔히 ɑ:와 같이 긴 소리로 사용된다. 모든 모음은 길게 발음될 때 가장 명백하게 발음될 수 있으므로 ɑ는 가장 명백한 '아'소리의 발음부호라고 할 수 있을 것이다. 영어에서는 '아'의 장음을 표시할

때는 꼭 ɑ:라는 발음부호를 사용한다. 즉, 이 경우에 a는 사용되지 않
는다. 다음에 ɑ:와 ɑ 소리를 가진 단어를 들어 본다. 미국식 발음과
영국식 발음을 병기하는 이유는 미국사람이 발음하는 r 발음을 영국사
람들은 완전히 무시한다는 것과 영어 앨화벹 'o'는 그 위에 액센트가
있을 때, 미국사람은 '아(ɑ)'로 발음하고 영국사람들은 '오(ɔ)'로 발음
하는 것을 아울러 설명하기 위한 것이다. 'o'가 짧게 발음될 때, stop
의 경우와 같이 미국에서는 모두 똑똑하게 ɑ(아)로 발음되지만 영국에
서는 글자 그대로 ɔ(오)로 발음된다.

장음(長音) ɑ:

낱말	미국식 발음	영국식 발음	뜻
ark	ɑ:rk 아ー르크	ɑ:k 아ー크	방주
arm	arm 아ー르ㅁ	ɑ:m 아ー口	팔,무기
bark	bɑ:rk 바ー르크	bɑ:k 바ー크	나무껍질
cartoon	kɑ:rtú:n 카ー르투ーㄴ	kɑ:tú:n 카ー투ーㄴ	만화
father	fá:ðər 화ー더르	fá:ðə 화ー더ー	아버지
guard	gɑrd 가ー르드	gɑ:d 가ー드	보초, 문지기
heart	hɑ:rt 하ー르트	hɑ:t 하ー트	심장
task	tæsk 태스크	tɑ:sk 타ー스크	과업

단음(短音) ɑ

낱말	미국식 발음	영국식 발음	뜻
box	bɑks 박스	bɔks 복스	곽, 상자
ox	ɑks 악스	ɔks 옥스	황소
pop	pɑp 팝	pɔp 폽	유행
stop	stɑp 스탑	stɔp 스톱	멎다

발음부호 a는 다음에 또하나의 모음이 뒤따를 때의 '아' 소리로 사용
된다. about(əbáut), firearm(fáiərarm), high(hai), mine(main),
out(aut), site(sait), sound(saund) 등이다. 실제로 'a'와 'ɑ'의 차이

가 어떤 것인지 또 구별할 필요가 있는 것인지 필자 자신도 모르겠으
며, 앞으로 더 연구해 볼 문제이다.

'ʌ'는 짧은 '아'로써 전후의 소리 관계로 모호한 음으로써 발음할 수
밖에 없을 때의 '아' 소리다. 필자는 영어를 배우는 우리나라 학생들에
게 'ʌ'소리를 가르칠 기회가 있다면, "'ʌ'는 앨화벹의 u, o, oo, ou
등이 짧게 발음될 때의 모음으로서 'ㆍ' 소리의 짧은 소리라고 할 수 있
으며, 입을 자연스럽게 조금 열고 짧게 '아'라고 하면 된다. 이것이 힘
들면 ʌ='아'로 생각해도 무방하다. 절대로 '어'로 발음해서는 안된다.
영어에는 한글의 '어'라는 소리가 없다."라고 분명히 말해 주겠다.

'ʌ'는 모호음 'ㆍ'라고 주장할 몇 가지 이유를 들겠다. 첫째, 이것은
필자의 미국생활 30 년의 경험에서 나오는 결론이다. cut는 '캇트'이고
lucky는 '뤅키'이다. cut를 '커트'로, lucky를 '러키'로 발음하는 사람
은 단 한 사람도 보지 못했다. 사실 외래어표기법에 의한 '러키'는 상
상도 할 수 없는 해괴망칙한 표기이다. 적당주의의 전형이라고 할 수
있다. 둘째, 영어의 발음부호의 모양은 대체로 앨화벹문자를 사용하고
있다. '우'소리는 앨화벹의 u로, '에'는 e로, '아'는 ɑ나 a로, '이'는 i
로, '오'는 o로 모두 앨화벹 글자를 그대로 사용하고 있다. 'ʌ'의 모양
은 분명히 '아' 소리를 나타내는 ɑ의 대문자 A에서 온 형태이다. 셋
째, 앞에서 인용한 바 있는 산세이도-의 콘사이스 일영사전에는 'ʌ'
음을 "cup(cʌp)의 'ʌ'는 입 중간보다 약간 뒤에서 '아'라고 소리낸다.
일본어의 '아'와 '오'의 중간음으로 '아'로도 들리고 '오'로도 들린다."
라고 규정하고 있다. 전반은 분명히 'ʌ'를 '아'로 규정했다. 후반에서는
'아'로도 들리고 '오'로도 들린다는둥 횡설수설하고 있다. 일본 가나문
자에서 '아'는 첫자요 '오'는 맨 마지막에 오는 글자이다. 즉, '아이우에
오'로 되어 있다. '아'로도 들리고 '오'로도 들린다는 말은 유동적인 영
어 앨화벹의 모음을 생각할 때, 거의 모든 소리가 다 될 수 있다는 소
리와 비슷하다. 일본문자에는 애, 으, 어 등의 약간 복잡한 모음이 없
기 때문에 모호음이라고 불러야 할 소리를 정확하게 파악할 수 있는
능력이 없었던 모양이다. 어떻게 해석해야 좋을지도 판단할 수 없는 후반

은 고려의 대상이 될 수 없다고 본다.

여기서 ɑ, a, ʌ 부호를 같이 설명하는 또하나의 이유는 영어에서는 전후관계로 소리의 내용이 달라지는 것을 중요하게 다루고 있다는 것을 또 다시 이 기회에 강조하고자 한 것이다. 이것은 비단 '아' 소리에서뿐만 아니라 '에' 소리에서도 마찬가지다. 발음부호 e와 ɛ는 모두 '에'소리를 표시하는 것이지만, ɛ라는 소리는 단독으로는 존재할 수 없으며 꼭 ɛə로서만 존재한다. air(ɛə), where(hwɛər), heir(ɛər), there (ðɛər), bear(bɛə) 등과 같이 ɛ 단독으로는 소리가 되지 않는다. 또 ə 이외의 소리와는 결합되지 않는다. '오'소리도 o와 ɔ 두 가지 부호로 표시된다. 여기서 이상한 것은 앨화벹의 o 자는 흔히 ou라는 2중모음으로 발음된다. 단모음으로 발음될 때의 'o'는 미국에서는 모두 ɑ 로 발음된다.

먼저 인용한 새국어표기법 책의 일반 외래 용어집에는, 영어 발음부호 ʌ는 무조건 한글의 ' ㅓ'로 표기되어 있다. 그야말로 무조건이다. 필자는 이러한 표기를 한 사람들이 영어에 대한 소양이 있었는지, ʌ가 어떤 소리인지 산 소리를 들으면서 확인하려는 노력을 한 번이라도 하였는지 알고 싶다. 필자는 이들이 자기들의 말을 무조건 믿고, 그대로 따라올 다음 세대가 장차 겪을 좌절과 실망을 조금이라도 생각하였는지 묻고 싶고, 한 번 틀리게 배운 발음을 다시 교정해서 익히는 일이 얼마나 힘들며 거기서 오는 시간의 낭비를 생각하여 보았는지 묻고 싶다. 또한, 이러한 문제가 확인 절차를 거치지 않은 적당주의적 결정으로 이루어질 수 있는 일인지 묻고 싶다. 그리고, 이제 외래어 표기법의 맹점이 백일하에 드러날 때 그것을 그냥 고집하는 것을 그들의 양심이 허락할 것인지를 묻고 싶다.

어떤 사람은, '영어는 영어이고, 우리의 외래어 표기법은 국내용으로 정한 것이다. 외래어를 국내에서 우리가 편한 대로 표기하면 될 것 아니냐' 할 것이다. 이런 말은 20년 전만 해도 논쟁거리가 될 수 있었을는지 모른다. 그러나, 지금 이런 말을 한다면, 그것은 말도 안 되는 시대착오적인 망언이다. 왜 우리의 자라나는 어린이들과 학생들에게 2중

의 고생을 시키려고 하는가. 왜 귀중한 시간이 낭비되는 것을 묵과하려
고 하는가. 한국에서 삼원(三原)정공이 초(秒) 관리 운동으로 불경기
속에서도 14%의 매출액 성장을 기록했고, 삼성경제연구소와 공동으로
발간한 '1초를 잡아라.'라는 책이 2개월 만에 4만 권이 팔렸다고 한다.
산업 분야에서 1초를 아낄 때, 문화·교육·일상생활 분야에서는 수만
수억 수조초의 시간을 줄곧 낭비해도 아무렇지도 않다는 말인가.

다음에 'ʌ' 음이 들어 있는 단어의 예를 들어서 외래어 표기법에 의
한 표기와 새로운 부호를 사용한 표기를 비교하여 보겠다. 미국사람들
이 아파─칸과 같은 샤─프한 발음을 기대하고 있다가 어퍼컽이라는
둔중한 발음을 들을 때의 표정을 생각하여 보라. tough : 터프,
rough : 러프, shut up : 셧업의 경우에도 마찬가지다. 이들은 탚후, 랍
후, 샡앞과 같이 발음하지 않으면, 도무지 어감이 나지 않는다.
'Thank you 베리 멋치'라고 말하며 영어다운 영어를 했다고 생각할
사람을 생각하면 쓴웃음이 저절로 나온다. 우리가 지금 갖고 있는 부호
를 사용해도 '쌩크 맏취'로 거의 완전하게 표기할 수 있는데도 하지 않
는 이유는 무엇일까. tongue은 '탕'이지 '텅'이 아니다. 텅 빈 집에 살
고 있는 것도 아닌데 외래어 표기에서는 왜 그렇게도 'ㅓ' 소리를 좋아
할까.

우리 외래어 표기법이 표기하고 있는 한심한 표기와 바람직한 새로
운 표기법을 적어 보았다. 이 책에서는 새로운 글자의 소개가 끝나면
곧 그 부호를 사용하기로 한다. 그것은 그 부호의 사용 방법, 그것이
가져다 주는 개량의 효과를 시험해 보고자 하기 때문이다.

왼쪽 끝이 외래어 표기법에 의한 표기이고 다음이 새로운 부호를 사
용한 표기이다. 이 두 가지의 다른 표기들을 글자 그대로 정확하게 소
리내어 읽어 보기 바란다. 양쪽의 소리의 차이를 똑똑하게 느낄 것이
며, 정확한 표기에 비해서 종래의 외래어 표기법에 의한 소리가 얼마나
한심스러운, 부정확한, 시골뜨기 같은 발음인지 완연하게 느낄 수 있을
것이다.

외래어 표기법에 의한 표기	새로운 부호에 의한 표기	영어 낱말	발음부호
부러시	부랏쉬	brush	brʌʃ
범퍼	뱀파ー	bumper	bʌ́mpər
컴	캄	come	kʌm
커풀	커풀	couple	kʌ́pl
컷	끝	cut	kʌt
덤푸카	댐푸카ー	dumpcar	dʌ́mpkɑːr
헌드레드	한드레드	hundred	hʌ́ndred
정글	쟝글	jungle	dʒʌ́ngl
머풀러	맙훌라ー	muffler	mʌ́flər
원	완	one	wʌn
펀드	환드	fund	fʌnd
펌프	팜프	pump	pʌmp
선글라스	싼글래스	sunglass	sʌ́nglæs

ə와 비슷한 모양을 하고 있는데 가운데에 있는 수평선이 빗금으로 되어 있는 발음부호 'ᶕ'라는 부호가 있다. 이것은 ʃ, dʒ, ᶕ와 같은 부호하고만 사용되는데, 우선 몇 가지 예를 제시한다.

낱 말	발음부호	뜻	발음 표기
mention	(ménʃən)	언급하다	멘션
attention	(ɑténʃən)	주의, 차려!	아텐션
collision	(kəlídʒən)	충돌	칼리져
vision	(vídʒən)	시각, 통찰력	뷔져
region	(ríːdʒən)	지방, 지역	리ー져
surgeon	(sə́rdʒən)	외과의사	싸ー져

ʃ, dʒ, ᶕ 뒤에 모음 'o(오)'가 와서 발음부호가 ə가 될 때는 이것은 '오' 소리가 'ㅏ'에 가까운 모호음이 되는 경우이다. 따라서, 이때만은

ə=ㅓ의 등식을 적용해서 위의 예와 같이 선, 젼 등으로 표기하여도 무방할 것이다. 그러나 최근에 나오는 사전에는 이 부호가 빠져 있으며 영어발음의 심한 변동을 실감하게 한다.

ə와 ʌ에 관한 논의를 끝냄에 즈음하여, 한가지 의문을 떨쳐버릴 수가 없다. 왜 그들은 '아'소리 하나를 표기하기 위해서 ɑ, a, ə, ɑ, ʌ 등의 여러 부호를 사용하여 지나친 정확성을 바라고 있는 것과는 반대로, a, e, i, o, u 모든 모음을 그 위에 액센트만 오지 않으면 ə로 모호하게 만들어버리는 모순을 저지르고 있을까. 원음의 부호를 그대로 두어도 음가변동은 어차피 일어날 것인데 말이다.

1948년에 문교부가 제정한 외래어표기법은 당시의 편수국장인 최현배 선생의 안을 골자로 하여 이양하, 피천득 등의 영어 학자를 포함한 국내학자 18명과 외국인 위원 4명이 만든 것으로서 이성과 국제감각이 돋보이는 표기법이었다. 이와 반대로 1956년에 국어심의위원회 외래어 표기분과위원회에서 제정한 현행 외래어표기법은 적당주의의 표본인 시대착오적 표기법이었다. 이 두 가지 표기법을 비교하여 보자.

영어 발음부호	1948년 외표법	1956년 외표법
ʌ	ㅏ	ㅓ (ʌ, ə)
l	ㄹㄹ	ㄹ (l, r)
v	ㅸ	ㅂ (b, v)
f	ㆄ	ㅍ (p, f)
장음	아아	금지
z	△	ㅈ

혼란기인 1948년의 외래어표기법이 비교적 안정을 되찾은 1956년 것보다 훨씬 더 진취적이고 이론적이다. 격동하는 시대에는 자유로운 창의력이 발휘되고, 안정된 사회에서는 안일, 퇴보의 길을 택하는 좋은 예를 보는 것 같다. 역사는 진취, 수성, 퇴보의 과정을 되풀이하는 모양이다. 앞으로 외래어표기법을 논할 때, 항상 이 두 가지를 염두에 두고 생각하여주시기를 바란다.

4. 우리의 탁음을 살리자

한글의 장점을 논할 때 한 가지 뒤로 미룬 것이 있었다. 그것은 한글이 파열음 쪽으로는 세밀한 표기를 하고 있다는 사실이다. ㄱ, ㄲ, ㅋ ; ㄷ, ㄸ, ㅌ ; ㅂ, ㅃ, ㅍ ; ㅈ, ㅉ, ㅊ 등. 모두 같은 구성으로 짝을 이루어 세밀하게 모든 파열음을 분석 표기하고 있다. 우리나라 사람들이 된소리를 좋아한다는 것을 뒷받침이나 하듯 언젠가 신문에 재미있는 기사가 실려 있었다. 우리 젊은이들이 쓰는 말에 된소리가 늘면서 점차 말이 거칠어지고 있다고 이를 걱정하는 글이었다. '쌔끼, 짜식, 짱구, 쩜(點), 싸랑' 등을 예로 들고 있었다. 필자의 생각에도 '싸랑'은 좀 지나친 듯하였다. 부드러운 '사' 소리와 류음(流音) '랑'이 합쳐진 '사랑'은 따스한 사랑을 느끼게 한다. 이것을 굳이 '싸랑'이라고 하는 데는 아주 화끈하고 드라이한 싸랑을 원하는 현대 청춘 남녀들의 의식을 반영하고 있는 것이 아닐까 생각해 보았다. 산들바람이 '싼들'바람이 되면 너무 '쎈 바람'이 되어 버릴 테니 좀 곤란하지만, '싸랑'은 있을 수 있을 것 같다.

영어에는 된소리가 들어 있는 단어가 너무나 많다. 다만 영어 앨파벧에는 부호가 따로 준비되어 있지 않기 때문에 그들도 우리도 잘 느끼지 못한다. s = ㅅ 또는 ㅆ, k = ㄲ 또는 ㅋ, p = ㅍ 또는 ㅃ, t = ㄸ 또는 ㅌ과 같이 한 개의 글자가 때에 따라 습관적으로 다르게 발음된다. 필자는 영어에서 s 자를 ㅅ과 ㅆ의 두 자로 읽는다는 사실을 어떠한 책에서도 읽은 기억이 없다. s라는 글자는 모음 앞에서는 ㅆ이 되고 자음 앞에서는 ㅅ이 된다. 미국 친구들에게 이 사실을 지적하여 주면, 모두 이상한 얼굴로 쳐다보며 설마 하는 표정이다. 그들에게 두 가지 단어를 되풀이 읽게 하면서 방청자들로 하여금 주의 깊게 듣게 하면, 수차례에 걸친 반복과 필자의 설명으로 그들은 겨우 자기들이 두 가지로 발음하고 있다는 사실에 동의한다. 그러면서 자기들도 전혀 느끼지 못하고 있었던 것을 외국사람인 네가 어떻게 그렇게 섬세하게 분석할 수 있는가 하면서 경탄해 마지않는다. 그때마다 필자는 세종대왕이라는 영명한 군주가 만들어 놓은 한글은 영국사람이나 미국사람들의 내파음(內破音)이나 외파음(外破音)을 정확히 구별해서 표기할 수 있기 때문이라고 대답해 준다. 그들도 의식하지 못하는 것을 지적할 수 있는 이유는 우리 한국사람의 발음이 이 방면에서는 아주 발달되어 있고, 귀도 그만큼 훈련되어 있기 때문이다.

이 사실은 무엇을 말하는가. 글자의 역할이 얼마나 큰 것인가를 실증하는 좋은 예이다. 글자가 없을 때 그 글자에 관한 개념조차 있을 수 없다. 다시 말하면 글자는 있는 소리를 표기할 수 있게 할 뿐만 아니라, 위에서와 같이 본인도 모르는 소리를 알아내게 한다. 우리나라 사람들이 외국어를 배울 때 장음과 단음, ㄹ와 ㄹㄹ, ə와 'ㅓ'와 'ㅏ' 등의 문제에서 커다란 혼란을 겪고 있는 이유는 우리에게 그들 소리를 표기하는 부호가 없기 때문이다. 이 문제는 앞으로 관련된 주제를 만날 때 거듭 논하고자 한다.

다음에 s 자가 모음 앞에서는 ㅆ로 읽히고 자음 앞에서는 ㅅ으로 읽히는 예를 들어 본다. c자도 모음 앞에서 's'로 발음될 때는 'ㅆ'으로 발음되는 예를 아울러 제시한다.

S + 모음의 경우

낱 말	발음부호	외래어 표기법	옳은 표기
cement	simént	시멘트	씨멘트
cent	sent	센트	쎈트
center	séntər	센터	쎈타―
circle	sə́ːrkl	서클	싸―클
circus	sə́ːrkəs	서커스	싸―카스
research	risə́ːrtʃ	리서치	리싸취
sex	seks	섹스	쎅스
sin	sin	신	씬
sandwich	sǽndwitʃ	샌드위치	쌘드윗취

sauna	sáunə	사우너	싸우나
sausage	sɔ́ːsidʒ	소시지	쏘ー씨쮀
scene	siːn	신	씨ーㄴ
science	sáiəns	사이언스	싸이안스
seminar	séminɑ́ːr	세미나	쎄미나ー
sense	sens	센스	쎈스
sensation	senséiʃən	센세이션	쎈쩨이션
service	sə́ːrvis	서비스	싸ー뷔스
set	set	셋트	쎝
seven up	sévn ʌ́p	세분엎	쎄분 앞
sign	sain	사인	싸인
soccer (socker)	sákər	사커	싹카ー
sun	sʌn	선	싼
sofa	sóufə	소퍼	쏘우화
suspense	səspéns	서스펜스	싸스펜스
summertime	sʌ́mərtàim	서머타임	싸머ー타임
symbol	símbəl	심벌	썸벌
system	sístəm	시스텀	씨스탐

S + 자음의 경우

scale	skeil	스케일	스께일
school	skuːl	스쿨	스꾸ーㄹ
scrap	skræp	스크랩	스끄랲
skin	skin	스킨	스낀
spot	spat	스폿	스빹
street	striːt	스트리트	스뜨리ー트
style	stail	스타일	스따일

한국 외래어 표기법에서 s는 모두 일률적으로 ㅅ으로 표기하고 있는
것은 커다란 잘못이다. 일례를 들어서 sin을 '신'으로 발음하면 미국사

람은 이것을 예외없이 shin(정강이)으로 잘못 알아들을 것이다.

위에 든 예들은 주로 s 자가 모음 앞에 있을 때는 ㅆ으로, 자음 앞에 있을 때는 ㅅ으로 발음된다는 것을 보여 주고자 한 것이다. 그 밖에도 k, t, p 세 글자가 다른 소리로 읽힌다는 것도 아울러 예시하고자 하였다. k, t, p 등은 평상시에는 ㅋ, ㅌ, ㅍ 등으로 읽히지만 s 자 다음에 올 때는 ㄲ, ㄸ, ㅃ으로 발음된다. school은 스꾸－르, style은 스따일, spot은 스빹으로 읽히는 것 등이 그것이다. 이것도 우리가 듣고 지적할 수 있는 점이지 미국사람들 자신은 의식도 못하고 있는 사실이다. 전체적인 경향으로 보아서 서구 사람들이 입밖 파열음보다는 입안 파열음(된소리) 쪽을 선호하는 경향이 있다. 따라서 ㅋ, ㅌ, ㅍ 같은 소리들이 많이 약화되 ㄲ, ㄸ, ㅃ 쪽으로 발음되고 있는 경향이 있음을 첨언하여 둔다.

여기서 또 한번 구로다씨의 재미있는 지적을 인용한다. " 어여쁜 한국 아가씨와 다방에서 마주앉아서 회화를 즐길 때 눈앞의 테이블에는 그녀의 입에서 튀어나오는 침으로 꽃무늬가 이루어질 정도이다. 이쪽도 질세라 팟팟하고 침이 튀어나오도록 큰 소리로 소리내어 말해야 된다. 이것이 이쪽 한글이 통하게 하는 비결이다." 이것을 미국의 어떤 에티켓 책에서 읽은 이야기와 결부시켜 생각하면 재미있는 공통점이 발견된다. 그 책에는 회화를 할 때 상대방에게 너무 이쪽 입김이 가지 않게 하기 위해서, 평소 촛불을 켜 놓고 발음 연습을 하라는 글이 있었다. '아빠'의 'ㅃ'는 내파음(內破音)이고 '한 판'의 '판'은 외파음(外破音) 이다. ㄲ, ㄸ, ㅉ, ㅃ은 내파음이고 ㅋ, ㅌ, ㅊ, ㅍ은 외파음이다. 내파음은 입안에서 소리를 파열시키기 때문에 침이 덜 튄다. 후랑스말에 내파음이 많다는 것과 그들의 세련된 사교성을 관련시켜서 생각해 볼 만한 일이다.

중국말에는 탁음이 없기 때문에 그들의 풍부한 억양이나 풍부한 이중·삼중모음에도 불구하고 딱딱하게 들린다. 우리말은 장음도 탁음도 없기 때문에 중국말보다 더욱 딱딱하게 들린다. 우리에게 탁음 표기법이 생길 때 탁음이 들어 있는 낱말도 많이 생길 것이고 백 년 뒤의 한국말은 훨씬 더 부드러운 말이 될 것이다.

　여기서 한 가지 거듭 강조하고 싶은 것이 있다. 즉, 글자가 없을 때 그 소리에 대한 정확한 인식이 있을 수 없다는 것이다. 위에서 지적한 미국사람들의 경우가 적절한 예이다. 즉, 그들은 자기들이 s 자를 '스' 와 '쓰' 두 가지로 발음하고 있는 것을 의식조차 못하고 있다는 사실이 다. 만약에 한글에 ㄱ, ㄲ, ㅋ 세 가지의 다른 소리를 따로 표기하는 부호가 없었더라면 오늘날 우리는 ㄱ, ㄲ, ㅋ 모든 소리를 ㄱ소리로 소리내고 있을 것이다. 여기서 다시 "하늘과 땅의 자연의 소리 있으면 곧 반드시 하늘과 땅의 자연의 글이 있을 것이다."라는 우리 조상의 명 언을 생각하게 된다. 자신이 넘쳐흐르는 이 말은 거꾸로 "글자가 없으 면 있는 소리도 소리가 될 수 없다."라는 뜻과 통한다. 세계 어느 나라 에도 인간이 갖고 있는 문자에 대해서 이토록 강한 신념을 토로한 말 은 없다. 우리는 우리 조상들의 이러한 신념에 어긋남이 없는 후손이 되어야 할 것이다.

　일본글에서도 か(가) た(다) 줄의 글자들은 각기 ㄱ, ㄲ, ㅋ이나 ㄷ, ㄸ, ㅌ 소리를 대표한다. 즉, か=ㄱ, ㄲ 또는 ㅋ, た=ㄷ, ㄸ 또 는 ㅌ의 등식이 성립된다. 좀더 구체적으로 말하면 일본사람들은 'た' 자 한 자를 가지고 '다'로도 읽고, '따'로도 읽고, 또한 '타'로도 읽지만 그것들을 구별해서 따로 표기하지는 못한다. 단지 습관적으로 세 가지 를 구별하여 발음할 뿐이다.

	낱말	かな 표기	한글 표기	관련 부호	뜻
か줄	健康	けんこう	켕꼬―	ㅋ ㄲ	건강
	關係	かんけい	캉께이	ㅋ ㄲ	관계
	金持	かねもち	가네모찌	ㄱ	부자
た줄	探偵	たんてい	탄떼이	ㅌ ㄸ	탐정
	天體	てんたい	텐따이	ㅌ ㄸ	천체
	何だって	なんだって	난닷떼	ㄸ	뭐라고?
	袂	たもと	다모도	ㄷ ㄷ	옷소매

위와 같은 예를 놓고, 어떤 경우에 어떤 소리가 되는지 확실히 규정 지을 수 있는 일본사람이 있을는지 의심되지만 그런 사람이 있다고 하더라도 너무나 복잡해서 예시(例示) 이상의 근본적 설명이 가능할지 모르겠다. 미국사람들과 마찬가지로 이러한 여러 가지 소리로 발음되고 있는 것조차도 의식하지 못하고 있을 일본사람이 대부분일 것이다. 다만 여기서 한 가지 확실한 것은 '健康'을 켕코, 껭꼬, 겡코, 겡고 등 여러 가지로 표기해 볼 때 그 어느 것도 맞지 않으며, '켕꼬—'가 가장 완벽한 표기라는 것을 일어를 조금이라도 아는 사람은 이해할 것이다. '天體'의 경우에도 텐타이, 덴다이, 뗀따이 그 어느 것도 부적확하고 '텐따이'가 가장 정확한 표기라는 것을 알 수 있다.

이상 언급한 바와 같이 본인들도 무의식중에 구별하여 발음하고 있는 소리들을 완벽하게 분류하여 표기할 수 있을 정도로, 한글은 된소리나 파열음 쪽으로는 아주 세밀하게 분간하여 표기하며, 또한 우리들은 그 소리들을 너무나 정확하게 발음한다. 그런데, 탁음 쪽으로는 전연 무감각하다시피하고 있는 것은 이해할 수 없는 일이다. 중국 글에도 탁음이 없으니, 그런 데서 온 영향일지도 모른다. 일본말에는 엄연히 탁음이 있지만, 한글 창제 당시에는 일본은 그리 진지한 검토의 대상이 못 되었던 것 같다. 우리 문자에는 영어 G, D, E, B나 일본의 が, ざ, だ, ば에 해당하는 글자가 없다.

ㄱ, ㄷ, ㅂ, ㅈ이 그것이 아니냐고 하는 사람이 있을지 모르겠으나 이 글자들은 분명히 탁음이 아니다. 우리나라의 김, 박, 장씨 성을 가진 사람들이 Gim, Bak, Zang 등으로 자기 성을 표기하지 않고 Kim, Park, Chang 등으로 표기하는데, 이것이 바로 ㄱ, ㄷ, ㅂ, ㅈ이 탁음이 아니라는 증거이다. 일본에서도 이 3성을 きむ(키무), ぱく(파꾸), ちゃんぐ(챵구) 등으로 표기하지 ぎむ, ばく, じゃんぐ로 표기하지 않는다.

먼저 인용한 구로다씨의 '한글은 어렵지 않다'에 이런 말이 나온다.

"옛부터 한국사람들은 탁음이 서툴다는 말이 있었으나 한글에는 크게 말해서

일본말의 が, ぎ, だ, ば(애, 얘, 어다, 애)에 해당하는 글자가 없다. が, だ, ば 는 か, た, ぱ와 한 가지 소리인 가, 다, 바로 표기한다. 즉, 한글에서는 k도 g 도 ㄱ이고, t도 D도 ㄷ이고, p도 b도 ㅂ이다. 이것은 한국사람이 말하는 일본 말 발음을 들으면 잘 알 수 있다. 그들은 「原稿」(엥꼬一)를 「けんこう」(켕꼬 一)라고 읽어서 「健康」이 되듯이 K와 G의 구별이 분명치 않다.「團交」(땅꼬 一)도 「炭鑛」(당꼬一)과 같은 たんこう(탕꼬一)가 되어 버린다. 한국사람은 「ず」와 같은 탁음을 어려워해서 「ず」(으즈)는 거의 모두가 「す」(스)와 가까운 소리가 된다.「利一」(としかず=도시카으즈)는 「としかす」(도시카스)가 되어 버린다."

우일 듀랑의 문화사 '동양의 유산(1954, p.923.)'편에 이런 글이 실 려 있다.

"1923년 일본 관동대지진에 이은 혼란기에 요꼬하마의 일인들은 미국 구조선 의 식량을 받아먹으면서 당시의 소란을 이용하여 수백 명의(일설에는 수천 명 이라고 함) 비무장 급진주의자와 한국사람들을 거리에서 학살하였다. 일부 맹목 적 애국주의자들은 한국사람들이(불과 몇 명밖에 안 되는) 정부를 전복하고 일 왕을 암살하려고 기도하고 있다는 낭설을 퍼뜨려 일인들을 선동하였다."

이 사건은 막대한 인명과 재산의 손실 때문에 흉흉해진 민심을 수습 하기 위한 일본 정부의 흉계 때문에 터진 일이다. 그들은 일본인들의 불안감과 증오감의 배출구로서 힘 없고 무고한 한국사람들을 희생양으 로 내몰았던 것이다. 이때 일인들이 학살 대상인 조선사람 식별의 도구 로 사용한 것이 탁음 발음의 가부를 시험하는 것이었다. 그들 핏발이 선 일인들은 길 가는 사람을 붙들고 'ジュウエン ゴジュッセン'을 제 대로 발음 못 하는 자는 무조건 학살하였다. 음운학적으로는 음치라고 할 수 있는 일인들에게 발음 테스트를 당하고 수많은 사람들이 목숨을 잃었다는 것은 역사적 아이러니 였다.

우리가 일본글자를 평하면서 가장 비과학적이고 가장 소리가 모자라 는 문자라고 평한다. 그러나, 그들이 "그대들은 탁음 하나도 제대로 발

음 못 하고 표기도 못 하는 주제에"하고 역습을 해오면 우리는 할 말
이 없다. 몹시 답답한 노릇이다. 좀더 깊이 생각하여 일본사람들이 탁
음 が, ぎ, ぐ, げ, ご를 따로 준비한 이유가 어디에 있으며, 우리가 두 개
의 엄연히 다른 소리를, 즉 か(가)와 が(아)를 어찌하여 한가지로 표
기해야만 되는지 생각해 볼 필요가 있다. 학자적인 양심이 있다면 두
가지의 엄연히 다른 소리를 버젓이 같은 부호로 표시할 수 있을까 생
각해 볼 일이다.

　우리말에 탁음이 없는 것이 아니다. 엄연히 탁음이 있지만 다만 글자
가 없을 뿐이다. 우선 '단단히'라고 말할 때 우리는 첫 자와 둘째 자 사
이에 약간의 차이가 있는 것을 느낄 수 있다. 즉, 첫째 '단'은 tan에 가
깝지만 둘째 '단'은 훨씬 dan에 가깝다. 이것은 첫째글자가 비음으로
끝날 때 그다음에 오는 글자의 초성 ㄱ, ㄷ, ㅂ, ㅈ는 분명히 탁음으로
발음된다. 몇 가지 예를 들어서 증명하고자 한다.

		탁음		탁음		탁음
ㄱ.	공방 : 방공		과실 : 경과		강산 : 생강	
	관상 : 상관		김치 : 생김새		고소 : 상고	
ㄷ.	동북 : 영동		도상 : 장도		당선 : 정당	
	동물 : 명동		단일 : 장단		둥지 : 궁둥이	
ㅂ.	반장 : 양반		병풍 : 공병		봉화 : 상봉	
	부마 : 장부		비품 : 장비		부산 : 공부	
ㅈ.	장소 : 상장		장터 : 동장		정도 : 상정	
	조선 : 성조		증폭 : 공증		징수 : 상징	

여기서 또다시 구로다씨의 글을 인용한다.

"오히려 한국사람은 낱말의 중간에서는 탁음이 아닌 것도 탁음으로 발음한다.
가령 일본말의 「たたみ」(다다미)는 거의 모든 한국사람이 「ただみ」(다다미)
로 발음한다. 따라서, 원칙적으로 말과 말의 사이나 말의 뒷쪽에 오는 소리는
탁음이 되는 모양이다. 내 이름은 한국사람들이 모두 「구로다」로 발음하고 있

었으며 「우로다」나 「구로다」와 같은 발음으로 하는 것을 들은 일이 없다.”

우리가 가지고 있는 소리는 표기할 방법이 있어야 한다. 세종대왕께서는 초성에서 자음을 병서하는 법칙을 마련해 놓으셨다. 그 법칙을 활용하여 ㅇㄱ, ㅇㅈ, ㅇㄷ, ㅇㅂ 등의 부호를 만들어서 앨화벨의 G, D, B, Z나 일본 かな의 が, だ, ば, ざ 등의 소리를 표기할 수 있도록 해야 한다. 그리하여 handbag은 ‘핸ㄷ앸?’으로, banana는 애내나로, がっこう (학교)는 ‘앜꼬ㅡ’로 제대로 표기하여 제대로 외국어를 배울 수 있게 되었으면 한다.

C는 원래는 g와 k 두 가지 소리를 위해서 사용되었으나 초성 ‘그’와 종성 ‘크’를 구별 못한 Etruscan에 의해서 k 소리로 사용되었다. 312B.C.에 Appius Claudius Censor가 C 자에 줄을 하나 첨가하여 G 자를 만들어서 g 소리를 대표하게 하였다. 오늘날 아퍼우스는 인류문화사상 커다란 공헌을 한 사람으로 간주되고 있다.

앨화벨 글자가 형성되어 온 역사 속에서, 그 형체나 대표하는 소리가 여러 번 바뀌어 온 것을 볼 때, 우리가 세종대왕이 오래 전에 마련해 놓은 원칙에 따라서 ㅇㄱ, ㅇㅈ, ㅇㄷ, ㅇㅂ 등의 글자를 만드는 것은 조금도 이상할 것이 없고 무리한 일도 아니라는 것이 사람들에게 이해되었으면 한다. 오히려 그때까지 글자가 없어서 분명치 못하던 소리가 글자의 발명이나 첨가로써 표기가 가능하게 되었을 때, 그 일을 해낸 사람은 인류문화에 큰 공헌을 한 사람으로 기억되며, 그 이름이 후세에 전해진다. 또 한 가지 유의할 것은, 우리가 어떤 부호를 너무나 쉽게 우리 한글에 첨가할 수 있는 것은 오로지 세종대왕이 만들어 놓은 과학적인 문자체계 때문이다.

이러한 새로운 글자들이 우리에게 가져다 줄 수 있는 혜택을 다시 한 번 생각하여 보자. 금성출판사의 영어대사전에는 G로 시작되는 단어 101 페이지, D 146, B 74, J 28, Z 10, 도합 359 페이지의 탁음으로 시작되는 단어가 있으며, 이것은 사전 전체 2773 페이지의 13% 에 해당된다. 단어의 중간 또는 마지막(과거형의 경우)에 탁음이 있는

단어까지 계산하면 그 수는 더욱 방대한 것이 된다. 한글이 이러한 단
어들을 정확하게 표기할 수 있다면, 그것은 우리 한글 기능의 새로운
개발이 될 것이며, 한글을 세계문자로 끌어올리는 한 계기가 될 것이
다. 우리나라의 어린이나 어른들이 좀더 쉽게 좀더 빠르게 영어에 숙달
하도록 도울 것이다. 또한, 새로운 글자가 생길 때 새로운 말이 생긴다
는 것은 역사가 증명하는 사실이다. 뿐만 아니라, 많은 동음딴뜻말을
제거하는 데도 커다란 도움이 될 것이다.

  결론적으로 이 장에서 제안하고자 하는 것은 한글의 새로운 부호로
써 ㅇㄱ, ㅇㅈ, ㅇㄷ, ㅇㅂ 4자를 새로 첨가하자는 것이다. 이들 글자의 형태는
모양 자체가 'ㄹㄱ'같은 부호에 비하여, 너무나 분명하게 뜻하는 바 소
리를 나타내고 있어, 따로 설명을 할 필요가 없을 정도이다. 긴 안목으
로 생각할 때 이들 부호가 우리에게 가져다 줄 이득은 말할 수 없이 크
다고 할 수 있다. 다음에서 새로운 부호를 시험하여 본다. 여기서는
'ㅓ' 부호대신 'ㅏ'를 사용하였다. ə=ㅏ 의 등식도 무방함을 시험하기
위한 것이다.

단어	외래어 표기법	발음 부호	옳은 표기
badge	배지	bædʒ	예ㅃ워쥐
brandy	브랜디	brǽndi	ㅇㅂ랜 ㅇ디
brush	브러시	brʌʃ	ㅇㅂ랏쉬
bulldog	불독	búldog	얠 똑
bulldozer	불도저	búldðuzər	얠 또우ㅇ쟈 —
bumper	범퍼	bʌ́mpər	얨파 —
bungalow	방갈로	bʌ́ŋɡəlðu	얭가로우
director	디렉터	diréctər	ㅇ디렉타 —
disk	디스크	disk	여ㅣ스크
doctor	독터	dáktər	떡타 —
drama	드라머	drá:mə	ㅇㄷ라 — 마
dress	드레스	dres	ㅇㄷ레스
drum	드럼	drʌm	ㅇㄷ람

diana	다이애너	daiǽnə	ᅌᅡ이애나
gas	개스	gæs	ᅌᅢ스
golf	골프	gɔlf	ᅌᅩᆯ후
gram	그램	græm	ᅌᅳ램
guide	가이드	gaid	ᅌᅡ이드
gun	건	gʌn	ᅌᅡᆫ
joke	조크	dʒouk	ᅑᅩ우크
journal	저널	dʒə́ːrnəl	ᅑᅡ—날
jump	점프	dʒʌmp	ᅑᅡᆷ프
jungle	정글	dʒʌ́ŋgl	ᅑᅡᆼᅳᆯ
zigzag	지그재그	zígzæ̀g	ᅅᅵᅀᅳᅀᅢᅀᅳ
zipper	지퍼	zípər	ᅅᅵᆸ파—

5. 우리말에 엄연히 존재하는 ㄹㄹ(1) 소리

어느 월간지 표지에 '노대통령의 대 레임덕 방어전략'이라는 큼직한 제목이 나와 있었다. '레임덕'이 무엇일까 하며 2, 3초 동안 멈칫했던 필자는 저절로 나오는 웃음을 억제할 수가 없었다. 이 석자로 된 한 마디에 틀린 자가 두 자나 있었던 것이다. 첫자 '레'는 한글에서는 초성에 *l* 을 표기하는 방법이 없어서 그렇게 된 것이고, '덕'은 한국사람의 적당주의 산물인 ə=어 라는 등식에서 결과한 것이었다.

Lame duck이라는 말은 글자 그대로 불구(절름발이)가 된 오리라는 말이며, 정치용어로서는 "다음 임기에는 재선되지 못하고, 현임기가 끝날 때를 기다리고 있는 피선자, 즉 차차 권력이 줄어들고 있어, 제대로 자기 역할을 다하지 못하는 피선자."의 뜻임은 웬만한 사람이라면 다 알고 있을 것이다. 그러나 어떤 사람이 영어권 사람과 회화할 때 '레임덕'이라는 단어를 약간은 자랑스러운 듯이 썼다고 하자. 아마도 그 단어가 무엇인지 알아 듣는 미국사람은 몇 안될 것이다. '레임닥'이라고 했더라면 모두 알아들을 것이다. Duck hunting을 '닥한팅'이라고 하면 알아들어도, '덕헌팅'이라고 하면 '개사냥'으로 오해되기가 십상일 것이다.

일본사람은 *l* 자를 표기할 수도 없고 발음도 못 한다. 그래서 그들의 I love you는 I rub you가 되고 만다. rub라는 동사를 사전에서 찾아보면 '...을 문지르다, ...을 맞비비다, 비벼 없애다.' 등으로 뜻이 나와 있다. 함부로 숙녀에게 이런 말을 했다가는, 뺨이나 얻어맞을 것이고, 때에 따라서는 그 이상의 험악한 상태도 벌어질 수 있을 것이다.

중국사람들은 r 자 소리와 비슷한 권설음이 있긴 하지만 너무 거리가 먼 소리가 되어 안 쓰는지, 일본사람들과는 반대로 항상 r 를 *l* 로 발음한다. 그래서, 중국식당에서 웨이타―가 'Do you need more lice?'라고 물어오는 것을 종종 듣게 된다. 이 경우에 lice는 친절하게도 이(蝨) 한 마리를 표시하는 louse의 복수형이기도 하며, 한 그릇의 이와 rice는 모두 빛깔이 비슷하니 더욱 박진력이 있다. 이 이야기는 미국인 코미-디안에 의해서 가끔 이용되는 일이 있다. r 자와 ℓ 자의 혼용이 어떠한 오해를 초래할 수 있는가를 알 수 있는 예들이다.

우리는 r자와 ℓ 자를 모두 발음할 수 있다. '달리', '살리다', '몰래', '설립' 등과 같이 종성 ㄹ에 이어서 다음 자 초성에 ㄹ이 올 때는 그 초성은 ℓ로 발음된다. 단지 어떤 낱말의 첫자의 초성이 ℓ일 때는 표기 방법이 없다. 그래서 우리는 Long Island를 '롱아일랜드'로, lion을 '라이온'이라고 표기할 수밖에 없다. Long Island는 뉴욕 옆동네이기 때문에, 뉴욕에 사는 사람의 회화에는 자주 오르는 지명이다. 그런데, 한국사람들은 대학을 나온 사람도, 심지어 박사학위를 가지고 있는 사람도 예외없이 Rong Island로 발음한다. Rong이라는 단어는 없으니 자연히 이것은 Wrong Island(잘못된 섬)가 되어 버린다. 롱아일랜드(Wrong Island)에 러브스터(robster)를 먹으러 나가는 대신 롱 아이랜드(Long-Island)에 라브스타-(lobster)를 먹으러 나갈 수는 없을까.

Lions Club 모임에 초대되어 저녁을 같이한 일이 있다. 회원의 대부분이 의사, 박사, 사장들로 사회 지도층에 속하는, 학식이 풍부한 분들이었다. 이들 모두가 예외없이 라이온즈 클라브라고 발음하고 있었다. 미국 손님도 한 사람 와 있었는데 아마 '왜 모두들 Ryon's Club라고 하고 있을까.' 하고 의아하게 생각하고 있었을 것이다. 이 분들이 Lion의 철자를 모르거나 ℓ 소리의 발음을 못해서 그러는 것이 아니다. 날마다 눈으로 보고 귀로 듣는 것이 '라이온즈클럽'이기 때문에, 어느덧 거기에 길들여져서, 자기도 모르는 사이에 이런 발음을 하고 있는 것이다.

최근에 '억새바람'이라는 TV드라마를 대강대강 보았다. 여주인공의 하나인 부동산업에 종사하는 여인이 은행에 가서, 융자를 신청하는 장면이 몇 번 나왔다. 그 여인은 극중에서 영어를 가장 잘 하는 여인으로 묘사되어 있다. 그런데도 loan(loun)을 '로-ㄴ'으로 수차례 거듭 발음하고 있었다. 즉, loan이 아니고 roan(로-ㄴ)이라고 말하고 있었다. roan을 사전에서 찾아보니 '밤색에 흰색의 털이 섞인 말'로 되어 있다. 은행직원이 '말'을 꾸어 달라고 오해했을지도 모른다는 이야기가 아니다. 이 여인이 은행에 찾아간 유일한 목적이 loan인데, 그 가장 중 요한 단어를 엉터리로 발음하고 있고, 또한 영화 제작시에 그것을 지적 할 만한 스탭멤바ー가 단 한 명도 없었다는 사실을 지적하고 싶은 것 이다. 한국사람이 *l* 음에 대해서 얼마나 무감각한가를 단적으로 이야 기해 주는 예다.

지난 크리스마스 때 한국에 나갔었다. 93년 12월 23일 저녁 일곱 시 마포 아ー든호텔 라비에서는 10여 명의 예쁜 아가씨들이 크리스마 스 캐롤을 부르고 있었다. 흰 구두, 흰 치마, 빨간 부레이져ー, 흰 베 레이 모자라는 화려하고도 산뜻한 옷차림이었다. 그들은 트라이앵글, 탬버린 등의 간단한 악기에서 복잡한 전자악기에 이르기까지 모두 하 나씩 들고 있었다. 그것들을 훌륭하게 조작하며 노래부르는 아가씨들의 몸짓은 활발하면서도 우아하였다. 필자는 그들의 아름다운 노랫소리가 그칠 때마다 아낌없는 박수를 보내고 있었다. 드디어 크리스마스 찬가 에서는 빼놓을 수 없는 '고요한 밤'이 시작되었다. 그런데 이게 웬일인 가. 그들은 '사이렌 나잇. 호리나잇'이라고 부르고 있었다. 나는 옥의 티를 보는 것 같아 섭섭하였다. 그런데, '렌'이나 '리'는 이 경우에 모 두 둘째 음인데 왜 *l* 발음이 안 되었을까 하는 의문이 남았다. 즉, '싸일렌 나일 홀리나일'으로 될 수 있었을 텐데 하는 생각이었다. 그러 나 그 대답은 금방 나왔다. 독자도 악보를 보면 알 것이다.

한국에 나갔을 때 아침에 배달되는 신문에는 항상 전단이 끼여져 있 었다. 그 가운데, 한 장이 영어학원 광고였다. 위쪽에 커다랗게 인쇄된 '슈퍼러닝'이라는 넉 자가 눈에 들어왔다. 무슨 뜻인가 하고 잠시 망 설였다. "소포배달"과 같은 액센트로 '슈퍼러닝'을 읽으니 무슨 뜻인지

금방 알 수 있을 리 없다. super learning이라는 뜻을 안 것은 잠시 뒤
였다. 이 넉 자 가운데 옳은 글자는 마지막 글자 '닝' 뿐이다. 1991년
10월에 인쇄된 Sanseido의 콘사이스 영일사전을 찾아보면 발음부호가
súːpər/s(j)úːpə로 되어 있다. 이것은 즉, 미국 발음은 '수ー파ー'로
되고 영국 발음은 '수ー파'로 '파' 소리가 짧게 된다는 것이다. 'j' 부
호가 괄호 속에 들어 있는 것은 예외적으로 '슈ー'로 발음하는 때도 있
는데, 그래도 무방하다는 뜻이다. Oxford사전을 찾아보았다. 'su'는 's
o͞o'로 되어 있다. 즉, '수ー'라는 소리다.

　우리 금성교과서에서 펴낸 '컴팩트판 영한대사전'을 찾아보았더니
sjúːpər로 발음부호가 되어 있고, 그 뒤로 5 페이지에 달하는 super를
뿌리로 하는 낱말이 단 하나의 예외도 없이 모두 sjuːpər로 발음부호
가 붙여져 있었다. 필자는 마음속으로 '그랬었구나' 하고 지피는 것이
있었다. 즉, 항상 거의 모든 한국사람이 '슈퍼마켓'이라고 발음해서 왜
그럴까 하고 있었는데, 이런 사전 탓이었겠구나 하게 되었다. 예외발음
을 정통발음으로 만들어버린 것이 편찬자의 단순한 미스 때문이었는지
아니면 편찬자의 의식적인 표음이었는지는 모르겠지만, 그 결과는 이렇
듯 엄청나다. 수많은 사람이 이상한 발음을 하게 만든 것이다. 미국사
람으로서 '슈파'로 발음하는 사람은 백에 하나 있을까 말까다. super는
한국말의 '최고다'라는 탄사로도 많이 쓰이는데 한국사람들이 '수ー파
ー!'라고 하는 대신 '슈ー파ー'라고 김빠진 발음을 하게 된 것은 유감
이다. 또한 한 번 그릇되게 익힌 발음은 좀처럼 고치기가 힘드는 법이다.

　'퍼'와 같은 ㅓ 소리가 영어에 없다는 것은 누차 말했으니 더이상 부
연하고 싶지 않다. '러'의 경우는 ㅓ의 문제에 겹쳐서 이 장에서 취급
하고 있는 ℓ과 r의 문제이다. '러닝'은 running의 '정확한 한국 외래
어 표기법'식 표기이다. 즉, '뢔ー닝'(학습)이라는 원래의 소리는 어느
새 '뜀박질'이라는 뜻의 말로, 그것도 라닝도 아닌 한국식 표기의 '러
닝'으로 둔갑했다. 여기에다 덧붙여 슈, 퍼, 러 모두 장음인데도 불구하
고 그것이 전연 반영되어 있지 않으니 '슈퍼러닝' 넉 자의 표기에 무려
6 개의 잘못이 저질러진 셈이다. super learning은 마땅히 '수ー파ー

러―닝'으로 표기되어야 했다. '랴―닝' 대신 '라―닝'으로 해도 무방하다. '러'보다는 백 배 낫다.

필자는 우리 어린 학생들이 '슈퍼러닝'이라는 말을 제대로 된 영어 발음으로 받아들이고 있는 것이나 아닌가 걱정된다. 영어학원에서 영어의 틀린 표기를 버젓이 하고 있으리라고 어찌 어린 학생들이 생각할 수 있겠는가. 이런 무지막지한 영어나 외국어 표기는 지금 한국사회에 범람하고 있다. 이런 것이 영어를 배우는 이들에게 그 첫걸음에서부터 틀린 발음을 배우게 할 것임은 물론이려니와, 그것보다도 더 염려되는 것은, 영어발음에 관한 가치관 자체가 흔들리게 되지 않을까 하는 것이다. 몇 군데서 벌써 언급했고, 또 앞으로도 언급하겠지만, 혹 이런 관습에 젖어 한국사람은 차차 말의 발음은 우물쭈물, 이렇게 해도 저렇게 해도 무방한 것이라는 생각을 은연중 갖게 될 것 같다. 사실은 그런 것이 아니다. 모든 나라의 말은 엄격한 발음규칙을 가지고 있고 우물쭈물이 허용되는 한계가 있다.

신문에 '해양(海洋) 레저랜드'라는 큼직한 제목이 붙은 기사가 나와 있었다. '레저랜드'를 이해할 미국사람은 하나도 없다고 단언할 수 있다. '레쟈―랜드'라고 하면 그렇게도 정확한 표기가 되는데, 조그마한 노력으로 할 수 있는 이러한 일을 생각조차 않는 이유를 알 수가 없다.

위에서 언급한 대로 한글이 첫자의 초성 l 을 표기 못하는 데서 오는 또 하나의 부산물이 있다. 그것은 한국사람의 머리에서 l 과 r이 아예 뒤죽박죽이 되어 있다는 것이다. 뉴욕 한국방송 뉴스시간에 아나운서―가 헨리 킷신쟈―를 헨리 키신쟈―로, Rockfeller Center를 '락크펠러센터'로, Russia를 '러시아'로, Route 4를 '루트후오'로, Uruguai Round를 '우루과이 라라운드'로 발음하는 등, r와 l 이 완전히 혼동된 발음을 심심치 않게 들려 주고 있다. 얼마 전에 한국에 나갈 때 기장의 영어 아나운스만트에, arrival time이 '아라이발 타임'으로 발음되는 것도 들었다. 이것은 모두 한글이 r와 l 을 명백하게 구별해서 표기하지 못하는 데서 오는 혼란이다.

이러한 사실들은 우리에게 표기방법이 없을 때 초래될 수 있는 사태를 단적으로 말해 주고 있다. 처음에는 *l*을 r로 발음하는 데서 시작한다. 그때의 듣는 상대는 주로 한국인 동료나 친구이니까 아무 어려움 없이 이해된다. 그것은 차차 *l*에 대한 무신경 무관심을 조장하고, 드디어는 r를 *l*로 발음하는 사태에까지 이르게 한다. 이 모든 것은 우리에게 *l*을 표기하는 문자가 없다는 사실에서 기인한다.

l 낱말	외래어표기법 (*l*, r 공용 가능)	발음부호	옳은표기	뜻	r낱말	뜻
lace	레이스	leis	레이스	끈	race	경주
lack	래크	læk	랙크	결핍	rack	선반
lag	래그	læg	래으	치연	rag	걸레
lake	레이크	leik	레이크	호수	rake	갈퀴
lamp	램프	læmp	램프	등잔	ramp	진입경사도
lane	레인	lein	레인	골목길	rain	비
list	리스트	list	리리스트	목록	wrist	손목
lap	랩	læp	랩프	무릎	wrap	포장하다
laser	레이저	léizər	레이자ー	레이저	razor	면도
late	레이트	leit	레이트	늦은	rate	비율
law	로	lɔ:	로로ー	법	raw	날(生)것
leader	리더	líːdər	리ー다ー	지도자	reader	독자
legal	리걸	líːgəl	리ー갈	합법적	regal	국왕의
legion	리젼	líːdʒən	리ー젼	군단	region	지역
lent	렌트	lent	렌트	사순절	rent	집세
light	라이트	lait	라이트	빛	right	옳은
load	로드	loud	로로우드	짐(싣다)	road	길
loom	룸	luːm	루ーㅁ	배틀	room	방
lust	러스트	lʌst	래스트	갈망	rust	녹(슬다)

ℓ 음을 표기할 방도가 없는 데서 오는 우리나라 사람들의 발음이 바보스럽게 들리는 것도 우리가 하루 속히 ℓ 음 표기방법을 마련하여야 할 이유이지만, 그밖에도 ℓ과 r의 혼용은 많은 오해를 일으킬 소지가 있다. 그러한 단어들을 전 페이지에 제시하는 동시에 'ㄹㄹ'부호를 사용해서 옳은 표기법을 제시하였다. 오른쪽 끝에는 ℓ 소리가 r 소리로 발음될 때 완전히 다른 뜻의 낱말이 된다는 것을 예시한 것이다. 물론, 현행 외래어표기법에 의한 표기는 ℓ과 r 양쪽에 사용할 수 있는 편리한, 그러나 한심한 표기법이다.

위의 예에서는 ℓ이나 r 자로 시작되는 낱말만 예로 들었는데, ℓ이나 r 자가 중간에 있으면서 혼란을 일으킬 수 있는 경우도 많다. 어떤 코-휘 샾에 들렸더니 가격표에 'Bland Coffee'라는 것이 보였다. 'Brand Coffee'라면 '상표가 있는 유명품종의 코-휘'라는 뜻이다. 'Bland'라면 유순한, 온화한과 같은 뜻인데 '자극성이 없는 즉 아무맛도 없는' 음식을 표현하는데 더 자주 쓰인다. 이 집 주인이 자랑스럽게 사용한 영어단어는 정반대의 효과를 가져온 것이다. 이것도 우리에게 ℓ과 r를 분명하게 표기할 수 있는 방법이 없는데서 일어나는 혼란이다.

우리나라 사람들이 이 문제를 전연 모르고 있거나 이 문제에 무관심한 것이 아니다. 94/5/10일자 조선일보의 '국제화시대 영어 한마디' 난에 'Let's cut down garbage'라는 제목이 보였다. 거기에 토를 달기를 '을렛츠 캇 다운 가아비지'라고 하였다. 초성에 오는 ㄹㄹ소리를 표기하기 위해서 '을'이라는 있어서는 안 될 글자를 넣었다. 태반이 그냥 무시해 버리는 환경 속에서 그 노력이 가상하다. 그러나, 이것은 긁어서 부스럼을 또 하나 만드는 격이 아닐까.

독자들은 여기에 이르기까지 필자가 자주 'ㄹㄹ' 부호를 사용하는 것을 알고 있었을 것이다. 이 'ㄹㄹ' 부호는 자그마한 추리력을 가지고 있는 사람에게는 일언반구의 설명조차 필요 없을 정도로, 그 부호가 대표하는 소리가 명백하게 이해될 것이다. 그것도 지금 새삼스럽게 만들어지는 것이 아니고, 세종대왕이 이미 만들어 놓은 테두리 안에서 순리로 이루어지는 부호라고 할 수 있다. 우리는 이 'ㄹㄹ' 부호를 오늘 당장 사용할 수가 있다. 우리가 새로운 부호를 만들어서 사용할 때의 수고와 거기서 얻는 효과를 일본사람의 경우와 비교하여 생각하여 보자.

첫째, 일본사람들은 'ㄹㄹ'이라는 소리가 없으므로 이 소리에 대한 나름대로의 정의를 내리고 일본사람들의 입과 귀를 훈련시켜야 한다. 둘째, 이제까지 없던 소리를 표기하기 위한 글자를 택하는 것이므로 전혀 새로운 부호를 창조하여야 한다. 셋째, 일본문자는 자모음이 이미 합쳐져 있는 글자이므로 라, 리, 루, 레, 로 다섯 자를 전부 새로 만들어 내야 된다. 이 경우에 일본글자는 자음 모음이 따로 되어 있는 것이 아니기 때문에, 한글의 경우와 같이 한 가지 자음에다 기왕 있던 모음부호를 갖다붙이는, 그러한 단순한 작업이 아니다. 마지막으로 이렇게 힘들게 만들어진 다섯 개의 글자는 그들에게 겨우 다섯 개의 새로운 소리를 가져다 줄 뿐이다.

우리의 경우는 첫째 작업은 생각할 필요도 없고, 둘째 작업도 하나마나의 쉬운 일이고, 셋째 작업은 부호 한 개만을 만들면 되는 일이고, 마지막으로 이 한 개의 새로운 부호는 수십 개의 새로운 음절을 자동적으로 만들어 낸다. 세종대왕은 우리에게 그때 그 당시의 모든 소리를 표기할 수 있는 글자와 함께, 미래의 문자생활에 무한한 가능성을 부여하셨다. 이 무한한 가능성을 깨닫지도 못하고, 따라서 이용도 못하고 오히려 악용만 일삼는 우리를, 그분은 아마도 무척 답답한 마음으로 내려다보고 계실 것이다.

6. 장음 부호 한 개를 못 쓰는 좁은 마음

1) 2중 모음으로 된 장음

우리나라 사람들은 장음이라고 하면 흔히 아ー트, 티ー, 코ー스와 같은 단음의 장음만을 생각한다. 그러나 외국에서는 아이스(ㅏ+ㅣ), 페인트(ㅔ+ㅣ), 카우(ㅏ+ㅜ), 아이(愛ㅏ+ㅣ) 등의 2중모음, 그리고 iao, iou, uai, uei 등의 삼중모음도 당연히 장모음으로 취급한다. 그러나, 불행하게도 우리글에는 장음을 표시하는 부호가 없어서 우리의 일상생활에서 장음이 잊혀진 지가 오래다. 뿐만 아니라, 우리는 전통적으로 2중모음이나 3중모음을 줄여 단모음으로 만들어왔다.

중국어의 ai(愛)는 '애'로, hao(好)는 '호'로, tai(太)는 '태'로, xiao(小)는 '소'로 우리나라에서는 사정없이 단음화해 버렸다. 우리 고유의 말들도 '보아'는 '봐'로, '기어서'는 '겨서'로, '두어'는 '둬'로, '어린아이'는 '어린애'로, '저애'는 '쟤'로 줄이기를 좋아한다. 이것은 세종대왕이 우리에게 너무 많은 소리글자를 만들어 주셔서 그런지, 우리나라 사람들의 천재적인 음성복합 능력 탓인지 연구해 볼 문제이다.

여기에 2중모음의 단음화와 장음의 생략이 동시에 일어나는 예를 들겠다. 필자가 살고 있는 뉴ー요ー크의 쿠위ーㄴ즈 구는 한국신문이나 모든 간행물에 영낙 없이 '퀸즈' 구로 표기된다. Quiz의 경우와 같이 '이'가 단음일 경우에는 영어에서도 '쿠'와 '이'가 합쳐져서 '퀴'가 되어서 이 단어는 '퀴즈'가 된다. 그러나 '쿠' 다음에 ee와 같이 장모음이 따라올 때는 그 장모음을 분명하게 발음하기 위해서 '쿠'가 살아나서 '쿠이ーㄴ즈'가 된다. 영어공부를 하는 사람들이 2중모음과 장모음에 주의해야 될 점이다.

필자가 미국에 처음 왔을 때, 지하철을 타려고 토우큰을 사는데 "화이부 푸러ー즈"라고 하였더니, 직원이 "하우메니?" 하고 되물어 왔다.

"화이부"라고 자그마치 세 번이나 되풀이한 다음에야 "아ㅡ! 화ㅡ이브" 하며 일부러 '화ㅡ'라고 길게 뽑으면서 다섯 개를 건네 주었다. 필자가 'ㅏ'와 'ㅣ'를 너무 빨리, 즉 두 개의 모음(화+이)을 한 개의 음절 길이로 발음했기 때문에 못 알아들었던 것이다. 필자가 만약에 '회부'라고 했었더라면 이 친구 아마 기절했을 것이다. 우리나라 사람들이 외국어, 특히 영어와 중국어를 배울 때는 2중모음을 길게 발음하도록 특히 주의해야 할 것이다. 일본사람들이 이 점에서는 우리보다 훨씬 예민한 감각을 가지고 있다. Coca Cola가 일본말에서는 コーカ コーラ (코ㅡ카 코ㅡ라)로 표기되지만 우리 외래어 표기법으로는 '코커 콜러'가 되어 버리고 만다. 발음부호를 보면 kóukə kóulə이며 이 ou는 2중모음이기 때문에 '코우카 코울라'로 표기해야 된다. 우리 외래어 표기법에 의한 '코커콜러'는 말도 안되는 표기이며 차라리 "코ㅡ카 코ㅡ라"로 표기하면 거의 완전한 발음이 된다.

미국의 지대구획제(地帶區劃制)를 말하는 zoning(발음부호 zouning)은 일본에서는 ゾーニング(조ㅡ닝구)로 표기되는데 우리는 '조닝'이라고 표기한다. 이 경우에 일본말 표기는 꽤 정확한 편이지만, 우리 표기는 정체불명의 말을 생산해 냈다. 우리도 '조우닝' 또는 최소한도 '조ㅡ닝'으로 표기하여야 한다. 한국사람들 사이에 인기가 있는 Polo 상표는 발음부호는 poulou이니, '포우로우'라고 2중 모음으로 발음해야 한다. 최소한 '포ㅡ로ㅡ'라고 표기하는 정도의 언어감각이 있어야겠다.

영어를 배우는 사람들을 위해서 참고로 말할 것은 영어의 o 자는 '오ㅡ'로 발음될 것 같은데 '오우'(ou)로 발음된다. aw나 au는 우리 생각으로는 w나 u자 때문에 ou 소리가 될 것 같지만, 실제로는 ɔ: (오ㅡ)로 발음된다. 영어를 배울 때 o=오우, aw 또는 au=오ㅡ라는 것을 명심해야 될 것이다. 이 경우의 '오우'도 장음이며 우리글로 표기할 때는 '오우'로 표기해야 할 것이다. 차선의 방법으로 '오ㅡ'로 표기해도 무난할 것이다. 같은 예로서 poll(투표, 여론조사)은 '포울'로, post(우편, 직책)는 '포우스트'로, stroke(뇌일혈, 타격)는 '스트로우

크'로 발음해야 한다. 우리 외래어 표기법에 의하면 '보트'나 '코트'로 표기하는 boat나 coat도 '보우트'나 '코우트'로 발음해야 한다. '코트'나 '보트'가 일상생활 회화에 섞일 때 그것을 알아들을 미국사람은 없다. 일본사람들이 ボート(보-또)나 コート(코-또)와 같이 장음으로 표기하는 것은 참으로 현명한 태도이다. 어떤 사람은 지나치게 세심할 필요가 있느냐라고 할 것이다.(사실, 한국사람으로서 이렇게 정확한 표기법을 사용한 사람은, 필자의 한정된 경험으로는 주요한 선생뿐이었다.) 지나치게 세밀하게 천착한다고 평하는 사람에게 필자는 이렇게 반문하고 싶다. "그러면 당신의 말은 cow(카우)를 '카'로 발음해도 괜찮다는 말입니까."라고 말이다.

2) 한·일 두 나라의 장음 표기

service는 한국이나 일본에서 가장 흔히 사용되고 있는 외래어의 하나이다. 우리 사전을 찾아보면 '봉사, 예배, 공헌' 등으로 번역되어 있다. 그 어느 말도 우리가 '싸-뷔스가 좋은데' 할 때의 감각을 정확하게 전달하지 못한다. 그래서 우리는 이 말을 '서비스'라고 표기하고 일본에서는 'サービス'(사-비스)라고 표기해서 자기말같이 사용하고 있다. 이 경우에 일본 표기가 더 정확한 것은 말할 필요도 없다. 미국사람들은 'サービス'는 알아들어도 '서비스'는 알아듣지 못할 것이다. '서'라는 소리도 이상하지만 문제는 우리말에는 장음이 빠졌다. '싸-뷔스'라고 표기를 할 수 있는데도 하지않는 심정을 이해할 수가 없다.

요즈음 '코디네이터'라는 단어가 가끔 눈에 띈다. 처음에는 무슨 뜻인가 하였는데 coordinator 즉 '조정자'라는 소리였다. 한국도 이제는 사회가 무척 복잡해져서 이런 역할을 담당하는 전문직이 생긴 모양이다. 일본에서는 이 단어를 コオーディネーター(코오-디네-타-)로 표기한다. 필자는 여기서 일본사람들이 정확한 표기를 하기 위해서 얼마나 노력하고 있는지를 엿볼 수 있어 감탄을 금할 수가 없다. nator

를 ネータ-(네-타-)라고 표기해서 2중모음의 장음화를 다짐하고 있는 데는 간지럼마저 느낀다. 코우오-디네이타-.

중학교에서 영어를 배우기 시작할 때 영어 선생이 "father(fá:ðər) 는 아버지, 아버지는 키가 크니까 '화-다-'로 길게, mother(mʌðər) 는 어머니, 어머니는 아버지보다 작으니까 '마다-'로 '마'를 짧게 하라"고 가르쳐 주었다. 지금 생각하면 그렇게도 간단명료한 설명이 그 때에는 왜 그렇게도 마음에 와 닿지 않았는지 모르겠다. 그것은 한국사람들의 장음에 대한 무신경 내지는 무감각 탓이었으며, 그 무신경은 부호의 부재에서 오는 것이었다. 미국사람들이 실제로는 자기들이 발음하고 있는 'ㄲ'와, 'ㅋ' 또는 'ㅅ'와, 'ㅆ'의 차이를 이 쪽에서 깨우쳐 주는 일이 쉽지 않다는 것과 같은 것이라고 생각한다.

한국과 일본의 신문·잡지, 기타 간행물에 사용되는 외래어 표기를 비교해 보면 일본 표기가 오히려 훨씬 더 정확할 때가 많다. 이것은 한국사람들의 무신경이라고 할 정도의 적당주의와, 일본사람들이 모자라는 글자로나마 잘 이용해서 정확하게 표기해 보려는 완전주의의 차이에서 오는 결과이다. 그러나, 무엇보다도 중요한 이유는 일본사람들이 장음부호를 사용하고 있다는 사실이다. 몇 가지 예를 들어 생각해 보자.

외래어표기법	일본 표기(한글)	정확한 표기
저널	ジャーナル(쟈-나루)	9쟈-날
아치형(型)	アーチ型(아-치型)	아-치형
마천다이저	マーチャンダイザー(마-챤다이자-)	마-챤ㅇ다이ㅇ쟈-
알람	アラーム(아라-무)	아라-ㅁ
조인트벤처	ジョイントベンチャー(죠인또벤챠-)	죠인트뻰챠-
휴스턴	ヒューストン(휴-스톤)	휴-스탄(지명)
파티룸	パーティルーム(파-티루-무)	파-티루-ㅁ
워터	ウオーター(우오-타-)	우오-타-
코치	コーチ(코-치)	코우취
코트	コート(코-또)	코우트
코스트	コースト(코-스또)	코우스트

카풀　　　　　　　カ－プ－ル(카－푸－루)　　　　　　카－푸－ㄹ

　현행 외래어 표기법에 의한 마천다이저, 카풀, 조인트벤처 등은 정말
로 웃기는 표기들이다. 이들이 웃기는 표기가 되어 버리는 이유는 주로
장음을 무시한 데서 온다. 바람직한 표기로서, alarm을 '아라－ㅁ'으
로 표기하든가, room을 '루－ㅁ'으로 표기하는 것은 주시경 선생의 한
글 풀어쓰기가 이루어지기 전에는 사실상 불가능한 일일지 모른다. 지
금으로서는 아라암, 루움 등으로나 표기해야 할 것이나, 이것이 만족스
러운 표기라고는 말할 수 없다.

　필자는 사실 주시경 선생의 풀어쓰기가 하루속히 실현되기를 바라고
있다. 캄퓨－타－정보화 시대에 한글풀어쓰기가 우리에게 가져다 줄 혜
택이 얼마나 클 것인가는 반생을 캄퓨－타－와 살아온 필자로서는 너
무나 잘 알고 있다. 우리나라의 장래를 위해서 우리 후손을 위해서 풀
어쓰기가 하루속히 이루어지기를 바라는 마음 간절하다. 한가지 여기서
알 수 있는 것은, '루－ㅁ'같은 표기는 주시경 선생의 풀어쓰기를 외래
어표기에서나마 부분적으로 앞당겨 실천하는 셈이 된다.

　풀어쓰기가 이루어지기 전이라도 우리 한글의 합리적인 구조는 위에
쓴 대로 '루－ㅁ' 같은 형식으로 장음표시를 충분히 가능하게 한다. 이
것은 우리 글의 초성, 중성, 종성의 엄격한 구분과, 합리적 구성 때문
에 가능한 것이다. 종래 우리가 써 온 것과는 좀 달라서 이질감을 줄지
는 모르나, '미－팅'을 '미팅'으로, '푸－ㄹ'을 '풀'로 표기하는 것보다
훨씬 정확하고 합리적인 표기가 됨은 의심의 여지가 없다. 이것은 처음
에는 외래어 표기에만 사용될 것이나, 장차는 '기－ㄹ다', '머－ㄹ다',
'가－ㅁ감하다' 등으로 우리 토박이말의 장음을 표기하기 위해서도 사
용되는 날이 올 것이다. 또한 장음 낱말과 단음 낱말의 상이한 표기는
많은 동음딴뜻말을 줄이는 데도 커다란 역할을 할 것이 틀림없다.

　원래 일본에서는 'ありがとう', 'ふうとう', 'どうじょう(道場,同
情)'와 같이 'う'자를 첨가함으로써 장음을 표시하였고, 이것은 그들
의 자생어의 경우 지금도 계속 사용되고 있다. 한국에서도 어떤 이는

같은 소리의 모음을 한 자 더 붙여서 장음을 표기하기도 하는데, 여기에는 좀 무리가 있는 것 같다. jean의 외래어 표기법에 의한 표기는 '쟌'인데, 이것을 '지인'이라고 하면 '아는 사람(知人)'이 될 수도 있다. 즉, 어떤 경우에 '인'이 '지' 소리의 연장이 되는 것인지, 또는 따로따로 발음되는 소리인지 알 수가 없다. 이 경우에 '인' 자를 작은 글짜로 인쇄하는 방법은 가능하다. 일본사람들은 외래어 표기에 있어서는 '一' 부호를 장음부호로 쓰는데, 형체상으로도 장음을 표시하는 데 그 이상 적합한 부호가 있을 수 없다. 우리도 같은 부호를 채택하여 사용하는 데 아무 주저할 필요가 없다고 본다. 사실 이 부호는 우리나라에서도 벌써부터 사용되고 있는 것을 종종 목도하였는데, 하등 이상하게 느껴지지 않았다. 다만 우리 맞춤법에서 채택한 줄표나 붙임표와 상충될 가능성이 있는데 줄표는 '一一'와 같은 부호가 더 합당한 것 같으니 이것으로 대치하고, '一' 부호는 장음부호로 사용하는 것이 장음의 중요성을 생각해서도 타당한 것으로 생각된다.

장음부호 '一'는 일본에서 사용하는 부호라는 이유 하나만으로 절대로 사용해서는 안 된다는 주장을 하는 이가 있다. 이것은 좁은 소견이며, 지나친 애국주의의 소산이라고 생각된다. 더구나, 장음부호가 배우기 힘들다는 데 이르러서는 그들의 지능수준을 의심하게 된다. 주은래가 앨화벨은 어떤 한 민족의 점유물이 될 수 없다고 했듯이, 우리도 장음부호 '一'같이 단순명료한 부호는 국적을 따질 필요도 없이 주저말고 사용해야 한다.

이 장음부호 사용은 콤퓨一타一화하는 데도 아무 지장이 없을 것으로 본다. 아래아 호글 프로그램을 사용해 본 사람은 종성의 자음부호는 물론이고 초성의 자음부호도 일단은 그 직전에 타자한 중성부호 밑에 붙어서 종성부호로서 머물러 있다가, 다음에 타자되는 부호가 모음일 때에는 다음 자의 모음 위로 옮겨져서, 그 글자의 초성이 되는 것을 보았을 것이다. 이것은 타자된 자음부호는 다음에 오는 부호가 중성모음 부호냐 초성자음 부호냐에 따라서 다음 글자의 초성이 되느냐 또는 첫 글자의 종성이 되느냐가 결정된다는 것이다. 이것은 한글의 엄격한 초, 중, 종성의 조직에 따른 구성원칙 때문에 가능해지는 것이다.

장음부호는 항상 중성모음 부호 다음에 오게 된다. 이렇게 그 위치가 확정되어 있는 장음 부호는 중성의 연장으로서만 존재한다. 이런 까닭으로 장음 부호는 기존의 한글 구성 원칙을 조금도 혼란하게 함이 없이, 기존 체계 속에 원만하게 수용, 활용될 수 있다. 다시 말하면 기존의 쏘후트웨아는 장음부호를 아무 어려움 없이 수용할 것이다. 이것은 우리로 하여금 아무 주저없이 장음 부호를 채택할 수 있게 해 주는 또 하나의 현실적 조건이 된다.

여기서 잠깐 영어의 장음낱말과 그와 비슷한 단음(短音)낱말을 비교하여 장음낱말이 단음으로 발음될 때, 어떤 오해를 일으킬 수 있는지 생각하여 보자. 영어에서 장단음은 부차적인 문제가 아니고 일차적인 문제임을 깨달을 수 있을 것이다.

장음 단어	발음	뜻	단음 단어	발음	뜻
beat	애ㅡ트	치다	bit	애빝	작은조각
cheek	취ㅡ크	뺨	chick	췩크	병아리, 젊은 여자
cheap	취ㅡ프	값싼	chip	췹	반도체 칩
eat	이ㅡ트	먹다	it	잍	그것
read	리ㅡㄷ	읽다	rid	리드	없애다
food	후ㅡㄷ	음식	foot	훝	발
feet	휘ㅡ트	발	fit	휕	발작, 맞추다
dark	아다ㅡ크	어둡다	duck	약	오리
green	으리ㅡㄴ	녹색의	grin	으린	이를 뵈며 웃다
reach	리ㅡ취	도착하다	rich	릿취	부유한
deep	으디ㅡ프	깊은	dip	딮	잠깐 담그다
beach	애ㅡ취	해변	bitch	앳취	암캐
fool	후ㅡㄹ	바보	full	훌	가득한
party	파ㅡ티	사교뫃임	putty	팥티	파티, 연마제
meet	미ㅡ트	만나다	mitt	밑트	(야구의)밑트
meat	미ㅡ트	고기	mitt	밑트	(야구의)밑트
heat	히ㅡ트	열, 더위	hit	힜트	치다

pool	푸ー르	바보	pull	풀	당기다
eel	이ー르	장어	ill	일	탈 난
.meal	미ー르	식사	mill	밀	방아간
heater	히ー타ー	난방기	hitter	힛타ー	치는 사람
seek	씨ー크	찾다	sick	씩크	병든

3) 우리말에도 장음이 있다

외과의사 박건춘 박사가 언젠가 미국에 학회 참석차 왔을 때, 한글에
관한 이야기가 벌어졌는데, 그 당시의 필자로서는 깜짝 놀랄 만한 이야
기를 들었다. 한글에도 엄연히 장음이 있다는 것이었다. 박박사는 한국
에 돌아가자 곧 어떤 책에서 오려낸 글을 한 장 보내왔다. 그 속에는
필자가 자신의 무식을 한탄할만한 글이 실려 있었다. "서울말/표준말
발음에서 긴 음은 짧은 모음의 2배 내지 2.5 배 길다. 모음의 길고 짧
음은 혼동해서도 안 되지만 그렇다고 긴 모음을 너무 과장해서 짧은
것의 3 배 이상 길게 하면 부자연스럽게 들린다."라는 전문(前文)과
함께 21 개의 예가 기재되어 있었다. 그중에서 몇 가지만 추려서 다음
에 적는다.

	단음	장음		단음	장음
감사	監査	感謝	강화	強化	講和
감수	甘受	減數	개	개(浦)	개(犬)
감정	鑑定	感情	개관	開館	槪觀
감투	감투	敢鬪	개명	開明	改名
강구	江口	講究	개발	開發	개발(犬足)
강권	強權	強勸	개성	開城	個性
강도	強度	強盜	눈	눈(目)	눈(雪)

필자는 하도 신기해서 혹시나 하면서도 금방 민중서관의 엣센스 국어사전과 동아출판사의 새국어사전을 뒤져 보았다. 그 결과 그것은 사실로 밝혀졌다. '발음의 표시'라는 곳에 "길게 발음되는 음절은 그 글자 오른편에 (:)표를 질렀다. 보기: 벌:리다, 기:나긴, 가:능"이라는 것을 발견했을 때 나는 한편으로는 어리둥절하였고, 또 한편으로는 커다란 실망을 느끼지 않을 수가 없었다.

사전의 페이지를 넘기면서 자세히 살펴볼 때 한숨이 저절로 나오는 것이었다. 어떤 페이지에서는 전체 낱말의 반수 이상이 장음으로 되어 있었고, 어떤 경우에 장음이 되고 어떤 경우에 단음이 되는 것인지 아무런 원칙을 발견할 수가 없었다. 어떤 천재가 모든 장음 낱말을 따로 기억하여 장음으로 정확하게 발음할 수 있을까 하는 것이 필자의 첫째 걱정이었다. 둘째로는 학자적 양심으로서는 도저히 사용할 수 없는 표기 방법이 아무 거리낌 없이 사용되고 있었다. '광:석 검:파(鑛石檢波)'를 생각해 볼 때 정확한 표기는 '과:ㅇ 석 거:ㅁ 파' 즉 '과ー0 석 거ーㅁ 파'가 되어야 한다. '광:석'은 '광ー석'이지 '과ー0 석'이 아니다. '가ーㅁ정'이라는 발음은 가능해도 '감ー정'이라는 발음은 불가능하다.

영어에서도 food(후ー드)와 foot(훝)의 경우와 같이 같은 "oo"가 장음도 되고 단음도 될 수 있다. 그러나, foot의 경우에는 끝소리 파열음이 오기 때문에 이때의 'oo'는 자연적으로 짧은 소리가 된다. 이렇게 영어의 경우에는 표기의 차이나 전후의 소리에 따라서 자연적으로 장단음의 구별이 되는데, 우리글의 경우에는 도대체 아무런 근거나 원칙이 없이 "옆집 갑돌이가 하는 대로만 하면 된다."라고 말하고 있는 것 같다. 같은 '强'자가 强權·强度에서는 '강'이 되고 强勸·强盜의 경우에는 '가ー0'이 되어야만 하는 이유를 어떻게 설명할 수 있을 것인지 궁금하다.

소리가 있으면 글자가 있어야 한다는 것은 이미 지적한 바 있다. 글자로써 표기될 수 없는 소리는 있을 수도 없고, 혹시 있어도 언제가는 없어질 운명에 있다. 우리에게 장음부호 사용이 금지되어 있는데도 불구하고 우리에게도 장음이 있다고 하는 것은 정신 감정이 필요할 정도로 앞뒤가 맞지 않는 말이라고 생각된다. 우리가 읽는 책에 ' : '표가 찍혀 있는 것도 아니고, 한 주일에 한 번 찾아 볼까 말까한 사전에다 ' : '표를 찍어 놓은 것만 가지고 '짧은 모음의 2배 내지 2.5배 길이'의 긴 모음의 정확한 발음을 기대한다는 것은 정신이 좀 이상해진 사람의 말로밖에 들리지 않는다. 더군다나 ' : '부호는 '―'부호보다 더욱 생소한 부호인데 ' : '부호가 대표적인 사전에 버젓이 사용되고 있다는 사실은 장음부호 사용을 금지하는 외래어 표기법을 무색하게 만들고 있다. 더구나 ' : '부호는 그 형체에 있어서 '―'부호의 상형적 가치에 비할 바가 못된다. 온전한 이성으로서는 도저히 이해할 수 없는 일이 전개되고 있는 것을 볼 때, 이것은 외래어 표기에 관한 문제만이 아니고, 우리들의 정신위생을 위해서도 시정되어야할 문제라고 생각된다.

이렇게 현실과 유리된 황당무계한 장음 이론이 지배하고 있는 한국말에 진정한 장음이 있을 리 없다. 화창한 늦봄 어느날 필자는 이런 일을 경험했다. 앞뜰에서 잔디밭의 잡초를 뽑고 있었다. 필자의 온 신경은 손끝에 집중되어 있었고 머리는 온통 비어 있었다고나 할까. 무심코 풀을 뽑고 있는 필자의 귀에 어떤 절박한 사태하에서 급히 주고받는 듯한 소리가 들리는 듯하였다. 막연히 누군가가 싸움을 하고 있나 생각하며 그냥 풀을 뽑고 있다가, 문득 정신이 들어 주위를 살펴보니, 열린 창문으로 새어나오는 한국 TV방송에서 들려오는 소리였다. 어떤 장면이기에 저럴까 하고 집안으로 들어와 보니, 평범한 가정드라마의 평화스러운 한 장면이었다. 잔잔한 일상생활의 대화가 마치 싸움이나 하고 있듯이 귀를 두드리니, 장음도 탁음도 류음도 없는 우리말은 외국사람들에게 무척 각박한 말로 들리겠구나 하는 생각이 들었다. 이해하지 못하는 외국말은 원래가 빠르게 들리는 법이므로, 외국인이 우리말을 들을 때는 정말 싸움이나 하고 있는 것으로 들릴지 모른다.

4) 문교부 고시의 장음 부호 사용 금지

적당주의의 극치라고 할 수 있는 우리나라의 장음 취급에는 실망하였지만, 필자가 실망감보다 절망감에 가까운 것을 느낀 것은 문교부고시 외래어표기법 제1절 제7항에서 '장모음의 장음은 따로 표기하지 않는다.'라는 글을 읽었을 때였다. 그 해설은 다음과 같다.

"제7항에는 장모음은 따로 표기하지 않는다고 규정하고 있다. 국어에도 밤(栗) : 밤(夜), 눈(眼) : 눈(雪)과 같이 장음 유무에 따라 의미 분화가 이루어지는 예가 허다하며 장음으로 발음하지 않으면 뜻이 통하지 않는 많은 한자어가 있는데 이를 따로 표기하지 않는다. 따라서 외래어의 장음을 표기하자면 장음부호를 따로 만들어야 하는데, 이것은 국어의 현용 24 자모 이외의 글자나 부호를 만들어 쓰지 않는다는 제1장 제1항의 정신에 어긋난다. 물론 새로운 부호를 쓰지 않고 같은 모음을 겹쳐 적음으로써 장음표기를 할 수 있다. 그러나 이것은 별도의 음절을 이루는 것이므로 장음 표기로 적당하지 않다. 그뿐만 아니라 국어에서는 장음이 첫째 음절에서만 발음되는 경향이 있어서 둘째 음절 이하의 장음 표기는 지켜지지 않을 것이다. 따라서 장음 표기 규칙은 실효를 거두기 어렵다. 이런 까닭으로 장음 표기는 아예 하지 않기로 한 것이며 이 규정은 모든 외래어에 적용된다."

필자가 이것을 읽고 커다란 절망감 같은 것을 느낀 이유는 처음에서 끝까지 문제를 부정적인 시각에서 보고 있다는 것이다. '장음 부호를 따로 만들어야 하는데'라고 하면서 필요성을 인정하는 듯한 어조였다가도 곧이어 다음에는 더욱더 강한 부정으로 이어진다. 전체 문장을 통해서 적극적으로 해결책을 모색하는 자세는 조금도 보이지 않고 마지막의 '아예 하지 않기로 한 것이며'라는 강한 부정으로 결론 삼은 것은 도대체가 조리가 맞지 않으며 비논리적이다.

"국어의 현용 24 자모 이외의 글자나 부호를 만들어 쓰지 않는다는

제1장 제1항의 정신에 어긋난다."이것은 조선이 아직도 동양의 변방
으로 또 은둔국으로 남아 있던 시절에 마련된 것이 아닌가 하는 착각
이 들 정도이다. 온 세계 인구가 하나의 지구가족이 되어 가고 있는 이
때, 모든 과학기술 정보를 순식간에 소화해서 이용하여야 할 이때, 첨
단산업, 국제무역이 우리가 살아남을 수 있는 유일한 길이 된 이때, 우
리말에 적용시키는 것도 주저하게 되는 규정을 외래어에 적용시키려
한다는 것은 너무나 시대착오적인 사고방식인 것 같다. 또한 제1장 제
1항의 해설은 "새로운 기호의 제정은 그것을 별도로 익혀야 하는 무리
한 부담을 주는 것이 되며"라고 하고 있는데 '―' 부호를 장음 부호로
익히지 못할 정도로 한국사람의 지능 수준이 낮다는 말인가. 이것은 한
국사람 전체에 대한 모욕이라고 하지 않을 수 없다.

"장음으로 발음하지 않으면 뜻이 통하지 않는 한자가 많이 있는데
이를 따로 표기하지 않는다." 이 앞뒤가 모순되는 문장을 어떻게 해석
해야 할지 모르겠다. 우선 문장의 앞줄을 생각해 보자. 強化는 '강화'
로 짧게, 講和는 '가―ㅇ화'로 길게 말해야 되는 것을 아는 사람이 도
대체 몇 사람이나 있을까. 또 이것을 안다고 해도 국어사전에 수록된
어휘의 절반 이상이 장음인 것 같은데, 이 모든 낱말들을 장단을 가려
서 말할 수 있는 사람이 있을까. 또, 흔히 단어의 뜻은 전후 어휘에 따
라 이해된다. "일본과 중국이 강화조약을 체결했다."라고 말할 때 '강'
을 짧게 말한다고 못 알아들을 사람이 있을까. 도저히 이해할 수 없는
말이 계속해서 쏟아져 나온다. "뜻이 통하지 않는 한자가 많이 있는
데"라는 전반과 "이를 따로 표기하지 않는다."라는 후반에 이르러서
는, 서로 모순되다 못해 "될 대로 되라지"하는 무책임한 말로밖에 이
해할 수가 없다.

"국어에서는 장음이 첫째 음절에서만 발음되는 경향이 있어서, 둘째
이하의 장음 표기는 지켜지지 않을 것이다." 노력도 하기 전에 미리 뺄
구멍부터 찾고 있다. 장음은 외국어 또는 외래어 표기를 위해서 필요한
것이다. 특히 여기에서는 외래어 표기가 바로 논의의 대상이 되고 있는
마당에, 무엇 때문에 국어의 장음 위치를 논하고 있는가. 자기들에게

익숙지 않은 것은 모두 배척하고, 마냥 과거 인습에만 안주하려는 배타적 또는 소극적인 태도는 이제 버려야 한다. 외국어를 배우는 학생과 모든 국민을 돕는 길이 무엇인지, 시대사조가 어떠한 것인지 심사숙고해야 할 것이다. 그리하여, 후세에 지탄을 받지 않을 새로운 지침을 옳게 마련하는 것이 국가정책을 마련하는 사람들의 본연의 자세가 아닐까 생각한다.

기회 있을 때마다 말한 대로 일본문자는 한글에 비해서 말할 수 없이 저급의 문자이지만, 모든 외국소리 표기에 있어서 그들은 최선을 다하고 있다. 일본사람들은 할 수 없는 일도 하려 드는데, 우리는 왜 이렇게 쉽게 할 수 있는 일도 기피하고 있을까. 이것은 우리의 만심에서 오는 것이 아니면 나태에서 결과하는 것이라고 밖에 생각할 수가 없다. 고정관념의 일대 전환이 필요한 때가 왔다. 정부는 시대에 뒤떨어진 규정을 현대화하고, 학자는 한글의 국제화, 미래화를 꾀하고, 시인·문필가·출판사·사전편찬자, 그리고 모든 부모와 시민의 참여로 장음 부호를 비롯한 그밖의 유용한 부호가 하루속히 사용돼서, 우리글이 효능적이고 생동하는 글이 되기를 바라는 마음 간절하다.

필자는 다음과 같은 모순된 관념을 어떻게 극복하여야 할지 막막하다. 독자들도 함께 생각해 보시기 바란다.

1. 시인도 사용해야 될 정도로 장음 부호는 우리에게 절대로 필요한 부호이다. 장음 부호 사용에서 얻을 수 있는 이득은 말할 수 없이 크지만, 잃을 것은 하나도 없다. 잃는 것이 있다면 배는 출출한데 이쑤시개를 쓰며 트림만 하는 척하는 양반의 체면 같은 것이라고나 할까.

2. 우리보다 속이 좁은 일본사람들도 장음 부호를 거침없이 쓰고 있는데, 그들보다 더 넓은 마음으로 외국문물을 수용하는 우리가 장음 부호에 대해서는 소아병적인 거부감을 표시하고 있다.

3. 장음 부호 '一'는 표의(表意)문자라고 할 수 있을 정도로 상형적인 부호이며, 그 형체는 다른 어떤 부호보다도 간단하다.

4. 우리글이 병신글이 되고, 말이 경직화하건 말건, 장음 부호의 사

용은 고려될 수도 없다.

5) 장음은 산 말을 만든다.

장음은 우리 귀에 듣기 좋은 소리임에 틀림없다. '좋다'보다는 '조—타'가 느낌을 더욱 잘 나타낸다. 이것은 미국사람도 마찬가지인 모양이다. 어디선가 이런 글을 읽었다. "When I came here, I wasn't feeling good, but now I feel so goooooood." 이 goooooood라는 말 한 마디가 나머지 문장 전체보다도 무게가 있다. 장음이 있는 언어가 단음뿐인 언어보다 훨씬 더 듣는 데 쾌감을 주는 것은 공인된 사실이다. 유치원 어린이들이 '네—'하며 큰소리로 대답하는 것을 듣고 있으면 저절로 미소가 떠오른다. '푸—른 하—늘…'하며 부르는 소리와 함께 유치원 속의 말소리는 항상 즐겁기만 하다. 그 애들이 점점 커 감에 따라 그들의 말소리가 짧아지고, 메마른 소리로 변해 버리는 것은 안타까운 노릇이다.

A. "고요한 시골 저녁, 멀리서 애들의 소리가 들려온다. '잘 가.' '안녕.' "
B. "고요—한 시골 저녁, 머—르리서 애들의 소리가 들려온다. '잘가—.' '안녀—ㅇ.' "

어느 쪽이 살아 있는 글인가.

에드가— 앨란포우의 Annabel Lee는 미국사람들이 가장 애송하는 시 가운데 하나이다. 마디마다 거의 장음으로 된 이 시를 천천히 읊어 보기 바란다. 장음들은 그 위에 발음부호로써 표시하였다.

For the moon never beams without bringing me dreams

of the beautiful Annabel Lee;

And the stars never rise but I feel the bright eyes

      j u: i:
of the beautiful Annabel Lee;

      ou ɔ: ai   ai ai ai au   ai   ai
And so all the night tide, I lie down by the side

        ai ɑr   ai aɾ   ai ai   ai ai
of my daɾling - my darling - my life and my bride,

            əɾ ɛɾ ai   i:
In the sepulchre there by the sea,

      əɾ u: ai   au   i:
In her tomb by the sounding sea.

이 시를 우리 말로 옮길 때 장음은 모두 사라졌다. 번역된 시를 읽으며 비교 감상하여 보시기 바란다.

그러기에 달빛이 비칠 때면
아름다운 애너벨 리의 꿈을 꾸게 되고
별빛이 떠오를 때 나는
아름다운 애너벨 리의 눈동자를 느낀다.
하여, 나는 밤새도록 내 사랑, 내 사랑
내 생명 내 신부 곁에 눕노니
거기 바닷가 무덤 안에
물결 치는 바닷가 그녀의 무덤 곁에.

시인은 언어의 기술자요 마술사이다. 그들도 장음표기의 필요성을 절감하고 있을 것이다. 우리 시인들이 애써 장음을 표기하려고 한 흔적을 찾아보자. 지면관계상 장음이 들어 있는 부분만 옮긴다.

보리피리   한하운

보리피리 불며
봄 언덕
고향 그리워
피ー르 닐니리

설야   김광균

어느 **머언** 곳의 그리운 소식이기에
이 한 밤 소리 없이 흩날리느뇨
......
하아얀 입김 절로 가슴에 메어
마음 허공에 등불을 켜고
내홀로 밤 깊어 뜰에 내리면
머언 곳에 여인의 옷벗는 소리
......
한줄기 빛도 향기도 없이
호올로 찬란한 의상을 하고
흰눈은 내려 내려서 쌓여
내 슬픔 그 위에 고이 서린다.

님의 침묵   한용운

님은 갔습니다 **아아** 사랑하는
나의 님은 갔습니다.
......
아아
님은 갔지마는 나는 님을 보내지 아니하였습니다.

보내놓고   황금찬

봄 비 속에
너를 보낸다.
쑥순도 **파아란히**
비에 젖고

한하운 시인의 보리피리의 '피―ㄹ 닐니리'라는 구절에서 시인의 처참한 가슴을 파고드는 보리피리 소리가 공기를 찢으며 날아가는 것을 듣는 것 같다.

한글에 있어서나, 라틴 앨화벧에 있어서나 모음이 중요한 역할을 하는 이유는 자음 뒤에 붙어서 그 자음의 음가를 정해 버리기 때문이다. 동시에 자음이 더 많기 때문에, 모음부호 한 개의 역할이 더 커진다. 그러나, 장음의 경우에는 자모음이 조성한 음절을 다시 길게 만들 뿐 아니라, 심지어 중성과 종성 사이에서도 같은 역할을 한다. 실례를 들어서 말하면 한글의 경우에 모음 'ㅏ'자는 자음부호 19 개와 합쳐서 19 개의 소리를 만들 뿐이다. 그러나, 장음은 자모음이 합쳐서 만들어 낸 399 개의 글자 수와 소리 수를 다시 배로 늘리는 역할을 담당할 수 있다. 긴 소리는 우리말의 글자 수와 소리 수를 늘리고 동음딴뜻말을 줄이는 한편, 우리말을 여유있고 정감이 깃든 말로 만드는 데 있어서 큰 역할을 할 것이다. 장음부호 사용이 시급히 요구되는 바이다.

이렇게 간단한 장음 부호를 절대로 용인 못 하는 낡은 규칙이 우리 글자뿐아니라 우리말의 질적 향상까지도 가로막고 있다. park(파ー크)가 '파크'로 표기 또는 발음되고, part(파ート)가 '파트'로, 미ー팅이 밋팅으로 되어 버리는 것을 차마 그냥 듣고만 있을 수가 없다. 한국에 다녀올 때 김포 비행장에서 일본말 안내 방송이 연방 되풀이 나오고 있었다. 탁음도 제대로 발음되고 있었고, 안내양의 일어는 대체로 나무랄 데가 없었다. 그런데, 돌연 "애이캉고ー꾸ー 202 빈니떼 Los Angeles 유끼노 오카다와 꾜ー도ー꾜ー 구애다사이."라고 하지 않는가. 단음이어야 할 '꾜'가 '꾜ー'로 장음화되었다. 장음 부호의 부재가 장단음의 혼선을 일으키고, 단음을 장음으로 발음하게 하는 전형적 사례로 생각되었다. 또, '섬머스페ー샬'이라는 코마ー샬이 TV에서 들려온다. 이것은 물론 '싸마ー 스펫샬'이 되어야 한다. 하루에 수십 번 되풀이될 이들 녹화나 녹음 테이프가 검열을 거치지 않았을 리 없다. 필자는 되풀이 흘러나오는 이런 말을 들으면서 장음부호의 필요성을 더욱 절감했다. 하루속히 장음 부호가 우리 문자 체계 속에 채택되어서, 한국사람의 장단음에 대한 감각이 발달되고, 결과적으로 우리의 언어생활이

윤택하게 되는 날이 오기를 바란다. 그리하여 느긋한 점이라고는 거의 느낄 수 없는 현재의 우리말이, 여유있고 섬세한 느낌을 주는 말로 변화하는 날도 기대할 수 있을 것이다.

장음부호의 부재는 장단음의 구별을 불가능하게 하고, 장단음 분야에서 한심한 혼란을 일으키는 실례를 최근에 또 보았다. 그것은 TV영화 제3 공화국에서 박대통령의 대구사범 시절과 교사 시절을 그리는 장면에 나오는 일본말이었다. 얼굴이 뜨거워질 정도의 서투른 일본말이 연방 쏟아져나오는데, 한국사람의 언어감각이 저 정도로 한심했던가 할 정도였다. 혹시 일본에 대해서 "너희가 아무리 동화정책을 썼지만 우리의 일어는 이 정도밖에 안 됐으니 너희들의 노력은 허사였다."는 것을 이 기회에 보여 주어야 한다는 이상한 논리가 작용했을까 했지만, 금방 쓸데없는 생각이라고 부인할 수밖에 없었다. 대부분이 장음과 탁음에 관계되는 잘못이었다. 왜 이런 때는 우리나라의 일본어 학자의 자문을 구하지 않는지 모르겠다.

TV에서의 발음	옳은 발음
쇼치끼나 코다에	쇼-읻끼나 고다에
쿄후데와 나이	쿄-후에와 나이
캉꿍 데키꿍	캉꿍 데끼꿍
기리노 타메나라	으리노 타메나라
곡꼬노 각꼬데와	고꼬노 악꼬-에와
쥬-교- 타이도	유쿄-타이또
시까꾸 도노노 오요비가	시이까꾸 또노노 오요애까
지-분노 유메워	으뿐노 유메워

일본사람들이 일어사전에 자기들 나름대로의 액쎈트 부호를 사용하고 있는 것을 보고, 놀라움을 금할 수 없었다. 산세이또-의 「新明解 국어사전」에서 인용한다.

"아꾸센또와 일본어의 아꾸센또.

짧은 언어단위에 강약 또는 고저, 또는 강약과 고저의 관계가 정해져 있을 때, 아꾸센또가 있다고 한다. 언어에 따라서는 어떤 말도 같은 아꾸센또로 발음되는 것이 있다. 항가리―어는 언제나 제1 음절에 아꾸센또가 있고, 토루꼬어에는 최종 음절에 아꾸센또가 있다. 거기에 대해서 영어나 중국어는 말마다 아꾸센또가 다르다. 그런 점에서 일본말은 영어나 중국어와 동류이다. 따라서 단어마다 아꾸센또를 표시할 필요가 있다.

영어는 강약(强弱)의 아꾸센또, 일본말은 고저(高低)의 아꾸센또이다. 중국어도 고저의 아꾸센또이기는 하나, 단음절어이기 때문에, 음절 내부에 고저의 변화를 줌으로써 낱말의 아꾸센또가 정해진다. 일본말은 다음절어이기 때문에, 박(拍)을 단위로 한 고저 배열이 문절(文節)마다 정해진다는 차이가 있다. 일본어의 아꾸센또는 지방에 따라 다르지만 이 사전에서는 동경어(東京語)의 아꾸센또를 표시한다."

이렇게 세밀한 곳에까지 마음을 쓰고 있는 글을 읽을 때, 말끝마다 소리를 높이는 요새 우리 젊은이들의 이상한 화법이 생각났다. 우리말을 아름답게 가꾸기 위해서 작은 데서부터 구체적인 행동을 해야 할 때가 되었다는 것을 절감했다. 장음을 살리는 한편, 장래에는 액센트도 생각해서 우리 말에도 메로디를 만들어 넣어야 하겠다.

음정과, 소리의 길고 짧음, 세고 약함은 음악의 기본요소이다. 우리 말에는 장음부호가 없고 따라서 소리의 장단도 없다. 우리가 임의로 만들어 내는 장음은 엄격한 규율을 지키는 음악적 장음이라고 할 수 없다. 말의 음정에 해당하는 것은 중국어의 4성이나 영어의 액센트이다. 우리 말에는 그것도 없다. 일본말에도 물론 없는 것으로 생각하고 있었다.

일본 사람들이 이러한 뜻밖의 문제에 이르기까지 이렇게 세밀한 배려를 하고 있는 것을 볼 때, 언어의 기본요소의 하나인 장음을 표기할 부호를 애써 무시하려고 드는 우리의 학문적 풍토가 개탄스럽다.

KBS는 일본 NHK에서 출판한 「일본어 액센트 사전」이 지금까지 몇 판을 거듭하고 있는지 살펴볼 필요가 있다.

7. 글자의 힘

1) 문명의 이기는 독소가 될 수 있다

필자는 한글 개량을 제창하면서, 한편으로는 이에 대한 저항을 느끼는 사람도 적지 않을 것으로 예상하고 있다. 그렇기 때문에 글자의 변천도 더듬어 보았다. 유구한 역사의 흐름에서 생각할 때 우리가 살고 있는 이 기간은 보잘것없이 짧은 것이다. 그리고, 장구한 역사 속에서 중요한 점은 소멸하지 않고, 성장하는 데에 있다. 우리 한글도 강해져야 한다. 우리들 자신을 포함해서 모든 인류가 사랑하고 자랑할 수 있는 문자로 발전시켜야 한다. 글자라는 것이 불변의 것이 아니고, 부단히 변화를 거듭하여 왔다는 사실을 생각할 때, 문자의 불변성을 고집하려 들든가, 모순덩어리의 규칙을 내세우고 개량의 길을 막으려고 하는 것은 나라의 장래를 위해서도 잘못된 일이다.

나라 사이의 글자나 말의 관계도 복잡하고, 개개의 말의 국적도 따지기 힘들 때가 많다. 일본사람들은 자기들의 글자 부족에서 오는 난점을 극복하기 위해서 외래어를 많이 수입하였다. 그중에서도 한자어는 일어의 주류를 이룰 정도가 되었다. 일본사람들은 이 한자를 이용해서 무수한 새 말을 만들어 냈다. 경제(經濟＝經世濟民), 수속(手續), 취소(取消), 민주화(民主化), 기계화(機械化), 계급성(階級性), 안전성(安全性), 민족성(民族性), 과학적(科學的), 현실적(現實的), 문학계(文學界), 정계(政界), 학계(學界), 중국식(中國式), 신식(新式), 문학론(文學論), 유물론(唯物論), 군사력(軍事力), 잠재력(潛在力), 확률(確率), 출생률(出生率), 문명(文明), 연설(演說), 인도(人道), 현대(現代), 현실(現實), 원칙(原則), 반대(反對), 회화(會話), 계획(計劃), 교통(交通) 등 주로 化, 性, 的, 界, 式, 論, 力, 率과 같은 글자로 끝나는 많은 새로운 단어들이 일본에서 만들어졌다.

그런데, 이 단어들은 모두 중국으로 역수입되어 현재 중국에서 아주 유용하게 사용되고 있다. 일본에서 만들어진 말을 역수입하는 데 중국 사람들의 자존심이 가만히 있었을 리 없다. 그러나 일본에서 제조된 단어들이 아주 적절한 단어였으므로 결국은 대중에 의해서 기꺼이 수용되었고, 또한 수많은 중국 지식인이 일본에서 교육을 받았다는 사실이 일본 한자어의 역수입을 불가피하게 하였다. 우리도 현재 이 단어들을 요긴하게 쓰고 있는 것이 사실이다. 위에 든 예는 극히 일부분의 낱말인데도 불구하고 이들 낱말이 없다면 우리 일상생활에서 상당한 불편을 느낄 것이 분명하다.

아마도 우리나라 사람들의 대부분은 위에 예시한 단어들이 중국에서 들어온 말이라고 생각하고 있을 것이다. 말이라는 것은 이렇게 돌고 도는 것이다. 이 마당에 국적을 따지기도 어렵고 굳이 그것을 따질 필요도 없다고 본다. '文明'이라는 두 개의 한자는 중국에서는 '웬밍'이요, 일본에서는 'ぶんめい(붐메이)'요, 한국에서는 '문명'이다. 두 개의 글자 '文'과 '明'의 국적은 중국이지만, '문명'은 분명 한국 국적이요, 'ぶんめい'는 일본 국적이다.

필자가 이러한 이야기를 되풀이하는 것은 모든 것을 좁은 마음으로 생각하지 말고 큰 마음으로 바라보자는 뜻에서 하는 것이다. 우리가 말을 수입해서 아무 저항감 없이 사용하고 있을 때, 글자를 가지고 왈가왈부할 필요는 없다고 본다. 어떤 이는 "그러나 우리는 '문명'이라는 우리 자신의 소리를 부여하지 않았는가." 할지도 모른다. 그러나 이말은 그때와 지금의 시간적 공간적 차이를 잊어먹고 하는 말이다. 우리가 분명히 깨달아야 할 것은 소리가 많아서 표현력이 풍부하고, 구조가 분명해서 신속 정확한 의미파악이 가능하고, 소리나 형체가 아름다워서 사람들의 사랑을 받는 글자야말로 시공을 초월해서 살아남는다는 사실이다.

모든 것을 길고 긴 역사적 안목으로 보다 넓은 시야에서 보고, 과거에 집착하기보다는 미래를 바라보며 일을 꾸미자. 일본사람들이 모자라는 글자를 가지고도 그 문자의 가능성을 완벽에 가깝도록 이용하고 있는 태도를 배우자. 중국사람들이 꾸준히 간체자를 만들어 내고 있는 개혁정신과 인내심을 배우자. 우리가 우리글자에 대한 막연한 자만심만 가지고 자아도취하고 있을 때가 아니다. 우리글자를 온 세계에서 으뜸가는 글자로 만들어서 온 인류의 사랑을 받는 문자로 만드는 작업을 곧 시작해야 된다.

말에서도 그러하다. 우리가 아무 노력도 없이 우리말에 대한 지나친 평가나 자랑을 일삼고 있을 때가 아니다. 우리말을 아름답게 만드는 길은 우리가 좁은 마음으로 생각하고 있는 국어순화와 같은 것이 아니다. 우리말을 듣기 좋게 하는 탁음, 장음, 류음 등을 완전히 살리는 방법을 마련해서 실천해야 한다. 아름답고 간단한 인사말을 만들어서 보급시켜야 한다. 우리에게 생소한 사물이나 사상을 표시하기 위해서 쓰지 않을 수 없는 말, 무리하게 우리말로 대체해서는 오히려 오해가 생기거나 어색하게 되는 말, 과학과 기술의 신속한 흡수를 위해서는 한가하게 적절한 대체어를 기다릴 수 없는 말, 이러한 외국말은 주저없이 수용해서 사용하여야 한다. 그와 같은 경우, 이왕이면 원음을 재현한, 완벽한 표기를 사용해서 쓰자. 일단 우리글로 표기되면 그것은 결코 외국어일 수 없으며, 당당한 우리말이 된다. 독일의 위대한 시인이며 두뇌인 괴테의 말을 새겨 듣자.

"한 나라의 국어의 힘은 외국어를 배척하는 데서 오는 것이 아니라, 그것을 삼켜서 소화하는 데서 온다."

우리는 부활된 글자와 우리가 마련할 수 있는 새로운 부호로 무엇을 이루려고 하는가? 다음에도 이 문제는 자주 논하겠지만 제2편을 끝내려는 이마당에서 이 문제에 관해서 생각해 보고자 한다.

영어에 관한 한, 우리 사회에는 2중언어가 존재한다. 하나는 TV, 신문, 잡지, 간판 등에서 우리가 일상 접촉하는 해괴한 표기의 영어이다. 또 하나는 교실에서 배우는 영어나 외국인과의 회화에서 사용해야 되는 영어이다. 이 두 가지의 영어를 하나로 만드는 작업은 빨리 시작될 수록 좋다. 한번 익힌 말을 교정해 가면서 다시 배워야 하는 시간과 정력의 낭비를 이이상 방치해서는 안 된다. 얼마 되지 않는 시간과 자본의 투자로, 그 투자의 몇 천 몇 만 배의 과실을 거두어들일 수 있는 이 사업은 한시라도 바삐 시작되어야 한다.

오늘 아침에 CNN뉴―스에 부룩크린 시립대학 영어 교실의 한 장면이 소개되고 있었다. 거기서는 한 교수가 부룩크린에서 자라난 대학생들의 발음을 교정해 주고 있었다. 이들은 youth를 '유―트'로, which를 '윗치'로 발음하고 있었다. 부룩크린 액쎈트는 미국에서도 투박하고 듣기 거북한 영어로 소문나 있다. 뉴―스 해설자의 평은 'IT sounds dumb and uneducated.'였다. 미국사람들끼리도 상대방의 영어를 이렇게 신랄하게 비평한다. 한국의 대학생들의 원(완), 밋팅(미―팅), 레임덕(레임닥), 러브(라브), 서머(싸마―) 등이 미국사람들의 귀에 얼마나 바보스럽고 교육 받지 못한 자의 영어로 들릴 것인지를 생각하기 전에 그말들이 이해될 것인가가 문제가 된다. 우리의 외국어를 깨끗하고 교양 있는 영어로 만들 수 있는 길이 있는데도 하지 않는 것은 아무리 그럴싸한 이유를 댄다 하여도 한낱 억지에 불과할 것이다.

우리는 과거의 은둔국 신세에서 단숨에 국제사회에 뛰어들어, 이제 거기에서 가장 활발한 활약을 하는 일원이 되었다. 우리는 지금 한국말만으로는 살아남지 못하게 되었다는 것을 모두 알고 있다. 그렇기 때문에 국민학교에서부터, 아니 유치원에서부터 영어를 가르치고 있다. 대학교 입시 준비를 하는 학생도, 국제사회에서 활약하는 회사원, 공무원, 장래의 관광여행을 계획하고 있는 사람, 또는 자기자신의 교양을 높이려는 사람도, 모두가 영어나 그밖의 외국어 학습에 열중하고 있다.

우리 어린이들은 오늘날 엄청난 부담을 안고 가슴을 조이고 있다. 영어, 예능, 한자, 캄퓨―타―에 이르기까지 만능을 요구하는 부모들의 과욕에서 오는 성화에 못이겨, 새벽부터 밤까지 학원에서 학원으로 숨가쁘게 달리고 있다. 경쟁이 심한 국내, 국제사회에서 살아남기 위해서는 이렇게까지 해야 되는지 모르겠으나, 어리석은 부모들의 과도한 경쟁심이 잠들기 전에는 이 상태가 계속될 것이다. 이러한 과도한 부담 때문에 정신질환까지 얻는 어린이들이 늘어나고 있는데 우리의 지도급 인사들은 팔장을 끼고 방관만 하고 있다. 부모들의 의식개혁이나 그릇된 사회풍조의 시정이 시간을 요하는 문제라면, 그 사이에 무엇이든 할 수 있는 길을 찾아내는 것이 사회지도층의 할 일이요, 책임이다.

우후죽순격으로 나타나는 학원이나 앞으로 상륙할 외국인 경영의 학원에다 만사 맡겨 놓으면 될 것이라는 말인가? 그것도 없는 것보다는 나을 것이다. 그러나, 이때야말로 정부와 교육자의 혁신적 사고와 현실적 대응이 요구되는 때이다.

세종대왕이 한글을 창제하셨을 때, 그것이 없다고 나라일이 안 될 지경은 아니었다. 세종대왕은 다만 나라의 장래를 생각하고, 가난한 사람, 공부하지 못한 사람들도 제 뜻을 펴게 하기 위해서, 우리가 낼 수 있는 소리를 모두 표기할 수 있는 글자를 만들려고 했을 뿐이다. 그 결과는 오늘날 우리가 향유하는 가장 커다란 문화적 유산이 되었다. 이순신 장군이 성웅으로서 오늘날 우리의 흠모의 대상이 되는 것은 국난에 처하여 왜적과의 해전에서 승리한 데에도 있지만, 실은 그분의 인품 때문이다. 그가 머무는 곳에는 그 부근의 백성들이 모두 모여들었고, 충무공이 나타나는 곳에는 장병의 사기가 충천하여 다 무너진 함대를 가지고도 적을 무찌를 수 있었다. 우리 근세 역사를 장식한 모든 인물가운데 도산 안창호 선생이 우뚝 솟아 있는 것도 그의 성실한 자세, 정직한 마음, 앞을 내다보는 통찰력, 덧붙여서 병들어 누운 동지들을 보살피고, 이역에서 고생하는 동포들을 인내와 자애로써 지도한 그의 자상한 인품 때문이다. 이 세 분 모두가 큰소리치기보다는 묵묵히 실천하고, 자그마한 일도 소홀히 하지 않고 철저하게 결과를 준비하였다. 그리고 이 세 분은 무엇보다도 남의 아픔을 자기의 고통으로 느낄 수 있는 인간성의 소유자였다.

오늘날 우리에게도 이러한 지도자가 주어졌으면 하는 마음이 간절하다. 이분들은 오늘날의 학생들의 배움의 고통을 알고도 모르는 체 넘겨버리지 않을 것이고, 그들의 고통을 덜어 주는 방도를 찾고야 말았을 것이다. 새로운 부호가 가져다 주는 결과가 얼마나 광범위하고 효과적인 것인지를 통찰하고, 이 일을 신속하게 추진하고 철저하게 결과를 다짐했을 것이다. 우리가 한글의 힘을 키울 사업을 하는 과정에서, 우리도 자그마한 것도 놓치지 않고 살피는 마음, 모든 것을 철저하게 분석, 규명하는 태도, 일이 완성될 때까지 끊임없이 추궁하는 지속성을 이들에게서 배우도록 노력하여야 할 것이다.

제2편까지에서는 시공의 차원을 넘어 언어와 문자의 발전과 전파를 기하기 위해, 우리의 좁은 마음과 근시안적인 견해를 시정할 것을 촉구하는 우견을 밝혔다. 그리고, 새로운 부호의 사용이 가져다 줄 이득이 무엇인가를 논하였다. 그러나, 여기에서 우리가 간과해서는 안 될 또하나의 사실은 부호가 없든가 또는 없는 부호 대신에 그릇된 부호를 사용하는 데서 초래되는 부정적 결과이다. 글자가 없을 때 자기가 내고 있는 소리조차 인식하지 못한다. 일본사람에게는 '쭈'가 'チュ(쮸)'로 들린다. 영어권 사람들은 실제로 자기들이 발음하고 있는 '스'와 '쓰'나, '크'와 '끄'의 차이를 의식하지 못한다. 우리나라 사람들은 탁음의 표기 방법이 없어서 탁음과 비탁음을 혼동하는 경향이 있다. 엄연히 발음할 수 있는 ㄹㄹ 소리를 초성일 때는 발음하지 못할 뿐 아니라 '르'와 '르르'을 혼동하고 있다.

일단 ㅓ=ㅓ 라는 틀린 표기법이 공식화된 다음부터는 모든 한국사람이 별다른 확인 절차도 없이, 맹목적으로 이 해괴한 표기법을 따르고 있다. 장음부호가 없는 한국사람은, 장음은 기분나는 대로 제멋대로 길게 뽑으면 되는 소리 정도로 생각하고 있다. 자기의 글자로 표기할 수 없으면 그 소리를 제대로 인식하지 못하지만, 일단 자기 글자로 표기되면, 그 소리를 맹목적으로 반복하게 되는 법이다. 글자의 힘이란 이렇게 큰 것이다. 또한 일단 그릇되게 배운 발음을 고친다는 것은 새로 배우는 것보다도 힘들다. 그래서 발음은 처음부터 바르게, 정확하게 배워야 한다. 원, 펀드, 버터 풀라이, 라이온 등으로 일단 버릇이 든 발음은 좀처럼 완, 환드, 바타후라이, ㄹ라이온 등으로 고쳐지지가 않는다. 여기서 가장 훌륭한 문명의 이기(利器)는 문명의 독소가 된다. 좋건 나쁘건간에 글자의 힘이 어떤 것인가를 증명하는 좋은 예이다.

2) 21세기의 길잡이 — 사전

그러면 한글은 어떻게 개량 할 것인가. 당연한 일이겠으나 필자의 관심은 먼저 사전으로 향한다. 교육부는 시대에 뒤떨어진 외래어표기법을 현실에 부합하는 것으로 개선하고, 사전 출판사에다 더 큰 권한을 부여하여야 할 것이다. 여기서 이기문 선생의 '독립신문과 한글문화'에서 다시 인용한다.

또 하나 서재필이 '옥편' 즉 국어사전의 필요성을 처음으로 역설한 사실을 빼놓을 수 없다. 오늘날도 우리 나라에서는 일반적으로 표준어와 맞춤법의 규정을 마련함으로써 말과 글의 표준화가 달성될 수 있는 것으로 생각되고 있다. 그러나 이 표준화는 권위있는 국어사전으로 비로소 완성되는 것이다. 이렇게 볼 때, 19세기에 국어사전의 편찬을 강조하고 그 내용까지 자세히 설명한 서재필의 생각에 감탄하지 않을 수 없다.

서재필 선생은 외국에 오래 사는 동안, 모든 선진국가에서 사전이 맡고 있는 역할을 너무나 잘 알게 되었기 때문에, 그로서는 당연히 할 수 있는 주장이었다. 그가 역설했던 사전의 역할을 우리나라 사전이 담당할 날은 아직도 요원한 것 같다. 그것은 관의 주도로 모든 일이 이루어지는 우리나라의 풍토와 제약 때문이다. 앞으로 정부는 감독자가 아닌 충고자나 원조자의 입장에 머물러야 한다. 사전 출판사의 주동으로 새로운 부호를 자유롭게 사용하고, 외래어는 다른 글자체를 사용하고, 보기 쉽고 용례가 풍부한 사전이 만들어져야 한다. 이렇게 만들어진 사전이 필요한 사람에게 쉽게 돌아갈 수 있도록 정부가 보조금을 지급한다면 이는 값진 투자가 될 것이다.

영어의 철자는 민간 주도로 통일의 길을 걸어왔다. 인쇄술의 발달로 책과 신문이 널리 읽히게 되었을 때, 철자도 차차 통일되기 시작했고, 그리하여 1650년에 이르러서는 거의 표준화되었다. 그러나 개인들의 철자는

Dr. Johnson's Dictionary가 나왔을 때(1755) 비로소 통일되었다고 한다. (오늘날 모든 사전의 위대한 표본으로 취급되는 Oxford English Dictionary가 완성된 것은 1928년이었다.) 영어의 철자는 사전에 의하여 통일되었던 것이다.

새 사전이 나올 때마다, 신문, 잡지, 서적 출판사들은 새 철자법을 즉시 받아들였지만, 한편 옛 철자법을 고수하는 출판사들도 많았다. 그것은 그들의 독자들이 옛 철자법을 고집하였기 때문이다. 새 철자법을 받아들인 곳에서는, 새 철자법에 익숙한 교정자들을 채용해서 옛 철자법으로 쓰는 투고자나 작가들의 글을 교정해야만 했다. 이러한 사정은 예나 지금이나 마찬가지인 모양이다.

영국에는 Oxford 영어사전이 있는데, 왜 미국에는 그러한 권위있는 사전이 없는가? 모든 기초는 Samuel Johnson이 이루어 놓은 전통에 있다고 한다. 이 거인에 관해서는 재미나는 이야기가 있다. 하루는 어떤 사람이 찾아와서 이렇게 말했다고 한다. "당신은 정말로 큰 사전을 만들고 있다고 하지요? 사실은 후랑스에서도 40명의 학자가 40년 걸려서 같은 사전을 만들었지요." 쫀슨은 "그래요? 1,600대 3 이구만요. 내 사전은 3년이 걸릴 테니까요."라고 응수했다고 한다. 평소의 굴치않는 패기, 뼈를 깎는 각고, 그리고 그의 진취적인 기상이 있었기에, 이 불손하게 들릴 정도로 자신에 찬 말을 할 수 있었을 것이다.

이윤재선생은 일생을 우리말사전을 만들기 위해서 바친 분이다. "나라가 망해도 말과 글만 굳게 지키면 그 민족은 언젠가 다시 살아날 수 있다. 나라는 잃었지만 말을 빼앗기지 않으려면 우리말사전을 만들어야겠다." 하는 집념으로 드디어 1842년 사전의 원고 일부를 인쇄소에 넘기는 단계까지 끌고 갔다. 그러나 이것을 눈치챈 일본 관헌들이 그대로 내버려 두지 않았다. 다른 30여 명의 학자들과 함께 선생은 체포되어 함흥형무소로 보내져, 모진 고문끝에 이듬해 12월 8일 옥중에서 타계하였다.

지금 우리는 이윤재선생의 사명감과 쌔무엘 쫀슨의 패기를 겸비한 사전출판인이 아쉽다. 영리만이 목적이 아니고, 한글문화의 기초를 다

지고, 한글의 세계화의 기초가 될 새로운 부호와 표기법으로 된 국어사
전, 영한사전, 외래어사전 등이 만들어질 때, 세계문화 속에 한글의 위
치를 자리매김하는 새 날이 찬란하게 열릴 것이다.

3) 영어입문사전

교보문고에 들려보았더니, 영어학습 초보자들을 위한 사전이 많이 눈
에 띄었다. 디즈니영어사전, 길잡이영어사전, 중학영어사전, 그리고 영
어입문사전이라는 이름의 사전은 4종류나 있었다. 이들 사전의 공통된
특징은 만국발음부호 다음에 한글로 된 발음표기가 실려 있는 점이었
다. 물론 그것은 주로 외래어표기법에 의거하고 있었다. 국내 유수의
출판사의 영어입문사전을 사다가 내용을 살펴 보았다.

이 출판사에서 발행한 '영어입문사전'은 약 700 페이지의 예쁜 사전
으로 기초 단어 4,400 어를 수록하고, 원색삽화, 알기 쉬운 용례를 곁
들인 초보자를 위한 훌륭한 사전이었다. 한글발음표기는 혁신적인 시도
였으나 섭섭하게도 그것은 대체로 '외래어표기법'을 추종한 발음표기였
다. 많은 노력의 흔적이 보였으나 '외래어표기법'의 한계내에 머물러
있어야 하는 제약이 너무나 뚜렷이 나타나 있었다. 장음부호, ə 부호,
ㄹㄹ부호의 문제 정도는 해결하는 것이 영어학습자들을 위한 최소한도의
배려가 아니었을까 생각됐다. 이들 사전은 외래어사전이지 외국어사전
구실을 하기는 힘들 것이다.

이 사전에 한글로 표기된 발음 가운데 몇 개를 아래에 적고 옳은 표
기와 비교하며 생각하여 보자.

영어단어	뜻	발음부호	사전에 있는 표기	옳은 표기(차선)
August	8월	ɔ́:gəst	오오거스트	오ー까스트(가)
cheese	치즈	tʃíːz	치즈	취ー즈
cherry	버찌	tʃéri	체리	쳬리

children	어린이들	tʃíldren	칠드런	췰드란(란)
China	중국	tʃáinə	차이너	차이녀(나)
choice	선택	tʃɔis	초이스	쵸이스
coffee	커피	kɔ́ːfi	코오피	코－휘
foreign	외국의	fɔ́ːrin	포오린	후오－린
fork	포크	fɔrk	포오크	후오－크
form	형태	fɔːrm	포옴	후오－ㅁ(후오옴)
German	독일의	dʒə́ːrmən	저먼	어쟈－만(쟈－만)
governor	총독	gʌ́vərnər	거버너	어꺄봐나－(가봐나－)
heart	심장	hɑːrt	하트	하－트
Jesus	예수	dʒíːzəs	지이저스	어지－어쟈스(지이쟈스)
joy	기쁨	dʒɔi	조이	어쬬이(죠이)
joke	농담	dʒouk	조크	어쬬우크
Japan	일본	dʒəpǽn	저팬	어쟈팬(쟈팬)
judge	판사	dʒʌdʒ	저지	어쟈쮜(쟈쮜)
justice	정의	dʒʌstis	저스티스	어쟈스티스(쟈)
jungle	밀림	dʒʌ́ŋgl	정글	어쟁글(쟝글)
lady	숙녀	léidi	레이디	레이디
lamp	등불	læmp	램프	램프
life	생명	laif	라이프	라이후
lonely	외로운	lóunli	론리	로룬리
love	사랑	lʌv	러브	라브(ㄹ라브)
mother	어머니	mʌ́ðər	머더	마다－(마다－)
selfish	이기적	sélfiʃ	셀피시	쎌휫쉬
touch	손대다	tʌtʃ	터치	탓취(탓취)
water	물	wɔ́ːtər	워어터	우오－타－
well	훌륭하게	wel	웰	우엘
will	…하겠다	wil	윌	우일
witch	마녀	witʃ	위치	우잇취
walk	걷다	wɔːk	워어크	우오－크
work	일(하다)	wəːrk	워어크	와－크(와－크)

이 사전의 편자는 우리 한국의 가장 권위있는 출판사의 편집국이다. 이 책을 사 드는 학생이 이 책의 내용에 관해서 절대적인 신뢰를 갖고 읽을 것은 뻔하다. 이 책의 편자들은 추호의 의심도 없이 이 책의 한글 표기를 그대로 암기한 학생이, 상당한 부분의 표기가 말도 안 되는 것이었음을 뒤늦게 깨달았을 때 느낄 실망과 분노를 생각이나 해 보았을까.

이들 사전에서 영어 발음부호를 외우는 시간을 덜어 주기 위해서 한글표기를 사용했다는 것은 종래의 책들보다 진일보하였다고 할 수 있다. 그러나, 그때 '외래어표기법'을 고스란히 따랐다는 것은 큰 잘못이었다. '외래어표기법'은 우리나라 말이 되어 버린 말을 우리식으로 표기하는 방법은 될지 몰라도, 영어의 발음부호로서 만들어진 것이라고는 할 수가 없다. 누구의 잘못이건간에 그릇된 '외래어표기법'의 폐해는 다방면으로 뻗치고 있다.

위에 실은 단어의 발음에 관해서 단, 한 가지 여기서 설명하고자 하는 것은 walk와 work의 두 단어이다. 음모음 '우'와 양모음 '오'가 결합될 수 없다는 모음조화원칙 탓인지, '우오―크'가 되어야 할 walk는 '워어크'가 되었다. work는 발음부호가 wəːrk이므로 물론 ə=ㅓ의 등식에 따라 '워어크'로 표기되었다. 결과적으로 전연 다른 뜻의 walk와 work 두 단어가 모두 '워어크'로 표기되고 말았다. 실제 회화에서, 이 두 마디의 간단한 단어를 정확하게 구별해서 발음하지 못하는 이유는 그 발음 자체가 힘들어서가 아니라 잘못된 외래어표기법에 습관화되어 버린 결과이다. 이 두 마디의 단어를 표기한 '워어크'라는 소리는 영어에는 없다. walk는 '우오―크'로, work는 '와―크'로 따로 표기를 못해서, '걷다'와 '일하다'가 완전히 혼동되고 말았다. 이 두 단어는 모두 동사이고, 사용되는 환경이 비슷한 때가 많기 때문에 회화를 할 때 많은 혼란을 일으킨다. 이 문제는 제3편에서 다시 다루겠다.

우리의 잃은 글자를 되찾을 때, 또한 우리가 가지고 있는 소리임에도 불구하고 표기할 부호가 없던 것을 보충할 때, 그것은 우리 언어생활에 엄청난 힘을 더해 줄 것이다. 우리 학생들의 영어에 대한 위화감은 친근감으로 변할 것이요, 그들의 영어는 너무나 뚜렷한 진보와 개량을 보일 것이다. TV나 출판물의 외국어 표기가 정확하게 이루어질 때, 한국 사람은 매일 수백 개의 외국단어를 자연스럽게 익히는 거대한 교실에 살고 있는 것이나 마찬가지의 혜택을 얻을 것이며, 작은 노력으로 산 영어를 익히게 될 것이다.

한국의 1 개 신문기사나 광고에 나타나는 외래어가 800단어를 넘는다는 사실은 외래어 사용을 감정적으로 거부하고만 있을 단계는 이미 지났다는 것을 말한다. 외래어를 사용해도 우리식 소리로 바꿔서 사용해야 된다는, 즉 '쟈ー만'보다는 '저먼'이라고 해야 우리말 같다는 이상한 이론은 시대에 뒤떨어진 생각이다. 외국어를 우리말로 만들 때는 정확한 표기를 해서 우리말로 만들자. 이것이 21세기를 살아갈 인간의 지혜요, 지구촌에서 지도적 역할을 담당하기를 원하는 자의 현명한 태도이다.

우리가 여기서 얻을 것은 두 번 배울 것을 한 번으로 줄임으로써 수억 시간을 절약하고, 한국사람의 소리에 대한 감각을 섬세하게 만들고, 동음딴뜻말을 줄이고, 더 오랜 시일에 걸쳐서는, 우리말을 부드럽고 쾌감도가 높은 말로 만드는 것이다. 이 일은 한글이 기왕 가지고 있는 능력을 개발하여 이용하는 것이며, 그 이익은 국민 모두에게 골고루 돌아간다.

Ⅲ. 내일의 한글 : 온 인류의 문자로 만들자

1. 우리말에 없는 소리

1) 불행한 한국사람

제1편에서는 한글이 얼마나 뛰어난 글자인가를 논했다. 제2편에서는 어떻게 하면 한글을 한결 낫게 개선할 수 있을 것인가를 생각해 보았다. 제3편에서는 미래에 관한 일, 즉 우리에게 없는 소리를 소화하고 한글을 온 인류의 글자로 만들 수 있는 가능성과, 그 밖의 몇몇 문제를 생각해 보고자 한다.

1990년 3월 22일자 한국일보에, 한국외교협회 회장 윤석헌(尹錫憲) 선생의 "없어진 자모 4 자 부활시켜 쓰자"라는 글이 실렸었다. 한글에 관한 논설로서는 처음 대하는 건설적이고 미래지향적인 글이었다. 모두 과거에만 집착하는 진부한 글만을 대해 오다가 처음으로 이러한 신선하고 창의적인 글을 읽었을 때, 필자는 자신의 글을 읽는 듯 가슴뛰는 것을 느꼈다. 92년 가을에 잠시 귀국하였을 때, 다행히 윤석헌 선생을 만나 뵙고 여러 가지로 가르침을 받을 수 있었다. 처음 만나는 사람을 10 년 지기같이 반겨 주셔서 기쁜 마음을 금할 수가 없었다. 윤 선생의 글을 아래에 인용한다.

"훈민정음에는 초성에 오직 하나의 글자만 쓰도록 한 것은 아니었다. 전탁음인 된소리는 ㄲ, ㄸ, ㅃ, ㅆ, ㅉ과 같이 자음을 연기하여 만들었고, 조선어학회가 폐지하기 전까지는 ㅅㄱ, ㅅㅂ, ㅅㄷ 등으로 된소리를 표기하였던 것이다. 또한 '뜻'을 '뜯'이라 하였고 '모매 쓰는 것이라'는 표현이 있는 것을 보아도 초성에 두 개의 다른 글자를 병서하는 것이 훈민정음의 통상 법칙의 하나임을 알 수 있다. 지금도 종성에 있어서는 닭, 밝, 삶, 값, 앉다 등 자음의 병서를 거리낌없이 하고 있다. 그러므로 P와 H의 중간 내지 복합음인 F(PH)를 ㅍㅎ로 표기하는 것은 훈민정음의 법칙 관행에도 합치되고 필요와 편리에 따라 글자를 창제한 기

본 정신에도 부합되는 일이라 하겠다. 이 원칙이 채택된다면 우리가 외래어의
사용에서 겪는 외국어 발음표기의 어려움은 거의 다 해소될 것이다."

윤선생은 다음과 같이 결론을 내렸다.

"다만 싫든 좋든 상당한 정도로 외래어가 통용되고 있는 상황하에서 불필요
하게 억지로 반벙어리 소리를 하는 것이 좋을까 하는 문제를 제기하고 우리의
시대적 필요를 쉽게 충족시키는 방법이 있음을 지적하고자 하는 것뿐이다. 폐지
된 글자를 부활하고 훈민정음의 구성 원칙에 따라 글자의 초성에 자음을 병서하
는 방법으로 모든 외래어를 표시하며, 또한 한글의 미흡한 점을 보완하는 문제
를 제의하고자 하는 것이다. 이것이 세종대왕께서 훈민정음을 창제한 기본정신
에 부합하는 일임을 믿어 의심치 않는다."

필자가 평소에 생각하던 바를 그대로 말하고 있는 글이었기에 호응
하는 이가 많을 것으로 기대하였고, 행여 이에 따른 어떠한 운동이 곧
벌어질 것까지도 기대하였다. 그러나, 그 뒤에 아무 일도 일어나지 않
았고, 얼마 뒤에 찬반 양쪽을 대표하는 편지가 한 통씩 한국일보에 게
재되었을 뿐, 다시는 이 문제가 거론되는 것을 보지 못했다. 찬동자의
편지는 미국에 있는 교포의 것이었다. 필자가 이 책을 쓰면서 몇몇 사
람과 이 문제에 관한 토론을 해보았는데, 한국에서만 살아온 동포보다
도 해외 거주 기간이 오랜 동포들한테서 더 뜨거운 지지를 받을 수 있
었다. 그것은 그들이 한국의 그릇된 외국어 표기법의 폐단을 피부로 경
험했기 때문일 것이다.

뉴-요-크에서 발행되는 93/8/28일자 '국제신문'에 실린 한 독자의
투고를 소개한다.

"실제로 미국사람들과 대화해 보면 '퀸즈'가 아니고 분명히 '쿠인즈'라고 발
음하는데, 한국 신문에서 소위 외국어표기법에 의해서 '퀸즈'라고 표기하는 데
문제가 있다고 생각되어 신문사에 항의해 보아도 외국어표기법을 적용하기 때문
에 어쩔 수 없다는 답변이었다.…(중략)… 문제가 있으면 어떻게 해서든지 빨

리 개선해야지 관례라고 해서 그대로 덮어두고 있으면 장래 외국생활을 해야될 사람들에게 많은 불편과 불이익을 주게 될 것이다.…(중략)… 적어도 외국어 표기법을 제정할 때에는 현지 외국인 학자를 초청해서 검토하든지 직접 관계관이 현지에 와서 조사 연구해서 하든지 해서 이 문제를 시정하는 것이 문제를 해결하고 앞으로의 발전을 기약할 수 있는 방법이라고 생각한다.…(중략)… 모두가 외국어 표기법과 신문 때문에 교포들이 불편함과 불이익을 당하고 있음을 상기하기 바란다.…(중략)… 실제로 약 40%에 달하는 교포들이 영어 해독에 불편을 겪고 있는데, 외국어 표기법에 의해서 또 다른 불편을 겪고 있다는 사실을 알아야 할 것이다."

끝으로 투고자는 Flushing이 '푸러싱'으로, Hudson이 '허드슨'으로 표기되고 있는 오류를 지적하고 있다. 그는 Flushing은 '후라싱'으로, Hudson을 '헛츤'으로 현지 영어에서는 발음되고 있다고 하였다. 필자는 '훌랏슁'과 '핟쓴'이 옳을 것으로 생각한다.

이 글을 읽는 이들이 이 글을 일개 미국 교포에 국한된 사소한 문제라고 생각해서는 안 될 것이다. 이 일에 책임 있는 사람들은 이 글의 행간에 나타나는 이 사람의 뼈에 스민 불만을 통찰하여야 한다. 이것은 외국에 나와서 거주하는, 외국여행을 하고 있는, 앞으로 그럴 가능성이 있는 모든 한국사람의 문제이다. 그리고 국내에서 외국사람을 상대해야 되는 사람, 외국어를 배우고 있는 사람, 이렇게 부연하다 보면 결국 한국사람 모두의 문제이다. 외래어표기법을 만드는 데 참여한 사람, 현재 그 못난 외래어표기법을 감싸고 지키고 있는 사람들은 그들의 책임이 얼마나 무겁고 큰가를 통감해야 할 것이다. 그들의 책임이란 다른 것이 아니고 못난 외래어표기법을 하루 빨리 개량 또는 폐기하고, 외래어 표기를 현재의 우리 글자로나마 옳게 표기하는 것과, 한 걸음 더 나아가 우리에게 없는 소리를 표기할 방법을 강구하는 것이다. 이러한 일을 할 지도자를 단 한 사람도 갖지 못한 한국사람은 불행한 사람들이다. 세종대왕이 새삼 그리워지는 때이다.

2) f

다음의 1장과 2장은 우리에게 없는 소리를 표기하는 방법에 관한 이야기다. 우리에게 소리는 있고 단지 글자만 없을 때는 그 소리의 문자화는 비교적 간단한 문제였다. 그러나 소리조차 없을 때는 문제가 복잡해진다. 이제까지 논하여 온 바와 비교해서 생각하면 전연 다른 차원의 문제가 되는 사실에 주목하여 주시기 바란다.

또 한 가지는 소리가 없어도 일단 그것이 그 나라의 문자나 부호로써 표기되면, 국민은 그것을 보다 쉽게 소화한다는 사실이다. 즉 그때까지 추상적이었던 대상물이 단숨에 현실적인 것으로 받아들여진다는 것이다.

그리고 이러한 경우에 전연 뜻이 없는 공상적인 글자를 만들어야 하는 일본과 달리, 우리는 기존의 부호의 조합으로 뜻 있는 부호를 만들어낼 수 있으며, 이것은 한글의 우수성을 증명하는 또 하나의 사례이다.

윤석헌 선생의 글을 또 한 번 인용한다.

"교통 및 통신의 발달과 더불어 국제적인 교류가 가속화되고 있으면, 이러한 국제 교류는 외국의 문물, 언어, 개념의 수용을 수반하게 마련이다. 외국 문물이라 하여 이를 기피하고 배척하는 태도는 국수 고립주의로서 바람직하지도 가능하지도 않다. 선진 문물을 저항 없이 수용하는 역사적 전통이 있는 일본은 말할 것도 없고, 자국어의 우수성을 자랑하며 신경질적으로 그 순수성을 지키고 외국어의 침입을 막으려고 애쓰는 후랑스에서도 meeting, weekend 등을 일상생활에서 쓰고 있는 것은, 어떤 개념이나 어휘가 번역하기 어려운 독특함과 편리성을 가지고 있기 때문이다. 많은 사람들이 다방에 가면 coffee를 달라고 하는데, 이 말을 글로 쓸 때에는 마땅한 글자가 없어서 부득이 '커피 주세요'라고 하여야 하니 딱한 노릇이다. 우리가 종래 일본 사람들이 외국어 발음을 제대로 못하는 것을 흉보아 왔지만 요즘 텔레비전에서 개그맨들이 '폼'을 재고 '팬'들의 갈채를 받는다고 하니 우리도 혀 짧은 반벙어리 사회가 되지 않았나 하는 생각이 든다."

오랫동안의 외국생활 경험과, 외국어와 우리 글자에 대한 깊은 식견
이 없이는 지적할 수 없는 정곡을 찌른 말이다. 일본사람들은 fork를
'フォーク(후오-쿠)'로 표기하는데 우리는 '포크'로 표기한다. '후오
-쿠'와 '포크' 두 가지를 비교할 때 일본사람들의 표기가 훨씬 정확하
다는 것을 누구나 인정하지 않을 수 없을 것이다. 그 이유는, 우리 표
기에서는 외래어표기법에 의해 fo가 '포'로 표기되고, 장음부호가 빠져
있기 때문이다. 설령 장음부호가 사용되어 '포-크'가 된다고 하여도
그것은 fork가 아닌 pork, 즉 '돼지고기'가 되어 버린다. 한국의 책임
있는 인사들이 지금과 같은 무감각 무책임한 태도를 그냥 지니고 있는
한, 한글이 일본의 '가나문자'보다 뛰어나다는 설은 한낱 옛날 이야기
가 되는 날이 올 것이다.

한글로는 'ㅎ'부호로 표기해야 될 f가 왜 'ㅍ'로 표기되게 되었는지
를 생각해 보았다. 첫째는, h가 'ㅎ'으로 벌써 표기되고 있으니, f는 다
른 글자로 해야 될 것 아니냐는 이유에서 왔을 것이다. 그때 'ㅎ' 대신
에 'ㅍ'이라는 부호를 골라잡은 것은 생각이 모자라는 졸속한 해결책이
었다. 또 하나의 이유는 사전에서 정의되어 있는 '웃니를 아랫입술에
가볍게 대고 호기를 마찰시키는 소리'라는 f소리의 정의가 '목구멍이
활짝 열려 있는 곳을 호기가 통하여 생기는 마찰음'이라는 h 소리의
정의보다는 '상하 입술을 댔다가 떼면서 내는 소리'라는 p 소리 정의에
가까운 것으로 생각되었을지 모른다. 이유는 어쨌든 이 'f=프'의 등식
은 'ə=ㅓ' 다음 가는 큰 실수였고, 한국사람의 영어에 커다란 해독을
끼치는 결과를 갖다 주었다. 외래어표기법에 의한 표기가 어떠한 결과
를 초래하는가를 다음의 예로써 살펴보자.

낱말	뜻	외래어표기법	동음딴뜻말	뜻
fact	사실	팩트	pact	계약
faint	기절하다	페인트	paint	칠하다
fair	박람회	페어	pair	짝
fashon	유행	패션	passion	열정

feel	느끼다	필	peel	껍질을 벗기다
fit	적당한, 발작	피트	pit	함정
feint	가장, 시늉	페인트	paint	페인트
fence	담	펜스	pence	영국화폐 단위
file	서류철	파일	pile	물건더미
fine	훌륭한, 벌금	파인	pine	소나무
four	4	포	Poe	이름
fly	날다	풀라이	ply	겹
folk	친척	포크	pork	돼지고기
fool	바보(스러운)	풀	pool	수영 푸울
fort	요새	포트	port	항구
fullback	후위	풀백	pull back	물러서다

　신문을 읽는데 "눈보라 속 뉴욕 플라워쇼 성황"이라는 커다란 제목
이 보인다. '플라워쇼' 넉 자로 된 표기에 일곱 개의 틀린 표기가 들어
있다. 이제까지 읽은 것으로 추측이 가겠지만 첫 자 '플'은 '후'가 되어
야 한다. 둘째로 '플라'는 '프라'가 되어야 한다. '매듭을 풀라' 할 때의
소리는 flower를 발음할 때의 '프라' 하고는 엄연히 다르다. 셋째는
'워'이다. 이것은 물론 우리의 유명한 ə=ㅓ의 등식에 의한 것인데 이
경우의 '워'보다는 '와'로 표기하는 것이 더 정확하다. 넷째로 또 한 가
지 여기에 빠진 것은 '우'소리다. 즉, '후라와'가 아니고 '후라우아'가
되어야 한다. 다섯째로 wer는 장음이므로 '아ー'가 되었어야 한다. 여
섯째는 2 단어가 되어야 한다. 일곱째는 show는 발음부호 ʃou에
보이듯이 '쇼우'라는 'ㅛ'와 'ㅜ'의 2중모음, 즉 장음이다. 따라서, 이것
은 '쇼우' 또는 최소한도 '쇼ー'와 같이 장음으로 표기되어야 한다. 이
4 자의 표기에 일곱 개의 틀린 표기를 발견할 수 있다는 것은 너무나
놀라운 사실이다. '플라워쇼'를 '풀어오소'와 같은 억양으로 말하면 영
어권 사람들은 절대로 이해하지 못한다. '후라우아ー쇼우'라고 발음하
면 못 알아듣는 사람이 없을 것이다.
　미국사람들은 친척들을 folk라고 한다. 그리고, 이 낱말은 단수와 복

수가 같을 수도 있다. 명절에 고향에 다녀온 동료더러 "Were your folk all right?"와 같은 질문을 잘한다. 그때 우리나라의 외래어 표기법 대로 folk가 '포크'로 발음되면 어떻게 될까. 생각만 해도 께름칙하다.

"윗니로 아랫입술을 깨물었다 놓으며 '후' 라고 하는 소리"가 f 소리 라고 우리는 배웠다. 따라서 'ㅍㅎ'라는 부호로써 f 소리를 표기함이 타 당할 것이다. 영어에서 'ph'가 'f'로 발음되는 사실도 이 부호의 타당성 을 증명한다.

여기서 잠깐 시선을 돌려서 f 라는 소리가 사실 어떻게 발음되고 있 는지 생각해 보자. 영어 발음에 가장 권위있는 사람을 고른다면 TV의 앵카−파−슨들일 것이 있다. 그들이 뉴−스 시간에 말하고 있는 것을 들으면 어쩌면 저렇게 빠르면서도 저렇게 정확하게 발음하고 있을까 하고 감탄하지 않을 수 없다. 그들은 비싸고 귀한 TV 시간을 최대한도 로 이용하기 위해서 그들로서 가능한 최고의 속도로 이야기하고 있다. 그런데, 그때 그들의 입을 자세히 관찰하여 보면, 상하 입술이 겨우 닿 을까 말까 하는 상태에서 f 소리를 발음하고 있다. 그들에게는 윗니로 아랫입술을 깨물었다가 놓는 그러한 시간이 있을 수 없을 뿐 아니라, 아랫입술을 윗니에다 살짝 갖다 댈 시간도 없는 것 같다. 또 미국 가수 들이 노래 부를 때 입술조차 대는 일이 없이 f 소리를 내고 있다. 이러 한 사실은 무엇을 말하는가. 우리가 생각하는 f 소리의 정의, 즉 '윗니 를 아랫입술에 갖다 대고'라고 하는 것은 한가한 옛시절의 이야기라고 해야 될 것 같다. 아니면 유치원생을 상대로 하는 설명이라고 할 수 있 을 것이다. 영미 언어학자들은 'f' 또는 '순치음'의 정의를 다시 내려야 할 때가 왔다고 본다.

'삽화'라고 발음할 때의 '화' 소리가 바로 영어의 fa 소리라고 할 수 있을 것이다. 이 경우에 '삽'의 종성 'ㅂ'은 아래윗입술을 붙게 만들며 뒤따르는 '화' 소리를 거의 순치음으로 만든다. 사실에 있어서 '삽화'라고 여러 번 되풀이하면 아랫입술이 윗니에 살짝 가 닿는 때가 있을 것이다. 이 때의 '화' 소리는 거의 완벽한 fa 소리가 된다고 할 수 있다. 따라 서 '입회'의 '회'는 fæ가 된다. 그러면 f와 h는 어떻게 구별, 발음되는지 살펴보자.

h줄	한글 표기	f줄	한글 표기	가능한 영어 표기	낱말	발음
ha	하	fa	화	hwa	file	화일
hi	히	fi	휘	hwi	fit	휫트
hu	후	fu	후	hu	full	훌
he	헤	fe	훼	hwe	fail	훼일
ho	호	fo	후오	hwo	form	후오-ㅁ

여기서 간단하게 ha와 fa의 차이를 생각하여 보면 ha는 입을 연 채
로 발음할 수 있는데, fa는 입술을 붙였다가 떼면서 발음해야 된다. 따
라서 f소리를 가장 정확하게 표기하려면 '화, 휘, 후, 훼, 후오'가 되겠
다. 이때의 한글표기의 중성 표기에는 꼭 원순음 'ㅗ'부호와 'ㅜ'부호
가 들어 있는 것을 볼 수 있다.

사실 화, 휘, 후, 훼, 후오 등의 소리는 입술조차 붙이지 않고도 낼
수 있는 소리들이다. 이것이 현대 영어에서 f 소리가 발음되는 방법이
라고 할 수 있다. 소리가 시대에 따라서 변천한다고 한다면 f소리는 바
빠지는 시대 조류를 따라서 소리의 내용이 바뀌고 있는 전형적인 예라
고 할 수 있을 것이다. 즉, 시간이 귀하고 모두 빨리 말하는 것을 좋은
일로 생각하는 현대사회에서는 f나 v 소리는 순치음에서 순음으로 변
할 운명에 처해 있는 것 같다. v 소리도 다음에 논하겠지만 비슷한 변
천의 길을 걷고 있다. 중국어의 권설음, 영어의 마찰음 ð와 θ, 불어의
r 소리 등도 언젠가는 좀더 편한 소리로 바뀌는 날이 오지 않을까 생각
된다.

'주간중앙'에 "영화 폴링 다운 규탄"이라는 큼직한 제목 아래 "뉴욕
한인 단체들은 한인 및 소수계 민족들을 비하시킨 영화 '폴링다운'에
대한 규탄 시위를 이 영화가 상영되고 있는 맨하탄 브로드웨이 45가
'크라이티어리언'극장 앞에서 펼쳤다"라는 기사가 실렸다. 이러한 중대
사에 이상한 표기 때문에 희극적 요소가 가미되는 것은 유감된 일이다.
falling은 떨어진다는 뜻으로 발음부호는 fɔːliŋ이다. 이것을 '폴링!
폴링!' 하고 외치고 있었겠으니 길 가는 미국 시민들은 이것을 polling

으로 오해하고, '저 사람들은 무슨 투표관계 부정문제를 가지고 데모를 하고 있나' 하고 생각했을 것이다. 이 경우에 신문에서 '후오―렝'으로 표기했었으면 한국 동포들의 외침이 훨씬 정확하게 전달되었을 것이다.

한국일보 미주판에 「하버드大 대규모 한미 컨퍼런스」라는 제목이 크게 나와 있다. 왜 「하―봐―드大 대규모 한미 칸화란스」라고 쓰지 못했을까. 또 요즈음 '페스티벌'이라는 말의 사용이 부쩍 늘었다. '잔치'라는 말로 바꾸면 안 될까 하는 말은 제쳐 놓고, 이 페스티벌은 어쩐지 '페스트'라는 좋지 못한 단어를 연상시킨다. '훼스티발'이라고 하면 거의 완벽한 표기가 되는데 '페스티벌'로 표기하고 시치미를 떼는 우리들의 언어감각이 안쓰럽다.

요즈음 fighting이라는 단어가 젊은이들 사이에서 많이 애용되고 있는 것 같다. 무슨 일을 하기 시작할 때나 헤어질 때까지도 '파이팅!' 하고 서로 외치는 장면을 TV에서 자주 보게 된다. 아마 '건투를 빈다', '싸워 이기자'와 같은 뜻으로 사용하는 모양이다. 이 단어는 우리가 현재 갖고 있는 글자로 '화이팅'이라고 해도 아주 훌륭한 표기가 되는데 왜 꼭 '파이팅'이라고 쓰고 또 그렇게 발음되어야 하는지 정말 이해할 수 없는 일이다.

f소리에 대해서 깐깐하게 따지는 사람이 많아서, 몇 마디 더 부언하고자 한다. f소리를 규정대로 '윗니로 아랫입술을 깨물었다가' 발음할 때, 그 사람의 표정은 '입술을 지그시 깨물고'라는 말도 있듯이, 유감스러운 감정을 나타내고 있는 사람의 표정이 된다. 필자는 TV를 시청할 때, 이러한 표정을 찾아보려고 예의 아나운서―의 입을 자세히 살펴보지만, 이러한 표정을 포착하는 데 성공한 예가 별로 없다. 역시 f는 순음이라고 정의 내려야 할 것 같으며, 이 점에서 우리 조상이 더욱 현명하였던 것 같다. 여기서 fa소리는 두 입술을 가볍게 댔다가 떼면서 '화'라고 발음하는 것이 가장 옳은 방법이나, 그렇게 안 해도 순음과 원순음은 비슷한 소리가 된다.

그릇된 발음을 해 버릇한 학생이 외국에 나가서 '파이팅', '포럼', '애프터 서비스', '패스트 푸드' 같은 말이 전연 통하지 않는 것을 발견할

때, 그들은 무척 당황할 것이다. 한국의 외래어표기법에 따르면 이해불
능한 말이 수없이 제조된다. f 소리에 관계되는 말들만 아래에 열거해
보겠다. 낱말 다음에 현행 외래어표기법에 의한 표기와, 현재의 우리
글자로서 할 수 있는 더 나은 표기를 제시해 보겠다. 아울러 종성 r 소
리 발음에 관심이 있는 분을 위해서 한글표기와 r 부호의 병용을 시험
해보고, 동시에 영어의 짧은 소리를 작은 글자로 표기하는 방법을 시도
하여보았다.

낱말	외래어표기법	현용 한글표기	발음부호	뜻
beef	비푸	비ㅡ후	biːf	쇠고기
fact	팩트	홱트	fækt	사실
fair	페어	훼아r	fɛə	맑은, 장날
farmer	파머	화ㅡ마ㅡ	fáːrmər	농부
fashion	패션	횃션	fǽʃən	유행
father	파더	화ㅡ다ㅡr	fáːðər	아버지
feel	필	휘ㅡㄹ	fiːl	느끼다
fellow	펠로	휄로우	félou	동무, 동료
fit	피트	휫트	fit	적당한
fever	피버	휘ㅡ봐ㅡr	fiːvər	열, 열병
fence	펜스	횃스	fens	울타리
fifty	피프티	휘후티	fifti	50
file	파일	화일	fail	서류철
fine	파인	화인	fain	훌륭한, 벌금
fly	플라이	홀라이	flai	날다, 파리
focus	포커스	후오우카스	fóukəs	초점
fool	풀	후ㅡㄹ	fuːl	바보
fork	포크	후오ㅡr크	fɔːrk	후오ㅡ크
form	폼	후오ㅡrㅁ	fɔːrm	모양
fortune	포천	후오ㅡr천	fɔ́ːrtʃən	행운
forum	포럼	후오ㅡ람	fɔ́ːrəm	공개토론회
four	포	후오ㅡr	fɔːr	4

free	프리	후리—	fri:	자유로운
fullback	풀백	홀백	fúlbæk	풀백
fund	펀드	환드	fʌnd	기금, 자금
HiFi	하이파이	하이화이	háifai	고충실
half	하프	해—후	hæ:f	절반
self	셀프	쎌후	self	자신, 자기
phone	폰	후오운	fóun	전화

3) V

v 소리는 원래 '윗니로 아랫입술을 깨물었다 놓으며 내는 소리로' 되어 있다. 그러나 v 소리를 발음할 때, 아랫입술을 윗니에다 갖다붙이는 번거로움을 감수하는 미국사람들은 별로 보이지 않는다. 소학교에서 선생님이 어린 학생들에게 발음을 가르칠 때는 원리원칙대로 가르칠 것이다. 그리고 학생들도 열심히 따라 하려고 노력할 것이다. 그러나, 그들이 커감에 따라 입모양은 적당히 되고, 음가만이 가능한 한 남아 있게 될 것이다. 여기서도 f를 설명할 때와 같이 누누이 설명하고 있는 이유는, 세상이 하도 바빠져서 그런지 요즈음은 입모양을 정확하게 갖추는 사람은 별로 안 보이고, 다만 입술이나 겨우 댔다 떼면서 '봐, 부오, 뷔, 붸, 봬' 등으로 발음하는 사람이 대부분이라는 것을 말하고자 하는 것이다.

V 자 발음이 이 정도로 변해 버린 까닭에, 현재 우리가 갖고 있는 한글부호로도 충분히 정확한 표기를 할 수 있다고 본다. 즉, 봐이라스, 뷔닐하우스, 뵌트락 등과 같이 표기하면 훌륭한 표기가 된다. 그런데도 왜 바이라스, 비닐하우스, 밴트락 등의 모자라는 표기를 계속하고 있는지 이해가 안 간다. 모자라는 글자를 가지고도 그렇게 세심한 주의를 기울이는 일본사람들에 비해서 우리의 이러한 무신경한 태도는 무사안일주의의 표본이라고 할 수 있을 것이다.

이숭녕 선생은 음운론 제2권의 순음고(唇音攷) 결론(p.64)에서 다음과 같이 결론을 내리고 있다.

"그러므로 이상을 요약하여 'ᄫ'음가를 규정한다면 다음과 같이 될 것이다. 'ᄫ' 자는 이조 초기에 단일음운을 의식한 제자(制字)이지만, 어두에서는 'f' 음으로 모음 사이나 'ㄹ' 음 아래에서는 'β(v)'음으로 발음된 양순(兩唇)마찰음 이다라고 규정하는 바이다."

이숭녕 선생의 논고에 의하면 'ᄫ'부호를 부활시켜서 V 소리를 표기하는 것이 당연한 일인 것 같다.

그러나, 이 'ᄫ' 부호의 채택에는 좀 무리가 있는 것 같다. 뒤에 한글의 결점에 관해서 논할 때 자세히 쓰겠지만, 이 'ᄫ'라는 부호는 상하로 다섯 줄이나 돼서 현재 벌써 말썽이 되고 있는 'ㅎ'보다도 한 줄이 더 많아진다. 'ㅎ'의 경우에도 벌써 홍, 홍, 홀 등의 식별이 힘들어지는데, 그것보다도 한 줄이 더한 'ᄫ'의 경우에는 작은 글자를 읽을 때 얼마나 힘들게 될지 가히 짐작이 간다.

ㄱ ㄷ ㄹ ㅂ ㅎ ᄫ

따라서, 'ᄫ'를 'ᄂ'(ㅂ에서 1획을 뺀 글자 모양)나 V 부호로 표기했으면 어떨까 하지만, V는 필기체로 빨리 쓸 때 ㄴ과 혼동될 염려가 있다. 따라서, 영어의 V는 새부호 ᄂ로 표기하면 어떨까 한다.

'ᄫ'나 'ᄂ'같은 부호를 힘들게 사용하지 않아도 위에 설명한 바와 같이

ba	bi	bu	be	bo		va	vi	vu	ve	vo
애	애	뿌	애	앤		봐	뷔	우	붸	뿌ᄋ

와 같은 표기 방법을 사용하면 거의 완벽한 표기가 된다. 현대의 V 소리를 표기하기 위해서는 이 방법이 오히려 실제의 V 소리에 더 가까울

지도 모른다. 그러나, 'ㄴ'라는 형체도 얼핏 보기에 '바'자로 보이고 따로 익히지 않아도 쉽게 이해될 수 있는, 무리가 없는 형태로 생각되는데, 독자의 의견이 어떨지 궁금하다. 이 책에서는 V 자는 여기서부터는 '뽜'식으로 표기하겠다. 그러나 가끔 정통부호 'ㄴ'도 사용하겠다.

낱말	발음부호	외래어 표기법	가능한 표기
vaccine	vǽksiːn	백신	뾕씨 — ㄴ
variety	vərái:əti	버라이어티	뽜라이아티
veil	veil	베일	뻬일
veneer	vəníər	베니어	뽜니아
venice	vénis	베니스	뻬니스
Venus	viːnəs	비너스	뾔 — 나스
victory	víktəri	빅터리	빅토리
video	víːdiðu	비데오	뾔어디오우
vincent	vínsənt	빈선트	뻰싼트
vinyl	váinil	비닐	바이닐
violin	váiəlin	바이얼린	바이아ㄹ린
VIP	víːáipiː	비아이피	뾔 — 아이피 —
virus	váirəs	바이러스	바이라스
visa	víːzə	비자	비 — 어자
vision	vídʒən	비전	비젼
vitamin	váitəmin	비타민	바이타민
volleyball	válibɔ́ːl	발리볼	바ㄹ리보 — ㄹ
volt	voult	볼트	뽈올트
TV	tíːviː	티비	티 — 비 —

4) ㅜ + ㅗ = ㅗ

우리나라 사람들이 'ㅓ' 소리를 남용하는 곳이 또 한 곳 있다. 그것은 wo, quo, fo 등의 소리를 정확하게 표기할 방법이 없어서 'ㅓ'로 표

기해 버리는 것이다. water(wɔ́:tər)를 '워터'로, 뉴욕 주지사 Quomo
(kwóumo)를 '쿼모'로 표기하고 있다. 그렇게도 융통성 있는 우리의
복합모음에 ㅜ+ㅗ=wo의 wo 부호가 왜 빠졌을까. ㅏ+ㅣ=ㅐ에서
나타나는 천재성을 발휘하는 우리 조상들이 ㅜ+ㅗ와 같은 단순한 복
합음을 생각하지 못했다는 것은 이해하기 힘들다. 그들은 ㅚ, ㅞ, ㅘ,
ㅟ 등의 모든 가능한 복합모음을 생각해 냈는데 말이다.

생각건대, 그 이유는 첫째, 우리에게 그 소리가 필요없었기 때문이
다. 또 'ㅜ'는 음모음이고, 'ㅗ'는 양모음이므로 서로가 잘 어울리지 않
는다고 생각했던 탓이었는지도 모른다. 또 한 가지 생각할 수 있는 이
유는, 중국소리에 '워' 소리는 있어도 'ㅜㅗ' 소리는 없었다는 사실이
다. ㅏ+ㅣ=ㅐ에 비해서 ㅜ+ㅗ=ㅗ 가 우리에게는 훨씬 이해하기
쉬운 부호가 될 것이다. 몇 가지 예를 들어 이 새로운 부호 'ㅗ'의 사용
을 시험해 보자.

영어 낱말	외래어 표기법	발음부호	새로운 부호 사용	뜻
Ford	포드	fɔ:rd	호—r드	이름
*1 forum	포럼	fɔ́:rəm	호—람	공개토론
*2 four	포	fɔ:r	호—r	4
*3 quota	쿼터	kwóutə	쿠우타	활당량
Quomo	쿼모	kwóumo	쿠우모	이름
Walkerhill	워카힐	wɔ́:kərhil	오—카—r힐	이름
Wall street	월스트리트	wɔ́:lstri:t	오—ㄹ스트리—트	거리 이름
war	워	wɔ:r	오—r	전쟁
*4 warm	웜	wɔ:rm	오—r ㅁ	따스한
*5 water	워터	wɔ́:tər	오—타—r	물

*1 forum은 우리나라 신문에 많이 사용되는 말이다. '훠럼'이라는 표기가
아무래도 이상한지 그만 '포럼'이 되어버렸다. 이것은 일그러진 표기의 표본이
다. 미국사람 치고 이것을 알 사람은 단 한 사람도 없다.

*2 four가 '포'로 표기되는 것도 forum의 경우와 비슷한데 '포'는 총포를

말하는 '포'일 수는 있어도 4는 못 된다. 미국사람들이 '포시즌'을 들으면 요절복통할 것이다.

＊3 quota의 일본어 표기는 クォータ(쿠오－타)이다. 이것은 우리 외래어 표기법에 의한 '쿼터'보다 몇십 배 정확하다.

＊4 warm과 비슷한 worm이라는 낱말이 있다. 발음부호는 'wəːrm'이며, 지렁이, 구더기, 벌레 등을 말한다. 전연 딴뜻을 가지고 있는 warm과 worm이 외래어표기법에 의하면 모두 '웜'이 된다. 마땅히 worm은 '와－ㅁ'으로, warm은 '옴－ㅁ' 또는 '우오－ㅁ'으로 표기되어야 할 것이다. 안 그러면 크게 오해될 소지가 마련되어 있다.

＊5 water는 한동안 Water Gate 스캔들 때 한국 신문에도 많이 실렸던 말이지만 항상 '워터게이트'로 표기되고 있었다.

새로운 복합모음으로서 'ㅗ'를 추가하는 것이 한국사람에게 wo＝ㅗ의 개념을 심어 주는 최선의 방법일 것이다. 그렇지 않으면 한국사람은 쉽게 새로운 소리를 가늠할 수 없을 것이다. 그것은 늘 말한 대로 자기의 글자가 있을 때 비로소 그 소리를 확실하게 인식한다는 인간의 습성 때문이다.

와, 위, 웨, 위, 워 등의 기기묘묘한 복합모음을 아무 어려움 없이 소화해 내는 우리들에게 '옴' 음은 하등 어려울 것 없는 복합모음이라고 할 수 있다. 우리가 "그만하면 됐지" 하는 식으로 '워'와 '옴'의 차이를 무시해 버릴 수도 있고, 또 그렇게 해온 것이 사실이다. 이런 태도는 학구적인 태도도 아니고, 과학적인 태도는 더군다나 아니다. 현실도피에도 한계가 있다. 책임을 기피하지 말고 이러한 문제와 정면 대결을 해서, 후손들에게 불편 없는 문자체계를 남겨 주어야 할 것이다.

2. 우리에게 없는 그 밖의 소리들

1) ð, θ, r, ch, 㞢, 彳, 尸, 曰

ㄱ. ð와 θ

영어에 있어서 th는 ð와 θ 두 가지로 발음된다. ð는 혀끝을 윗니에 댔다가 떼면서 '드'라고 발음하고, θ는 같은 방법으로 '스'라고 발음한다. 이 두 가지 소리는 우리 한국사람들에게는 아주 생소한 소리지만 약간의 연습으로 무난하게 매스타－할 수 있을 것으로 생각한다. 이 소리들은 이들 소리와 글자들을 만들어서 사용해 온 사람들의 지혜를 그대로 빌려서 다음과 같이 표기하는 것이 무난할 것으로 본다.

th	ð＝ㄷㅎ	they＝ㄷ혜이	this＝ㄷ히스
	θ＝ㅅㅎ	think＝ㅅ힝	three＝ㅅㅎ리－

이들 ð와 θ 소리는 비록 낱말 수는 적지만 the, thank, that, they, there, think, this, three, father, mother 등 가장 사용 빈도가 높은 낱말에 들어 있어 이 소리들의 정확한 표기와 발음은 특히 영어 학습에 있어서 필수 불가결의 문제이다. 한마디 첨언한다면, ð발음이 너무 힘들면 d 소리로, θ는 s로 발음해도 무방할 것이다. 왜냐하면, də, dæt, dei, dɛə*r*, dis, sri:, fɑ́:də*r*, mʌ́də*r*와 같은 영어 단어는 없기 때문이다. sænk와 sink의 경우에는 동음딴뜻말이 있을 수 있으나, 'Sank you.'나 'I sink so.' 등의 말이 오해될 가능성은 적다.

이러한 이상한 외국 소리까지 왜 우리가 이렇게 마음을 써야 하나 하는 의견도 있을 수 있다. 그런 사람들에게 93/4/8일자 일본 요미우리신문(讀賣新聞)에 실린 독자의 투고를 소개한다. 고－베 시에서 영어를 가르치는 스켓도시바루쏘(일본 소리대로 적었음)씨는 미국에서

대학을 졸업한 뒤 일본에 와서 유치원생에서 어른들에 이르는 일본사
람들에게 영어를 가르치기 시작한 지 벌써 3 년이 되었다.

"th의 발음을 가르치는데 ザジズゼゾ라는 새로운 가다까나를 만들었더니 생
도들이 발음에 조심하게 되었다."

이것은 누차 언급한 대로 사람들은 자기의 글로써 표기될 때 비로소
그 소리를 현실감을 가지고 대하게 된다는 것을 단적으로 말하고 있는
훌륭한 예이다.

"일본의 교육 연구소 외국어 교육 연구실에서는 이 말을 듣고 "ザジズゼゾ
와 같은 글자로써 소리를 익히도록 하는 방법은 이제까지 없었던 시도이다. <u>일
본어를 이용한 규칙을 만들고 있고 친근감을 가지고 곧 새로운 소리를 익히도록
할 수 있다는 점에서 교육 효과를 기대할 수 있다.</u>"고 평가하였다."
    "이러한 궁리는 소학교에서 'ガ'를 발음할 때 쓰는 콧소리 탁음에도 적용된
바 있다. 일본 테레비 아나운스부에서는 '콧소리 탁음은 아나운사 - 희망자 조
차 제대로 발음 못 하는 케이스가 많다.'라고 지적한다. 그래서 토레 - 닝할 때
ガギグゲゴ라는 표기를 사용해서 훈련생들의 주의를 환기시킨다."
    "와세다대학 교육부의 다나베 요 - 찌(田辺洋二) 영어교육법 교수는 '영어는
콤뮤니케이숀의 수단이며 발음은 일본식으로도 좋다는 것이 최근의 생각'이라고
말한다. 옳은 발음이 좋지만 너무 정신 쓰지 않는 쪽이 낫다. 음감이 좋은 학생
은 자연히 옳은 발음을 흡수하게 되기 때문이다. 과거의 국제교육이라는 구호
밑에 때로는 발음이 나쁘다고 욕을 먹고 위축되어 있던 영어 시간이었지만, 이
제 영어 회화가 부 - ㅁ을 일으키게 된 이마당에, 새로운 시도로써 리락쿠스해
서 사용하는 실용화가 시작된 모양이다."

여기서 지적되고 있는 부호를 만들어서 새로운 소리를 가르치는 방
법이 교육 효과가 있을 것이라는 지적, 발음상 문제에 지나친 신경을
쓰지 말라는 지적 등은 전적으로 찬동할 수 있는 말이다. ð 발음이 잘
안 되면 처음에는 'ㄷ'으로 발음하고, θ발음은 'ㅅ'으로 발음하면 된다.

정확한 발음에 자신이 없어서 모기소리만하게 발음하는 것보다는 "아이 싱크 디스 이즈 스릴링." 하고 큰소리로 웃으면서 말하는 것이 몇 배 더 훌륭한 영어가 된다. 그래도 ə를 'ㅓ'로 발음하는 것보다는 백배 낫다.

일본사람은 단지 학생들의 주의를 환기시키기 위해서 아무 뜻도 없는 부호를 사용하고 있다. 거기에 비해서 우리는 그 소리의 근본적 요소를 표시하는 합당한 부호를 만들 수 있다. 그들이 만약 한글과 같이 과학적이고 융통성 있는 문자체계를 갖고 있었다면, 이 책에서 제안되고 있는 부호는 벌써 옛날에 만들어 가지고 사용하고 있었을 것이다.

ㄴ. 후랑스어의 r 소리는 'ㄹㅎ'로

후랑스어의 r는 목구멍 깊은 곳에서 'ㄹ' 소리를 내는 것으로서 'ㄹ'와 'ㅎ'소리가 섞인 듯한 소리다. 이 소리는 'ㄹㅎ'로 표기하면 r 자 자체보다도 그 음가를 훨씬 더 상징적으로 잘 그려 내고 있는 부호가 되리라고 믿는다.

> Paris＝파ㄹ히
> merci＝메ㄹㅎ시(고마워요)

ㄷ. 독일어의 ch는 'ㅎㅎ'로

독일어의 ch는 'ㅎ'가 강하게 발음되는 소리로, 'ㅎㅎ'로 표기하면 설명이 필요 없을 정도로 타당한 표기가 될 것이다. 'ㅎㅎ' 부호는 훈민정음에도 실려 있는 부호이다.

> ich＝이ㅎ히(나)
> Bach＝바ㅎㅎ

ㄹ. 중국어의 권설음

세계 주요 국가 소리 가운데 이상에서 제안한 모든 부호를 사용해도 표기하지 못할 소리는 중국말의 권설음뿐이라고 생각된다. 이 권설음들은 필자 자신도 몹시 애먹으며 익힌 소리들이다. 필자의 경우에는 중국 대학생 친구와 매일 한 시간씩 상호 교환교수를(30 분은 중국말로, 30 분은 한국말로 대화) 한 결과 두어 달이 지나서야 겨우 자신이 붙었던 기억이 난다. 권설음 4 개를 다음에 적어본다.

해당 한자	발음부호	로-마자 표기	외래어표기법	제안하는 새 부호
知	ㄓ	zh	즈	△ㅈ
出	ㄔ	ch	츠	△ㅊ
是	ㄕ	sh	스	△ㅅ
日	ㄖ	r	르	△ㄹ

훈몽자회(訓蒙字會)에 兒=ᅀᆞ 人=신 日=실로 되어 있다. 이들 兒, 人, 日 석 자는 권설음 가운데서도 가장 힘들고 가장 사용빈도가 많은 글자들이며, 우리 조상들도 이들 소리의 표기에 고생했으리라고 믿는다. 여기서 ᅀᆞ, 신, 실 등의 표기는 우리 소리보다 중국 소리를 더 의식하고 있는 것으로 보인다. 또한, △의 형태가 ㅅ에서 발달한 것, △는 0ㅈ음을 표기하는 데 사용됐던 흔적이 있다는 것 등을 고려할 때, 이들 새로운 부호들은 무리가 없는 표기라고 생각한다. 지금은 이런 것까지 걱정할 필요가 없는 것으로 보일지 모르나, 장차 중국이 로-마자 표기를 본격적으로 고려할 때, 그들은 우리 한글이 그들에게 가장 적합한 문자체계라는 것을 깨닫게 될지도 모를 일이고, 또 우리나라의 중국어 학도들을 위해서도 극히 필요한 부호가 될 것이다.

2) 우리도 섬세하고 정확하게

마지막으로 한 가지 더 지적해야 할 사항이 있다.

hit를 '히트'로 표기하면 heat와 혼동될 위험성이 있고, 또한 그것은 영어의 정확한 표기가 아니다. 우리들은 에세이(essay), 지퍼(zipper), 세트(set), 터치(touch)와 같은 표기를 읽을때 그리 이상하게 생각하지 않는다. 그러면 이러한 표기를 고대로 읽을때 미국사람이 그 낱말들을 이해할까. 대답은 단연 No!이다. 왜 그럴까. 's'자가 ㅅ과 ㅆ으로 발음되지만, 이들을 따로 표기할 방도가 없다는 것은 이미 설명하였다. 마찬가지로 set는 별다른 표기는 없지만 '세트'보다는 '쎗트'로 발음된다. 여기서 문제삼고 있는 것은 '쎄'자 밑에 종성으로 붙어 있는 'ㅅ'이다.

문제가 더 혼잡스럽게 되기전에 민중서관의 '엣센스일한사전'을 들여다 보자. 일어사전에는 외래어가 대단히 많이 들어있다는 사실은 벌써 지적하였지만, 일한사전에도 물론 많은 외래어가 들어 있다. 그 외래어 가운데서 여기서 논하고 있는 주제와 관계되는 낱말들을 골라서 다음에 제시한다. 첫째줄은 일어표기와 그 일어표기를 영어앨파벹으로 표기한 것. 둘째줄은 우리 외래어표기법에 의한 표기이다. 여기까지는 「엣센스일한사전」에서 그대로 옮긴 것이다. 셋째줄은 영어단어, 넷째줄은 이책에서 주장하는 표기방법에 의한 표기이다. 단어의 뜻을 따로 적지 않는 것은 이들 낱말이 거의 모두 외래어로 우리의 일상 생활에서 사용되고 있기 때문이다.

일본글자 "ッ"는 원래 우리글자의 '쯔'에 해당하는 글자이다. 그러나 그것이 작은 글자로 씌어질때는 우리글자로 '핫바지'라고 쓸때의 'ㅅ'에 해당하는 글자가 된다. 그러나 아래에 든 예에서 볼 수 있듯이 그들의 작은 'ッ'자는 우리의 종성 받침 ㅅ, ㄱ, ㅋ, ㄷ, ㅌ, ㅂ, ㅍ 등의 모든 종성을 분별없이 표기하는데 사용되고 있다. 그러나 'ッ' 소리를 영어로 표기할 때에는 그들도 dd, ss, tt, pp, kk, gg 등의 여러가지 표기방법을 때에 따라서 정확하게 가려서 사용함으로써, 이 점에 대한 그들의 이해는 완벽하다는 것을 내보이고 있다. 여기서 우리는 일본 가나문자와 우리한글의 질적차이를 또 한번 깨달을 수 있고, 빤히 알면서도 우리같이 여러가지 종성부호를 쓰지 못하고 ッ 한가지만 써야하는 그들의 답답함이 이해된다.

사전 속의 일본 낱말과 발음	사전 속의 한글 표기	영어 낱말	정확한 표음
アッパーカット (appākatto)	어퍼컷	uppercut	앞퍼―컽
ウッド (uddo)	우드	wood	웃으드
エッセイ (essei)	에세이	essay	엣쎄이
キッチン (kichin)	키친	kitchen	킽췬
グット (gutto)	굿	good	웃으드
ゲットー (gettō)	게토	ghetto	엪토우
ゴット (goddo)	고드	god	아가으드
サッシュ (sasshu)	새시	sash	쌧쉬
ジッパー (jippā)	지퍼	zipper	잊퍼―
ソックス (sokkus)	속스	socks	싹크스
スケッチ (suketch)	스케치	sketch	스켙취
セット (setto)	세트	set	쎝
タッチ (tatchi)	터치	touch	탓취
チップ (chipp)	팁	tip	팊
デッキ (dekki)	덱	deck	으뎈
トップ (toppu)	톱	top	탚
ナット (natto)	너트	nut	낱
ニッケル (nikkeru)	니켈	nickel	닠클
ネット (netto)	네트	net	넽
ノック (nokku)	노크	knock	낰
バッグ (baggu)	백	bag	액백으ㄱ
ヒット (hitto)	히트	hit	힡
ビット (bitto)	비트	bit	애빝
フット (futto)	푸트	foot	홑
ヘッド (heddo)	헤드	head	헷으드
ホット (hotto)	핫	hot	핱

マット(matto)	매트	mat	맽
ミット(mitto)	미트	mitt	밑
メッセージ(messēji)	메시지	message	멧씨쥐
モットー(mottō)	모토	motto	맡토우
ヨット(yotto)	요트	yacht	얕
ラッキー(rakkī)	러키	lucky	럭키
リップ(rippu)	립	lip	맆
レッド(reddo)	레드	red	레뜨
レッスン(ressun)	레슨	lesson	렛슨
ロッカー(rokkā)	로커	locker	락카ー
ワット(watto)	와트	watt	왙

　여기서 필자가 말하고 싶은 것은, 일본사람들이 'ッ'자를 변칙사용해서까지, 원음을 충실하게 표기하려는 노력에 주목하여 달라는 것이다. ジッパー(jippa)와 '지퍼', タッチ(tatchi)와 '터치', ナット(natto)와 '너트', ヒット(hitto)와 '히트', ノック(nokku)와 '노크' 등을 비교하여 보면, 이들 단어에서 'ッ'자가 얼마나 중요한 역할을 하고 있는지 알 수 있다. 우리는 가나문자보다 몇십 배 훌륭한 한글을 가지고 있고, 따라서 그들보다 훨씬 예민한 음감을 가지고 있을 것으로 짐작이 되는데, 일본사람들이 'ッ'의 필요성을 절감하고 있을 때, 왜 우리는 적당하게 지퍼, 터치, 너트, 히트, 노크 등으로 표기하고 있을까. 그것도 같은 사전(新日韓小辭典) 안에서 말이다. 왜 최소한도, 집파ー, 탓치, 낫트, 힛트, 녹크 정도로도 표기하지 못하였는가. 필자는 이것이 적당주의의 소산이 아니고, 단지 외래어표기법에 속박되어서 일어난 결과이기를 바란다.

　필자가 이 문제를 큰 문제로 생각하는 이유는, 영어에는 종성이 자음으로 끝나는 소리가 너무 많아서, 여기에 그릇된 개념이 적용되면, 그것은 한국사람의 영어교육에 커다란 장애물이 될 것이 분명하기 때문이다. 또한 받침에서 ㅅ, ㄱ, ㅋ, ㄷ, ㅌ, ㅂ, ㅍ 등을 가려서 사용한 이유는, 영어 spelling을 외어야 하는 학생들에게 도움을 주자는 의도가 가장 큰 이유이다. 또한 이렇게 함으로써 cut, cup, book foot, hat 등을 캇, 캅, 북, 훗, 햇 같이 표기하는 대신, 캍, 캎, 붘, 훝, 햍과 같이 표기하면 글자 한개 한개가 표의문자 역할을 하듯, 뜻이 분명해진다. 한국의 영어공부가 읽기, 쓰기 위주에서 듣기, 말하기 위주로 방향전환을 하고 있기는 하지만, 한국학생들에게 영어 spelling외기는 앞으로도 크나큰 짐으로 남아 있을 것이다. 한국학생의 7%에 해당하는 학생들이 과도한 시험부담에서 오는 정신질환에 시달리고 있다고 하는 이때, 학생들의 부모들 또는 교육에 종사하는 어른들은, 학생들의 짐을 덜기 위한 일이라면 사소한 일이라도 하여야 한다.

일한사전의 한글표기와 같이 모음이 짧을 때도 커트(cut), 세트(set), 네트(net), 히트(hit), 미트(mitt) 같이 두 글자(음절)로 표기하느냐 또는 캍, 쎝, 넽, 힡, 밑 같이, 영어의 non-voiced자음의 형태를 취하느냐 하는 문제는, 앞으로도 많이 검토되어야 할 문제로 생각된다. 물론 긴 모음 뒤에 자음이 올 때는 니ㅡ트(neat), 히ㅡ트(heat), 카ㅡ프(carp＝잉어), 부ㅡ트(boot＝장화), 후ㅡ드(food＝음식), 하ㅡ트(heart＝심장) 같이 한글의 '으'소리로 표기되는 것이 당연하다. 필자의 견해로서는 짧은 모음일 때는 팊(tip), 힡(hit), 핱(hot)과 같이 표기하고, 긴 모음일 때는 쥒ㅡ프(jeep), 히ㅡ트(heat), 하ㅡ트(heart)같이 표기하여야 될 것으로 생각한다. 단, 탁음으로 끝나는 단어는 웃ᄄ, 액ᄁ, 웃ᄄ, 헷ᄄ, 렛ᄄ같이 표기하는 것이 좋을 것 같다.

표에 실려 있는 일본사람들의 발음표기에 사용된 작은 'ツ'자가 영어표기를 어찌나 섬세하고 정확하게 만들고 있는지 감탄하게 된다. 또 자기들의 발음을 영어 앨화벹으로 표음할 때, 간혹가다가 모음 위에 줄이그어져 있는 것에 주의하기 바란다. upper：appa, ghetto：getto, zip-per：jippa에서 ā, ō, ā와 같이 모음자 위에 줄을 그은 모음은 긴 모음이라는 표시이다. 거기에 비해서 우리는 어퍼컷, 게토, 지퍼와 같은 너무나 한심한 표기를 일삼고 있다. '챠이코후스키의 너트 크래커'라고 말할 때 그것을 알아듣는 미국사람이 몇이나 있을까. 왜 우리는「낱 크

랙카ー」라고 야무지게 표기 못하는가. '러키'라고 하면 미국사람은 '풋나기(rookie)를 말하고 있는가' 하고 생각할 것이다. 왜 '럭키'라고 표기 못하는가.

한글이 없었더라면, 우리의 문자 문명은 지금 어디에 서 있을까. 생각만해도 소름이 끼친다. 만약에 세종대왕이 한글 대신 일본글을 만드셨다면, 일본사람들은 그것을 어떻게 계승하고, 어떻게 개량하고, 어떻게 이용하고, 어떻게 퍼뜨리고 있을까 생각해 보게 된다. 일본사람들은 아마도 필자가 이 책에서 제안하고 있는 일들을 100년 전에 벌써 모두 이루어 놓았을 것이다.

3) 모든 새 부호의 테스트

이상 새로운 글자의 제안은 모두 끝냈다. 이 새로운 부호들을 사용하면 모든 선진국의 소리들을 어려움 없이 표기할 수 있을 것이다. 중언부언하지만 이것은 세종대왕이 남겨 놓으신 완전한 문자체계가 있기 때문에 가능한 것이다. 이 새로운 부호들이 어떻게 사용될 수 있는지를 시험해 보고자 한다. 지금까지 독자들은 ə 소리는 원래 ㅏ 소리이지만 전후의 소리 영향으로 입을 크게 열 수 없을 때 'ㅣ'로 변한다는 것을 이해하였을 것이다. 따라서 'ə'를 'ㅏ'로 표기하여도 그것은 어차피 그가 위치한 자리나 전후의 소리에 따라서 'ㅣ'로 변할 것이다. 그래서 여기서는 'ə'를 전부 'ㅏ'로 표기하는 방법을 시험해 보겠다. r 표기는 그 앞의 ㅏ 소리가 모호음으로 변하는 사실을 시험하기 위한 것이다.

이 ə 소리에 관해서 필자가 계속 주의를 환기하고 있는 이유는 영어에 있어서의 'ə'의 사용빈도와, ə 소리에 대한 한국사람의 오해의 깊이 때문이다. 어떤 지식인이 이런 말을 들려주었다. "한국사람에게는 '아' 소리는 너무 단순하고 또 일본식 발음같이 느껴진다. 우리는 '어'라고 해야만 영어소리 같다는 잠재의식을 갖고 있다." 외래어표기법에 의한 그릇된 표기가 한국사람의 머릿속에 얼마나 깊이 박혀 있는지 알 수 있다.

최근 '월드컵'이라는 말이 TV나 신문에서 수천 번 되풀이되었다. 같은 때, CH2의 AFKN쪽으로 다이알(다이얼)을 돌리면 거기서는 너무나 분명하게 '와ー르드 캎'이라고 발음되고 있었다.

제1편에서 말한 대로 영어에는 한 단어가 두 가지의 다른 소리로 읽히는 때가 있으며, 읽는 방법에 따라 전연 다른 뜻의 말이 된다. 이것은 앨화벹 글자들이 얼마든지 딴소리로 읽힐 수 있다는 것을 말해 주는 또 하나의 좋은 보기가 된다. 먼저 이러한 단어들을 열거하여 본다.

낱말	첫째발음	뜻	둘째발음	뜻
bass	뻬이스	음악의 저음	뺴스	불랙배스
bow	뻐우	허리 굽혀 절하다	뽀우	악기의 활
desert	뻬자ー𝑟트	사막	이디저ー𝑟트	탈주하다
hinder	하인다ー𝑟	뒤의	힌다ー𝑟	방해하다
lead	리ー쓰	이끌다	레쓰	연(鉛)
lower	로루우아ー𝑟	더 낮은	라우아ー𝑟	얼굴을 찌푸리다
minute	미닛트	회의록	마이누ー트	미소한
prayer	프레이아ー𝑟	기도하는 사람	푸레아ー𝑟	기도
pussy	퍗씨	고름이 많은	풋씨	고양이
raven	레이븐	떠돌이 까마귀	래분	약탈하다
refuse	리휴ー쓰	거절하다	레휴ー쓰	폐물
sewer	쏘우아ー𝑟	재봉사	쑤ー아ー𝑟	하수구
shower	쇼우아ー𝑟	보여주는 사람	샤우아ー𝑟	소낙비
sow	쏘우	씨를 뿌리다	싸우	암퇘지
tear	티아𝑟	눈물	테아𝑟	찢다
wind	우인쓰	바람	와인쓰	감다, 휘다
wound	우ーㄴ쓰	상처	와운쓰	감다의 p.p.

영어에는 발음은 꼭 같은데 철자도 뜻도 다른 단어들이 많아서 말을 하는 데도 글을 쓰는 데도 많은 혼란을 일으킨다. 특히, 영어를 처음 배우는 사람에게는 이런 단어들이 더욱 곤혹스럽다. 그런 단어들을 열거하면서 새로운 부호의

사용을 시험해 보겠다. 종성 r음에 관해서는 r부호 자체로써 표기를 하여 보
았다.

첫째 낱말		한글 표기	둘째 낱말	
air	공기	에아r	heir	상속인
aisle	(교회의)복도	아일	isle	작은 섬
altar	제단	오ー르타ーr	alter	변경, 변조하다
ascent	올랐다	아쎈트	assent	동의하다
aught	영, 제로	오ー트	ought	ー해야 한다
base	밑바닥, 근거	에이스	bass	(음악의)저음
bait	미끼	에이트	bate	약하게 하다
bare	벌거벗은	에아r	bear	곰
be	~이다	비ー	bee	꿀벌
beach	해변	비ー취	beech	너도밤나무
beat	때리다, 이기다	비ー트	beet	비ー트(무)
berry	열매	베리ー	bury	파묻다
bite	깨물다	바이트	byte	바이트
blue	푸른	브루ー	blew	불었다
by	~으로	바이	buy	사다
candid	솔직한	캔디으드	candied	설탕조림의
cannon	대포	캐난	canon	교회법규
canvas	화포(畫布)	캔봐스	canvass	부탁하며 다니다
capital	자본, 수도	캐피틀	capitol	미국 국회의사당
cede	양도하다	씨ー으드	seed	씨
cell	작은 방	쎌	sell	판다
cent	쎈트(돈)	쎈트	sent	보냈다
			scent	냄새, 향수
cores	핵심	코ーr즈	corps	군단
chord	심금, 현(弦)	코ーr으드	cord	노끈
colonel	대령	카ーr날	kernel	핵심
coarse	거친	코ーr스	course	방향, 진로
complement	보충(물,하다)	캄플라만트	compliment	찬사

creak	삐걱거리다	크리―크		creek	시냇물	
dam	뚝, 댐	앰		damn	저주하다	
dear	애인	디아 r		deer	사슴	
dew	이슬	유―		due	의무	
die	죽다	다이		dye	염색	
dual	2원적인	유―알		duel	결투	
ewe	암양	유―		you	당신	
fain	기꺼이	훼인		feign	~하는 척하다	
fair	공정한, 시장	훼아r		fare	요금	
father	아버지	화―ㄷ하―r		farther	더 멀리	
flower	꽃	후라우아―r		flour	밀가루	
flee	도망하다	후리―		flea	벼룩	
four	4, 넷	호―r		fore	앞쪽	
foul	더러운	화울		fowl	닭	
fur	털가죽	화―r		fir	전나무	
gate	대문	예이트		gait	걸음걸이	
gilt	도금한	일트		guilt	죄	
great	위대한	으레이트		grate	쇠창살문	
groan	신음하다	으로운		grown	성장한	
hare	산토끼	헤아r		hair	머리털	
hall	전당	호―ㄹ		haul	끌어당기다	
heal	고치다	히―ㄹ		heel	뒤꿈치	
hear	듣다	히아		here	여기에	
heard	들었다	하―r드		herd	짐승의 무리	
hi	하이! 할로우	하이		high	높은	
hire	채용하다	하이아r		higher	더 높은	
hoarse	목쉰	호―r스		horse	말	
hole	구멍	호울		whole	모든	
hour	시간	아와r		our	우리의	
hue	색	휴―		hew	잘라내다	
idle	놀고 있는	아이뜰		idol	우상	
in	~안에	인		inn	여관	
intension	긴장	인텐션		intention	의향	

night	밤	나이트	knight	기사
know	안다	노우	no	부정
lane	좁은길, 골목	레인	lain	눕다의 p.p.
led	lead의 p.p.	레으드	lead	연
loan	대부금	로온	lone	외로운
low	낮은	로우	lo	보라
maid	가정부	메이으드	made	만들다의 p.p.
mail	우편	메일	male	남성의
main	주요한	메인	mane	(말의)갈기
mare	암말	메어𝑟	mayor	시장
marshall	연방보안관	마-𝑟샬	martial	군의
meet	만나다	미-트	meat	식용고기
minor	보다 작은	마이나-𝑟	miner	광부
morning	아침	모-𝑟닝	mourning	애도
naval	해군의	네이뵐	navel	배꼽, 중심
new	새로운	뉴-	knew	알았다
need	필요(하다)	니-으드	knead	반죽하다
none	아무도 없다	난	nun	수녀
one	하나	완	won	이겼다
ore	광석	오-𝑟	oar	노
oral	입의	오-랄	aural	귀의
pail	바께쯔	페일	pale	창백한
pain	아픔	페인	pane	한장의 창유리
pair	한 쌍	페어𝑟	pear	배
peace	평화	피-스	piece	한 조각
plain	평원	프레인	plane	평면의
principle	원리, 원칙	프린씨플	principal	단체의 장
rein	억제, 고삐	레인	reign	주권, 통치
raiser	재배하는 자	레이자-𝑟	razor	면도
read	읽다	리-으드	reed	갈대
review	비평을 쓰다	리 뷰-	revue	풍자극
right	옳은	라이트	write	쓰다
ring	반지, 울리다	링	wring	비틀다

road	길	로우쓰	rode	탔다
root	뿌리	루ー트	route	노선, 항로
sail	돛대, 항해하다	쎄일	sale	판매
sailor	수부	쎄이러ー	saler	범선
scene	장면, 실황	씨ーㄴ	seen	보았다
sea	바다	씨ー	see	보다
seam	솔기, 이은 곳	씨ーㅁ	seem	~으로 보인다
shear	(양털을)자른다	쉬아r	sheer	순전한
sight	시력	싸이트	cite	인용하다
			site	부지, 용지
so	그래	쏘우	sew	꿰매다
soar	높이 날다	쏘ーr	sore	아픈, 염증을 일으킨
sole	발바닥	쏘울	soul	영혼
some	약간의	쌈	sum	총액
son	아들	싼	sun	태양
sort	종류, 분류하다	쏘ー(r)트	sought	찾았다
source	근원	쏘ー(r)스	sauce	쏘ー스
stationary	움직이지 않는	스테이셔네리	stationery	문방구
steal	훔치다	스티ー르	steel	강철
strait	해협	스트레이트	straight	곧은
suite	호텔의 특실	스위ー트	sweet	단, 음악적
tale	이야기	테일	tail	꼬리
there	거기에	데아r	their	그들의
through	~을 통해서	스흐루ー	threw	던졌다
two	둘	투ー	too	또한
vain	공허한, 헛된	ᅄ인	vein	정맥
waist	허리	우에이스트	waste	낭비(하다)
wait	기다리다	우에이트	weight	무게
wave	파도	우에이앺	waive	포기하다
weak	약한	우이ーㅋ	week	주
wear	입다	우에아r	ware	상품
won	이겼다	완	one	하나
wood	숲	우쓰	would	will의 과거

이상에서 새로운 부호나 조심스러운 한글의 사용으로 얼마나 완벽한 영어표기를 가능케 하는지 알 수 있었을 것이다. 한국사람은 한글이 이토록 정확하고 섬세한 표기를 할 수 있다는 것을 자랑으로 여기고 더욱더 세련된 문자를 만들도록 노력해야 할 것이다. 어떤 부호는 아직 익숙하지 않아 눈에 생소하게 느껴졌을지 모르지만, 그러한 느낌은 금방 극복할 수 있을 것이다.

3. 활자체

1) 개개의 글자 모양

한글의 인쇄체 모양은 틀리게 읽을 가능성이 많다. 1992년 10월 7일자 중앙일보에 실린 인타뷰— 기사에서 이기문(李基文) 교수는 이렇게 지적하였다.

"세종대왕 때만 해도 글자를 크게 썼기 때문에 지금 같은 깨알 글자는 생각지도 못했습니다. 한글을 깨알같이 붙여 쓸 경우 자형의 문제로 종종 오독이 발생할 수 있다는 건 사소하지만 명백한 단점이라고 할 수 있어요. '홍'을 '홍'이나 '홍'으로 읽게 되는 경우가 흔하지 않습니까. 자체에도 문제가 없지 않아요. 영어 앨화벳처럼 대문자, 소문자, 고딕, 이탤릭체 같은 자체 구분이 없어 글자를 늘어 놓았을 때 시각적으로 너무 밋밋하고 단조로운 느낌을 받게 됩니다. 개발이 필요한데 물론 그 여지나 가능성은 널리 알려져 있다고 봐요."

독자들은 위에 나온 'ㅎ'이 들어 있는 세 글자의 모음부호를 제대로 읽을 수 있었는지 궁금하다. 그 모음부호들은 'ㅡ, ㅗ, ㅜ'였다.

우선 글자 한개 한개의 모양부터 생각하여 보자. 이교수가 지적한 'ㅎ'줄의 문제는 아래 그림에서 보는 바와 같이 다른 글자에 비해서 층이 많기 때문이다. 'ㄷ'이 2층이라면 'ㄹ'이 3층, 'ㅎ'은 4층이 되는 셈이다. '홀'자를 그려보면 수평선이 7개, 점이 2개로 무려 9층이 된다. 라틴 앨화벳이 상중하 3단을 이용하는 데 비해서 한글은 모든 글자에 1단만 사용하고 있다. 그 1단의 높이에다 '그'와 같은 2층짜리 글자에서 '홀'자 같은 9층짜리를 구별 없이 집어 넣고 있으니, 층이 많은 글자가 읽기 힘들게 되는 것은 당연한 일이다.

또한 'ㅌ'과 'ㄹ'도 작은 글자의 종성일 때는 판별이 쉽지 않다. 사전을 찾을 때 '밭'과 '발'은 거의 같은 글자로 보인다. 그럴 때는 앞뒤의 단어들을 살피거나 괄호 안에 들어 있는 한자를 보고서야 판독할 수 있게 된다. 마치 그렇게 판독이 힘들면 확대경을 써서 보면 되지 않느냐 하는 것 같다. 지금같이 붓글씨를 그냥 활자체로 만든 것을 조금씩 변형시켜서 새로운 자체를 만들려는 고식적인 방법이 아니고, 좀더 본격적인 활자체 개량을 생각해 볼 때가 아닌가 생각한다.

가령 층이 가장 많아 혼란을 일으키기 쉬운 'ㅎ'의 경우에 위의 점을 없애고 'ㆆ'으로 하면 어떨까. 'ㆆ'부호는 훈민정음에서 사용되어오다가 그 뒤에 없어진 부호이다. 여기서는 소리를 되찾자는 것이 아니고 부호만 이용하자는 것이다. 또 'ㄹ'과 'ㅌ'을 구별하기 위해서 'ㄹ'을 'z'로 표기하든가 'ㅌ'을 'ㄷ'으로 하면 두 부호의 판별이 아주 쉬워지고, 사전에서도 좀더 읽기 쉽게 될 것이다.

한글은 네모꼴의 글자이다. 상하로는 9층이나 되는데, 좌우로는 그중 수직선이 많은 'ㅃ'자의 경우 6줄밖에 안되고, 'ㄲ'의 경우에 7줄이 된다. 정4각형의 구역 안에 좌우로는 수직선이 4줄 내지 6줄인데, 상하로는 평행선이 2줄 내지 9줄이 된다. 이것이 'ㅎ'이 들어간 글자를 읽기 힘들게 하고, 'ㄹ'과 'ㅌ'의 판별을 힘들게 하는 원인이다. 따라서 지금같은 네모꼴의 글자 모양을 유지하려면 평행선의 수를 줄이는 연구를 해야 된다. 그렇지 않고서는 앞으로 점점 더 많이 사용하게 될 깨알 글자들은 더욱 읽기 힘들게 될 것이다.

1993년 4월 3일자 한국일보에 "글자꼴은 그 나라의 얼굴"이라는 제목으로 글자체 개발에 참여한 최정순(崔貞淳)선생의 기사가 실렸었다. 지금까지 2,350자의 바탕체와 2,500자의 돋움체 글자본을 개발하였다는 기사였다. "글자꼴 제작에서 가장 핵심요소는 독자의 시력을 보호해 주고 보기에 편해야 하며 조형미 또한 뛰어나야 한다. 전자 출판에 적합하도록 글자꼴의 굵기와 획을 조절하는 데에 이번 개발에 주안점을 두었다. 기존의 활판용 한글 글자체를 가로쓰기 전용으로 개발, 가로쓰기 상태에서의 조형미를 최대한 살리도록 노력했다.”라는 것이 최선생의 말이었다.

문자가 갖추고 있어야 하는 모든 조건이 언급되어 있고 특히 가로쓰기 자체를 개발하였다는 것을 읽을 때는 “때가 오면 정당한 일이 행해지는구나.” 하는 감회마저 느꼈다. 그런데 한 가지 아쉬운 것은, 글자체에 아직 접한 바 없어 자세히는 모르겠지만, 현재 있는 글자체에 약간 손질을 가해서 만들고 있는 것이 아닐까 하는 점이다. 돋움체의 글자는 이탤릭체같이 돋보이게 하는 자체를 말하는 것 같은데 특히 이런 경우에는 좀 더 대담한 착상으로 이제까지의 자체와는 다른 참신한 자체를 만드는 좋은 기회로 삼아야 하지 않겠는가 하는 아쉬움이 남는다. 또 한 가지 서운한 것은 국민전체의 참여를 요구하면서 이 일을 추진할 수 없었을까 하는 점이다. 필자의 과문 탓인지 모르나 이러한 일이 진행되고 있다는 것을 이 기사를 통해서 비로소 알았다. 문화체육부 주도하에 몇몇 사람만 모여서 ‘쉬쉬’하면서 일하고 있는 것 같은 인상을 받았다.

2) 시각호소율을 높이자

먼저 인용한 이기문 교수의 ‘밋밋하다’고 하는 지적은 두 가지 뜻으로 이해된다. 첫째는, 그야말로 특색이 없고 매력적이지 못하다는 것이고, 둘째는, 시각호소력이 적다는 뜻일 것이라 생각된다. 이 점에 관해서는 조금이라도 사려 있는 사람이라면 모두 같은 생각을 갖고 있을 것이다. 이 문제를 생각할 때마다 필자가 갖게 되는 의문은, 우리가 한글을 자유로이 쓰게 된 지도 어느덧 반세기가 되는데 아직도 꼬박 붓글씨체의 활자만 쓰고 있으니 웬일일까 하는 생각이다. 낡은 것에 대한 애착인

가. 아니면 새로운 것에 대한 거부감 때문인가. 만사에 성미 급하게 부
쉬버리기도 잘 하고, 후닥닥 세우기도 잘 하는 한국사람이건만, 신중하
게 검토하여 장기적인 계획을 세워서 차분하게 진행시켜야 하는 일에
있어서는 왜 이렇게도 약할까 하는 의문이 생긴다.

　이탤릭체는 여간 편리를 주는 것이 아니다. 우리가 글을 쓰면서 어떤
단어나 문장을 특히 강조하고 싶을 때, 또는 남의 글을 인용할 때, 특
수한 자체를 쓰는 것은 극히 효과적인 방법이다. 말을 할 때는 강조하
고 싶은 점은 말소리를 높이든가 힘을 주어서 말한다. 우리가 그렇게
못하고 억양 없이 평면적으로만 말한다면 과연 만족할 만한 의사전달
이 가능할까? 뿐만 아니라 그러한 화법은 말하는 사람을 답답하고, 바
보스럽고, 무기력한 사람으로 보이게 만든다. 지금 이 순간 우리는 이
러한 과오를 우리 간행물이나 출판물에서 매일같이 범하고 있으면서도
그것을 의식조차 못하고 있는 것이 아닐까.

　일본사람들은 '히라가나'와 '가다까나'를 사용한다. '가다까나'는 주
로 외래어를 표기하는 데 사용한다. 일본에서 외래어가 차지하는 비중
이 지금같이 자꾸만 커진다면 얼마 안 가서 일본책의 절반은 '가다까
나'로 써질 날이 올지도 모른다. 일본사람들은 관념적으로 '가다까나'
로 표기된 것이 더 마다—ㄴ하고 산뜻한 것으로 생각한다. 그리고 그
것들은 대부분 박래품이다. 필자의 평양고보 시절 이야기를 한 토막 소
개하겠다. 일본인 영어선생이 개구쟁이 학생들을 앞에 놓고 칠판에다
'あいすくりーむ(아이스크리—무의 히라가나 표기)'라고 크게 쓰고,
그 옆에다 'アイスクリーム(아이스크리—무의 가다까나 표기)'라고
써 놓았다. 그리고는 엄숙한 어조로 "너희들은 어느 쪽이 더 먹고 싶으
냐?"하고 물었다. 물론 머리가 비상한 개구쟁이들은 일본사람들의 가
다까나 감각을 너무나 잘 알고 있었고, 선생이 기대하고 있는 대답이
무엇인가를 꿰뚫어 보고 있었다. 지명된 학생이 일어나서 큰 소리로 대
답하였다. "둘 다 먹겠습니다!" 그때 마음 좋고 속이 트인 영어선생은
학생들과 같이 폭소를 터뜨렸다. 그리고 나서 보통은 アイスクリーム
를 택한다 하고, 그 까닭을 설명했으나, 속으로는 "요 개구쟁이들한테

또 당했구나." 하고 고소를 지었을 법하다.

또 한 가지 한글에 없는 것이 대문자와 소문자의 구별이다. 문장의 첫자 또는 고유명사의 첫자를 대문자로 씀으로써 시각 호소율과 뜻의 전달도를 높인다. 우리가 영어책을 읽을 때 고유명사의 첫자가 소문자라면 아마도 그 말의 뜻을 알려고 사전을 찾아보게 될 것이다. 보통명사가 고유명사로 되어 버린 것도 많기 때문이다. 첫자가 대문자이기 때문에 그것을 고유명사로 즉시 인지할 수 있다는 사실은 독자에게 커다란 도움을 준다. 글을 읽을 때 뜻을 빠르고 명확하게 이해하는데 고유명사와 보통명사의 자동적 판별은 생각 이상으로 중요한 일이다. 현재 한국신문에서 고유명사를 꼭 한자로 쓰는 습성도 대문자가 생길 때 시정될 수 있을지도 모른다. 우리 활자체에도 대문자가 있어야 한다.

우리들의 선각자들도 고유명사의 판별에 유의하였다. 독립신문에서는 고유명사 오른편에 줄을 쳐서 고유명사가 들어나도록 노력하였다. 그러나 줄을 긋는다는 것은 인쇄작업에서 간단한 일이 아니어서 그런지 오늘날에 와서는 실행이 되지 않고 있다. 어떤 출판물이 있었는지는 생각이 나지 않지만 필자도 옆줄이나 밑줄을 쳐서 고유명사를 표시한 것을 여러 번 본 기억이 있다. 우리 선인들이 뜻하고 노력했지만 끝내 결실을 보지 못한 일을, 한글에 대문자를 만듦으로써 우리가 해낼 수 있게 될 것이다. 영어 앨화벹의 경우와 같이 전연 다른 모양의 대문자를 만들 필요도 없고, 글자 모양이 더 모가 난다든가 또는 굵기가 다른 글자체를 사용하면, 활자체에 있어서의 대문자의 역할을 쉽게 해낼 것이다. 우리 지도층의 무관심이 답답하기만 하다.

외국 학자들은 흔히 한글이 네모꼴 형체를 갖고 있는데 주목하며 이것은 중국 한자를 본딴 것이라고 지적한다. 한글 창제 당시의 우리 학자들에게 제일 익숙한 글자의 형체가 한자의 네모꼴 글자였던 것을 생각할 때, 우리 글자가 네모꼴로 되었다는 것은 당연하다. 그러나 앨화벹같이 키도 다르고 넓이도 다른 글자들을 보아온 눈에는 이상하게 보일 것이다. 우리 활자체를 키도 다르게, 사용 공간도 상중하 각각 다르게, 글자의 폭도 다르게 한다면 시각 전도율이 대단하게 향상될 것으로 생각한다.

일전에 뉴ー요ー크 종로서점에 들러서 책들의 글자모양을 살펴보았다. 책의 표지에는 여러 가지로 변화가 많은 글자체들이 사용되고 있었다. 순간 필자의 마음은 '역시 우리나라 사람들은 창조적이다.' 하는 마음으로 기뻐지는 것을 억누를 수가 없었다. 그러나 그 책들을 열고 속을 들여다보았을 때, 필자의 마음은 금세 어두워졌다. 어쩌면 그렇게도 꼭 같은 글자체였을까. 하나 같이 붓글씨의 활자체를 그것도 글자의 크기까지 신통하게도 비슷한 것을 사용하고 있었다.

글자체의 좋고 나쁘고는 각자의 관점에 따라 달라질 것이다. 특히 한국사람과 외국사람들의 경우, 한글에 대한 선호도나 쾌감도는 전연 다를 것이다. 우리 미적 감각을 만족시키는 아름다운 글자를 쓰는 것은 서예가의 일이다. 그 밖에도 한글의 시각 전달도의 개선, 작은 글자로 썼을 때의 혼란 방지, 특색 있는 자체의 개발 등, 외형의 아름다움만을 추구하기보다는 실리를 추구하기 위해서 할 일이 무척 많을 것이다.

시각 호소율이 높다는 것은 속독을 가능하게 한다는 말이다. 빨리 읽기 위해서는 글자모양의 문제도 있겠지만 세로쓰기 대 가로쓰기의 문제가 더욱 중요하다. 우리들의 눈은 좌우 운동에 편하도록 자리잡고 있다. 평행선상에 배치된 두 눈이 수직운동보다는 수평운동에 더욱 적합하리란 것은 삼척동자도 알 수 있다. 더구나 요즈음은 읽을 것이 많아진 탓인지, 또는 안경이 옛날보다 쉽게 입수되는 탓인지 안경을 낀 사람이 무척 많아졌다. 따라서 2중 초점의 안경을 끼는 사람도 많아졌다. 이들에게는 세로쓰기 책을 읽는 것은 일종의 고역이다. 이렇듯 분명한 이유가 있는데도 불구하고 왜 아직까지도 세로쓰기의 간행물이 많은지 알 수 없는 노릇이다. 가운데서도 끝까지 버티고 있는 것이 신문인 것 같다.

많은 한국 신문들 가운데에는 한 가지 공통점이 있다. 그것은 생활, 취미, 캄퓨ー타ー, 가정, 스포ー츠, 문학, 문화, 연예, 독자의 소리 등의 기사는 가로쓰기를 할 뿐 아니라, 동시에 한자의 사용빈도도 갑자기 낮아진다는 것이다. 이것은 글을 쓰는 사람의 세대 차이에서 오는 것인지,

글을 읽는 사람의 현대감각에 호소하기 위한 것인지, 또는 "언문"감각에서 오는 것인지, 한 번 따로 생각해 볼 재미있는 문제라고 생각한다.

여기서 새삼스럽게 가로쓰기의 문제를 논하는 것은 한글 글자 모양을 개량하는 문제는 가로쓰기를 전제로 해서 논해야 될 문제이기 때문이다. 또한 글자를 매일, 제일 많이 찍어내는 것도, 제일 많이 읽히는 것도 신문이기 때문에, 주요 신문이 세로쓰기를 고집하는 이상, 한글의 글자 모양을 개량하는 문제는 실질적인 진전을 기대하기가 어렵다. 한국의 장래는 언젠가 한글세대, 가로쓰기 세대에게 넘겨지게 되어 있다. 그때를 대비하기 위해서도, 한국의 신문은 좀더 과감하게 더욱 더 많은 부분을 한글전용의 세로쓰기 칼럼으로 만들어 나가야 할 것으로 믿는다. 최근에 이르러 신문에서 가로쓰기로 된 페이지가 차차 늘어나고, 또 그 페이지들이 차차 짜임새 있게 되어가고 있는 것은 나라의 장래를 위해서 다행스러운 일이라고 생각한다.

가로쓰기가 보편화될 때 영어 앨파벧같이 한글의 글자 높이를 다르게 한다든가, 모음의 종류를 결정하는 현재의 짧은 획을 한글 창제 당시의 '•'점으로 대체한다든가, 현재의 붓글씨체의 인쇄체를 좀더 대담하게 기하학적인 효율적 모양으로 바꾼다든가, 여러가지 시도가 좀더 용이해질 수 있을 것이다. 한국의 모든 조형 미술가들, 한글학자들, 심리학자들, 인쇄기술자들, 그리고 실제의 사용자가 될 학생들이 모두 참여하여, 시각 호소률이 가장 높고, 아름답고, 현대적인 감각을 지닌 한글 인쇄체가 만들어지는 날이 올 것을 믿어 의심치 않는다.

3) 풀어쓰기

한글이 최종적으로 이루어야 할 일은 풀어쓰기이다. 주시경선생이 반세기 전에 풀어쓰기를 제창하였지만, 그것을 다시 받들고 일어서는 후계자도 적었고, 이제는 아주 잊혀진 주제가 되어버린 것같다. 현재의 편안함만 좇고, 장래를 생각 못하는 무사안일주의에 모두가 사로잡혀

있는 것 같다. 요즈음 컴퓨―타―의 한글코―드 논쟁이 자주 일어나는
데, '조합형'과 '완성형' 지지자들 사이에서 벌어지고 있는 이 논쟁은
풀어쓰기와 현행 한글표기 사이의 논쟁과 마찬가지로 먼저 출발한 자
의 기득권이 대세를 결정하고 있는 것 같다.

현실적으로 풀어쓰기는 이상에 불과한 듯하여 현실과 이상의 괴리를
통감하지 않을 수 없다. 또한 현재의 한글 형체가 음절문자의 장점까지
갖추고 있어, 지면 절약과 속독을 가능케 하는 사실도 무시할 수 없다.
필자의 심경은 풀어쓰기 문제에서는 현실적 타협이 불가피하여도 조합
형 대 완성형 문제에서는 절대로 타협하여서는 안 되겠다는 것이다.

인간문화의 기본이 문자이듯이 컴퓨―타―과학의 기본도 문자이다.
바야흐로 정보문화의 시대로 접어들고 있는 이때, 한 나라의 컴퓨―타
―코―드의 우열은 그 나라의 성쇠를 좌우하는 관건이 된다고 하겠다.

이러한 중대사가 10여 년이 넘도록 확실한 결정을 보지 못하고 외국
회사의 자극이 있을 때만 잠시 문제가 되었다가 사라지곤 하니 참말로
큰 문제다. 이 분야에 대한 필자의 30여 년의 경험에 비추어 아무 이
해관계가 없는 국외자의 입장에서 사심 없는 의견을 펴보고자 한다.

먼저 완성형(통합형)과 조합형이 어떤 것인지 살펴보자. 우리나라의
컴퓨―타― 입출력은 오랫동안 완성형으로 이루어져 왔다. 완성형은
사용빈도가 높은 2,350개의 완성된 글자(초·중·종성이 합쳐져서 한
개의 음절문자로서 완성된 글자)에 일련번호를 붙여 놓은 것이다. 여
기에는 간혹 사용하고자 하는 글자를 발견할 수 없는 불편이 있었다.
그래서 초성 19개, 중성 21개, 종성 27개가 초·중성 또는 초·중·종성
으로 조합해낼 수 있는 최대의 가능성을 개발한 것이 통합형이다. 이렇
게 조합된 글자는 11,172개에 이르지만 대부분은 우리가 평생 쓰지 않
을 글자들이다.

컴퓨―타― 정보의 최소단위는 1빗트이며, 이 빗트 한 개를 +(1)
또는 ―(0)로 기록하여 사용한다. 8빗트가 모여서 1바이트를 이루는
데 그중의 7빗트만 보통 사용한다. 이 7빗트를 2진법으로 사용하면 2
×2×2×2×2×2×2=128개 부호를 표현할 수 있다. 통합형은 11,172

개의 부호를 갖고 있으므로 2바이트가 필요하다.

조합형 코ー드도 2바이트를 사용한다. 삼보컴퓨터에서 창안한 이 코ー드는, 2바이트 즉 16빗트의 첫빗트를 제한 나머지 15빗트를 3분하여, 초·중·종성에 각각 5빗트씩을 할당한다는 천재적인 묘안을 창출하였다. 그 결과 우리의 조합형 코ー드는 입력은 음소단위에서 출력은 음절단위에서 이루어야 하는 난제를 해결하였을 뿐 아니라, 음소당 5/8 바이트만 사용함으로써 1바이트를 사용하는 앨화벹 코ー드보다 더 간단해졌다.

훌륭한 코ー드는 simple, meaningful, structured, expandable하여야 한다. 이 조건들을 통합형과 조합형이 각각 어떻게 만족시키는지 보자.

Simple 통합형은 11,172개의 부호가 필요하지만, 조합형은 이보다 훨씬 적은 67개의 부호로서 정보처리가 가능하다.

Meaningful 통합형은 아무 뜻이 없는 숫자의 일련번호이다. 조합형은 초·중·종성을 일정한 위치에 기록하고 있어 캄퓨ー타ー의 기본적 기능인 자료의 순서매김과 동일자료 검출을 용이하게 한다. 훈민정음에도 합자해가 마련되어, 초·중·종성을 어떻게 조합해서 한 음절을 만드는가를 설명하고 있다. 바로 조합형만이 한글 창제의 정신과 한글의 장점을 보전할 수 있다.

Structured 통합형 코ー드가 하나의 선(線)이라면 조합형은 입체구조물이다.

Expandable 조합형의 초·중·종성에 배당된 5빗트는 각각 32개(2×2×2×2×2)의 부호를 대표할 수 있다. 따라서 우리가 갖고 있는 초성 19개, 중성 21개, 종성 27개를 모두 수용하고도 아직 초성 13개, 중성 11개, 종성 8개를 더 수용할 여유를 갖고 있다.

조합형과 통합형의 우열은 이 이상 논할 필요가 없다고 본다. 한 가지 문제점은 조합형도 현재는 출력할 때에 일련번호가 필요하다는 것이다. 그 이유는 기존 쏘후트웨어(Window 등)와의 연결성 때문이다. 한글의 음소단위 입력과 음절단위 출력이 완성형을 선호하게 만드는 요인이라고 생각되어 이에 대한 해결책을 간략하게 제시하여 보고자 한다.

출력시의 자모음부호의 위치, 모양, 크기는 종성의 유무와 모음의 종류로서 결정된다. 초성의 단/복합자음을 C_1으로 하고, 종성의 단/복합자음을 C_2로 하고 중성모음을 아래와 같이 분류한다.

V_1 수직선모음   ㅏ ㅑ ㅓ ㅕ ㅣ
V_2 수평선모음   ㅗ ㅛ ㅜ ㅠ ㅡ
V_3 수직·수평선 모음   ㅘ ㅙ ㅚ ㅝ ㅞ ㅟ ㅢ

'ㅂ'을 예로 하여, 한글 자모조합방법을 표시하여 본다.

초성·중성만의 글자 C_1V_1 바, C_1V_2 부, C_1V_3 봐
초·중·종성×수직선모음 $C_1V_1C_2$ 밥
초·중·종성×수평선모음 $C_1V_2C_2$ 봄
초·중·종성×수직/수평 모음 $C_1V_3C_2$ 봽, 봙

이 6가지 조합법 가운데 어느 것이냐에 따라서 자모음 부호의 위치, 모양, 크기가 결정되며, 이것을 좀더 세밀하게 분석함으로써 음소단위의 출력과 폰트 수의 극소화가 실현될 수 있을 것이다.

한글과 컴퓨터사의 이찬진 사장과 한글코―드에 관한 이야기를 나누었을 때도 역시 연결성 또는 호환성의 문제가 지적되었다. 필자의 견해로는 마이크로 쏘후트사에 거액의 용역을 주어서라도 윈도우 96에는 조합형 코―드가 수용되도록 하는 것이 문제해결의 지름길이라 생각한다. 마이크로 쏘후트사에서도 자사의 이익과 한국문화에 기여한다는 입장에서 기꺼이 응할 것이다.

한국 캄퓨―타―과학의 발전을 위해서는 조합형 채택이 필수적이다. 정부는 과거의 우유부단이 초래한 혼란을 스스로가 시정하는 뜻에서도 이 일에 지금 당장 과감한 투자를 하여야 한다. 관료는 적당주의로 시간벌기에만 급급하지 말고, 쏘후트웨어 업체들은 자기의 이익만을 추구하지 말고, 한글의 우수성을 잘 살린 코―드의 개발과 정착에 힘을 모아야 할 것이다. 앨화벹 코―드보다 출발이 늦었다는 것이 약점일 뿐 유일한 1자 1 음의 음소문자인 한글 코―드는 장래, 특히 음성정보화시대에 접어들 때 온 세계에서 으뜸가는 코―드가 될 것을 의심치 않는다.

4. 필기체

1) 필기체의 필요성

한글의 또 한 가지 결점은 필기체가 없다는 사실이다. 우리의 활자체와 필기체는 같은 것이고, 그 활자체도 모필로 한지에다 쓰던 때와 똑같은 글자체이다. 아득한 옛날에는, 돌이나 점토에다 글자를 파서 새기는 것이 기록을 남기는 방식이었기 때문에, 필기체라는 것이 있을 수 없었다. BC 600년경에 Nile 강변에서 Papyrus라는 수생식물로 만든 일종의 종이가 발명되자, 필기체가 사용되기 시작하였다. 그러니 필기체가 없는 우리는 아직도 BC시대에 살고 있는 셈이다.

필기체는 활자체보다 획수가 적고 글과 글이 연결되어 있기 때문에 쓰는 속도가 빨라진다. 필기체의 사용에서 절약되는 시간은 적은 것이 아닐 것이다. 모든 기업체에서 '1초 아끼기 운동'을 하고 있으면서, 왜 훌륭한 필기체의 공모라든가 그러한 필기체의 사내 보급 같은 것은 꿈에도 생각하지 않을까.

형체가 단순해서 빨리 쓸 수 있고, 모든 모양과 글자의 크고 작기를 이용해서 시각 전도율이 높고, 오독의 가능성이 없고, 그러면서도 우리의 미적 감각을 만족시키는 필기체를 만들어야 한다. 언젠가 신문에서 한글 속기체 연구에 정열을 불태우고 있는 분의 이야기를 읽은 기억이 있다. 이런 분과, 한글학자, 미술가, 심리학자, 서예가 등 여러 사람이 모여서, 훌륭한 필기체를 만들어 내야 한다. 한국사람은 과거를 미련 없이 떨치고 새로운 일을 벌이는 데 주저하지 않는다고 한다. 그러나 으레 있어야 할, 벌써 만들었어야 할 필기체는 어찌하여 아직도 만들지 못했고, 또 만들려는 기색조차 보이지 않을까.

아무리 타자기나 와ー으즈 푸로쎗싸ー가 보급되어도, 우리는 종이 위에다 글을 적는 일을 떨쳐버릴 수 없다. 외국의 여러 나라에서는 친근

감을 나타내야 할 때는, 펜으로 글을 적어야 한다. 자그마한 펜만 한
개 호주머니에 넣고 다니면, 언제 어디서나 남의 말을 종이에 기록해
놓고, 자신의 생각을 종이에다 남겨 놓을 수 있다. 앞으로 아무리 기계
가 발달되어도 펜을 버리게 되는 날은 쉽게 오지 않을 것이다. 그렇기
때문에 필기체는 하루 속히 만들어져야 한다. 학생, 문필가, 기자, 공무
원, 그 밖에 모든 국민이 합리적으로 만들어진 필기체를 사용할 때, 거
기서 얻는 시간 절약은 정말로 방대한 것이 될 것이다.

1992년 10월호「말」지에 문익환 목사의 글이 실렸었다. 옥중에서
한글 풀어쓰기 연구에 골몰하고 있는 모습을 아들 문성근씨에게 적어
보내는 편지들이었다. 그 중 몇 줄을 인용한다.

"한글 풀어쓰기에 관심을 가진 것은 최현배선생의「글자의 혁명」을 읽고부터
지."

"76년 한글날을 기해서 장봉선씨와 같이 우리글 풀어쓰기 보급을 위한 신문
을 월간으로 내기로 했었는데, 감옥에 들어오는 바람에 못하고 만 일도 있었
다."

"그런데 놀라운 것은 (어두운 데서) 우리글 책은 못 읽겠는데 영어책은 읽을
수 있는 거야. 영어 글씨는 고루 굵은데 우리 글자는 그럴 수 없는 거야. '나'자야
굵게 할 수 있지만, 그 좁은 공란에 '빨'자를 굵게 할 수는 없는 거거든. 여기서
내가 깨달은 것은 우리의 모든 글씨체는 눈을 피곤하게 한다는 것이었다."

"수도 없이 쓰고 쓰고 또 써보았다. 왜 써봐야 되느냐? 어떤 모음 글자는 어
떤 자음과 같이 쓰이면 혼란이 생기는 거야. 그런 혼란이 완전히 배제된 체계라
야 하는 것이지."

"우리 글자들은 키가 꼭 같아서 구별하기가 어려운 거지. ㅎ, ㅌ, ㅊ처럼 모
자를 쓴 글자들의 개성은 살려야 하는 거고."

"우리의 자모로는 낱말 하나하나에 개성을 주기 어려우니까 숫제 로마자를
쓰는 게 어떠냐는 주장도 있고, 최현배 선생처럼 우리 글자를 살리고자 하면서
도 글자 모양을 너무 로마자를 닮게 만드는 분도 있어. 최현배선생의 체계에서
는 ㅏ는 h, ㄴ는 d, ㅅ는 w 등, 로마의 자모를 거의 그대로 갖다 쓰려고 하는
데 이건 조금 안이한 생각이 아닌가 싶어."

"또한 된소리는 위에 점을 찍어 주기로 했지. ᄀ(ㄲ), ᄃ(ㄸ), ᄇ(ㅃ), ᄎ(ㅉ)"

"나는 이 체계가 공인되기를 기대하는 것이 아니라 이런 노력들이 여기저기서 이루어져서 그 여럿을 놓고 더 좋은 것을 같이 만들어내야 한다는 생각이다. 그런 계기라도 마련하려고 시도해 보았던 거지."

이러한 내용의 글로서는 드물게 접하는 글이어서 좀 길게 인용하였다. 필자는 이 분이 이북에서 한 일에 대해서는 찬동할 수 없으나, 어두운 감방에서 손 끝으로 한글 풀어쓰기를 연구하고 있는 문목사 모습을 생각하며, 모두 방법은 달라도 나라 사랑하는 마음만은 한 가지라는 것을 절실하게 느꼈다. 오랜동안의 깊은 생각과 예리한 관찰의 결과인 문목사의 말에는 경청할 말이 많다. 형무소 안에서 세속적인 일에 개의치 않고 오직 진지하게 묵상만을 할 수 있었던 경지에서만 나올 수 있었던 말들이다.

필자가 생각해 본 필기체를 아래에 적어본다. ㄲ, ㄸ, ㅉ, ㅃ 등의 된소리 부호는 편리하면서도 오독의 가능성이 적은 부호가 생각나지 않았다. 마침 문목사의 글을 읽게 되어 ᄀ, ᄃ, ᄎ, ᄇ같이 글 위의 점으로 표기하는 방법을 얻어다가 사용해 보았다. ㄲ, ㄸ, ㅆ, ㅉ, ㅃ 5개의 부호로 시작되는 낱말은 국어사전에서 2.8%를 차지하고 있었다. 이것은 일영사전에서 i와 j로 시작되는 낱말이 차지하는 비율 4.15%임에 비해서, 1%가 적은 숫자이므로, 영어 필기체를 쓸 때 i와 j자 위에 점을 찍는 것보다도 더 작은 부담이 될 것이다.

ㅊ, ㅋ, ㅌ, ㅍ의 경우에는 부호 위에 줄을 그어서 표기했다. 그런데 민중서림의 국어사전을 살펴보았더니 총 2,480 페이지 중 271 페이지가 ㅊ, ㅋ, ㅌ, ㅍ로 시작되는 낱말이었으며, 이것은 전체의 10.92%에 달하는 양이었다. 따라서 이것은 좀 큰 부담이 될 것 같다. 슬기로운 이들이 좋은 부호를 생각해 냈으면 한다. 영어 필기체에서 줄을 그어야 하는 t자가 사전에서 차지하는 비율은 5.47%였다.

필자가 생각해 본 필기체를 아래에 소개한다.

2) 시험적 필기체

ㄱ ㄴ ㄷ ㄹ ㅁ ㅂ ㅅ ㅇ ㅈ ㅊ ㅋ ㅌ ㅍ ㅎ

ㅏ ㅑ ㅓ ㅕ ㅗ ㅛ ㅜ ㅠ ㅡ ㅣ ㅐ ㅔ

ㄲ ㄸ ㅃ ㅉ ㅆ ㄹㄹ ㅒ ㅖ ㅘ ㅙ ㅚ ㅞ ㅢ

1. ㄱ, ㄴ, ㄷ, ㄹ, ㅁ까지는 원래의 한글형태를 갖추고 있다. 필자는 뒤에 최현배 선생의 「한글가로쓰기」를 보고 ㄱ, ㄴ, ㄷ, ㄹ는 최현배 선생도 같은 모양을 취한 것을 보고 사람의 생각은 어느 한도까지는 비슷하다는 것을 발견한 것 같이 느꼈다.

2. ㅎ도 원래의 모양을 갖고 있으나 다만 상, 중의 두 공간을 사용하고 있다.

3. ㅅ는 ㅅ→ㅿ→ㅅ의 변화과정을 밟은 것으로 생각하면 될 것이다.

4. ㅇ는 필기체 풀어쓰기에서는 'ㅇ'은 종성 때만 쓰게 될 것임으로, 하부공간을 사용했다.

5. ㅈ는 ㅈ→ㅁ→ㅈ의 변화과정을 거쳤다고 생각할 수 있겠지만 동시에 영어의 비슷한 소리를 표기하는 Z의 필기체와 같다는 데 더 뜻이 있다.

6. ㅎ는 위의 점을 빼고 ㅎ로 하였다.

7. ㅊ, ㅋ, ㅌ, ㅍ 등의 파열음은 부호 위의 '―'로, ㅉ, ㄲ, ㄸ, ㅃ 등의 내파열음은 글자 위의 '·'으로 표시하였다.

8. 모음에 있어서는 한글의 직선은 필기체에 사용하기 힘든 형태임으로 되도록 영어앨파벹에서 따왔는데, a, ℓ, u 등이 이런 것들이다. 이것은 영어 필기체를 아는 우리 학생들과 외국사람들의 위화감을 중화시키는데 일조가 될 것이다. ㅓ소리는 ε로 표기했는데 이것은 ㅓ=ē의 표기법을 이용한 것이다. ㅔ는 e로, ㅐ는 æ로 표기했는데, 이것은 e.æ가 모두 기본적인 모음이기 때문이다. 또한 이것으로 다음의 ㅒ, ㅖ 등을 2개의 부호만으로 표

기할 수 있다. ✔는 yard를 jard로 발음을 표시하는 만국발음부호의 형태
를 따다 쓴 것이다.

1958년 1월 10일에 주은래가 "중국 문자의 개혁에 관한 당면 과
업"이라는 제목으로 연설을 하였는데 그 내용의 일부를 아래에 소개한다.

"라틴 앨화벹을 중국의 표음문자로 사용하는 것이 중국 인민의 애국심을 손
상시키는 일인가? 우리들은 우리들 자신의 앨화벹을 발명하던가, 또는 우리의
주음 자모(注音字母 = 한자의 발음부호)를 계속 사용할 수는 없는가? 1952년
부터, 중국 문자 개혁 위원회는 중국의 앨화벹을 만들기 위해서 주음 자모의 개
량을 위한 노력을 포함해서 거의 3년이라는 세월을 소비하였다. 만족할 만한 결
과가 나타나지 않아서 드디어 이 시도는 포기될 수밖에 없었다. 그래서 결국은
라틴 앨화벹이 채택되었다.

현재 영국, 후랑스, 독일, 이탤리, 스페인, 네다랜드, 스웨덴, 덴마ー크, 노르
웨이, 알바니아, 항가리, 포ー랜드, 첵코스로우봐ー키아, 루ー마니아, 뷔에트
남, 인도네시아, 에스토ー니아, 라트뷔아 등, 무려 60여 개의 나라가 라틴 앨
화벹을 그들의 문자로 사용하고 있다. 라틴 앨화벹을 채택함에 있어서 이들 나
라들은 그들 자신의 국어에 적용시키기 위해서 적절한 조절과 개량을 가해야만
했다. 이렇게 해서 라틴 앨화벹은 이들 각국의 앨화벹이 되었다.

또 다른 면에서 앨화벹은 국제사회에서 사용되는 하나의 부호이며, 어느 한
나라가 소유권을 주장할 성격의 것이 아니라고 말할 수 있다. 우리들은 후랑스
사람이 영국 앨화벹을 사용한다고는 더군다나 말할 수 없다. 우리는 후랑스 사
람들은 후랑스 앨화벹을 사용하고, 영국 사람들은 영어 앨화벹을 사용한다고 말
할 수 있을 뿐이다. 마찬가지로 우리가 라틴 앨화벹을 채택해서 거기에다 중국
어에 필요한 조절을 해서 사용할 때 그것은 우리말을 표음하는 앨화벹이며, 그
것은 옛 라틴 앨화벹도 아니고 더군다나 어떤 외국의 앨화벹도 아니다.

앨화벹은 소리를 표기하는 수단에 불과하다. 우리는 우리가 기차, 기선, 자동
차, 비행기 등을 타는 것과 마찬가지로 앨화벹을 쓸 따름이다. 그리고 시초부터
말한다면, 모든 나라에서 사용되고 있는 앨화벹은 모두가 같은 수입품이다. 그
것은 또한 우리가 아라비아 숫자를 셈이나 계산에서 사용하는 것과 하나도 다를
것이 없다. 따라서 라틴 앨화벹의 채택은 우리 인민의 애국심을 조금도 해칠 것

이 못된다.”

　우리도 좁은 소견을 버리고, 넓은 마음과 미래 지향적인 자세로 이문
제를 생각할 수 있었으면 한다.
　아래에다 윤동주 시인의 「서시」를 필기체로 써 본다. 여기서는 위에
소개한 부호의 시험과 그 밖에 두 가지가 시험되었다. 첫째는 한글의 풀
어쓰기다. 둘째는 모음으로 시작되는 글자의 초성 ‘ㅇ’은 생략했다. 따
라서 ‘ㅇ’이 사용되는 곳은 종성이 ‘ㅇ’으로 끝날 때 뿐이다. 문목사의
말과 같이 이런 때는 “수도 없이 쓰고 또 써봐야 한다.” 어떤 글자와
조합이 되어도 형체가 흐트러지지 않고 자그마한 혼란이 일어날 가능
성도 완전히 배제되어야 하기 때문이다. 필자의 몇 주일간의 생각의 산
물이 실용적일 수 있으리라고는 생각하지 않지만, 다만 하나의 시도를
제시하는 뜻에서 싣는다.

　죽는 날까지 하늘을 우러러
　한 점 부끄럼 없기를
　잎새에 이는 바람에도
　나는 괴로와 했다
　별을 노래하는 마음으로
　모든 죽어가는 것을 사랑해야지
　그리고 나한테 주어진 길을
　걸어가야겠다
　오늘 밤에도 별이 바람에 스치운다.

3) 이상과 현실

지금까지 한국에서는 주시경 선생에 의해서 1900년대 초기에 시작된 풀어쓰기 운동이 미미하나마 그의 계승자들에 의해서 꾸준하게 전개되어 왔다. 주시경 선생의 활자체 풀어쓰기는 말 그대로 현재의 한글을 풀어서 옆으로 써나가는 것이었다. '아'줄에서 초성 'ㅇ'이 빠졌을 뿐, 가장 단순명료한 따라서 가장 우수한 풀어쓰기이다.

그의 충실한 제자였던 김두봉 선생은 쓰기에 쉽고, 보기에 쉽고, 박기에 쉬운 글자를 제창하였다. 그러나 그의 활자체도 'ㅣ'는 'I'로, 'ㅡ'는 'u'로 모양이 바뀌어서 읽기 힘들고 생소한 느낌을 준다. 특히 필기체는 한참 뜯어보고 추리를 해야 알 수 있을 정도로 복잡하다. 인쇄는 쉽게 되겠지만, 쓰기와 보기에는 대단히 불편한 글자들이다.

최현배 선생도 꾸준히 풀어쓰기를 주장한 분으로, 1963년에 나온 「한글가로쓰기독본」에는 큰 박음(인쇄체 대문자), 작은 박음(인쇄체 소문자), 큰 흘림(필기체 대문자), 작은 흘림(필기체 소문자) 등이 모두 실려 있다. 예를 몇 가지 들어 보면 아래와 같다.

한글	큰 박음	작은 박음	큰 흘림	작은 흘림
ㅅ	W	w	w	w
ㅊ	ㅊ	ㅊ	ㅌ	e
ㅌ	ㅏ	h	k	h
ㅑ	K	K	K	K
ㅓ	ㅏ	ㅁ	ㅁ	g
ㅕ	ㅁ	ㅁ	ㅁ	y
ㅗ	ㅗ	ㅗ	u	u
ㅛ	ㅛ	ㅛ		

이 글자체에서는 지나치게 한글의 글자체에 가까운 앨화벹문자를 택하려고 한 흔적이 엿보인다. 한글 'ㅅ'이 난데없이 영어 앨화벹의 'W'가 되었고, 'ㅊ'가 't', 'ㅌ'가 'ε', 'ㅑ'가 'K', 'ㅗ'가 'ℓ'이 되었다. 심지어 'ㅕ'는 로시아어의 'Я'(ja)가 되어버렸다. 한글의 형체와 비슷한 앨화벹 글자를 채택하려는 무의미한 노력은 앨화벹을 아는 사람에게는 오히려 커다란 혼란을 주는 결과를 가져왔다. 로시아어에서, P가 R로, H가 N으로, B가 V로, Y가 U로 둔갑하는 사실은 로시아어를 배우는 사람에게 혼란과 반발감을 준다는 사실은 널리 알려진 사실이다. 따라서 최현배 선생의 풀어쓰기는 한국사람에게도 생소한 감을 주는 동시에, 앨화벹을 아는 모든 사람들을 혼란에 빠뜨리는 글씨체가 되어 버렸다.

여기서 활자체의 개량, 필기체의 창조, 그리고 그 가능성을 종합해서 생각하여 보자. 우선 활자체는 읽기 좋고, 박기 좋고, 부수적으로 아름다워야 하겠다. 읽기 좋은 글자는 간단한 형체, 상하좌우의 균형된 획수, 모든 기하학적 선을 이용한 높은 시각호소율을 요구한다. 이러한 개량이 될 때 그것은 문익환 목사가 지적한 대로 어두운 데서도 읽을 수 있는 글자, 눈의 피로를 덜어주는 글자, 독서속도를 높여주는 글자가 될 것이다.

인쇄의 편리를 위해서는 풀어쓰기가 되어야 한다. 그러나 이것은 이상일 뿐, 우리 국민의 의식구조를 생각할 때 너무나 급격한 변혁일 것이다. 또 한 가지 생각할 것은 풀어쓰기는 지면을 늘리고, 책의 부피를 늘리고, 책 읽는 속도를 느리게 할 가능성도 있다. 이러한 이유로, 필자는 현재의 모아쓰기를 개량, 보충하면서 적절한 시기를 기다리는 것이 좋을 것이라고 생각한다. 이상과 현실 사이의 벽은 높고 두텁다.

지금 사용되고 있는 우리의 활자체는 읽기에 편한 글씨체가 아니다. 책에 인쇄될 글씨체는 우선 읽기에 편한 것을 주목적으로 삼아야 한다. 그리고 한글의 세계화를 위해서는 우리만이 좋아할 수 있는 글씨체여서는 안 된다. 온 세상 사람들이 아름다움을 느낄 수 있고, 읽기 편한 활자체를 만들어야 한다.

필기체도 활자체와 같이 읽기 좋고, 보기 좋아야 하지만, 인쇄에 편한 대신 쓰기에 편한 글씨체가 되어야 하는 것이 유일한 차이점이다. 활자체는 일부의 사람들이 인쇄한 것을 딴 사람들이 읽는 것이지만, 필기체는 자기가 쓴 것을 자기가 읽거나, 때로는 남이 읽게 된다. 인쇄체는 소수의 인간이 인쇄한 것을 다수의 인간이 읽지만, 필기체의 경우에는 거의 모든 경우에 1대 1의 관계이다. 따라서 인쇄체의 경우에는 만인에게 보기 좋고, 읽기 좋은 책을 주기 위해서 소수의 사람이 많은 고생을 해도 합리화될 수 있지만, 필기체의 경우에는 1대 1의 관계에서 사용되는 1회용이므로, 필기체의 글을 쓰는 데 지나치게 시간이 소요되어서는 안 된다. 따라서 필기체야말로 빨리, 쉽게 쓸 수 있고, 혼동의 가능성이 최소화된 읽기 쉬운 글씨여야겠고, 또한 아름다운 글이여야 하겠다.

활자체나 필기체에 못지 않게 앞으로 더욱더 무게를 더해서 가장 중요한 것이 될 캄퓨-타-의 입출력 문제가 있다. 필자 생각으로는 모든 국민의 총체적 합의로 이상적인 한글 풀어쓰기가 이루어질 때까지는, 입력은 풀어쓰기로, 출력은 모아쓰기로 하여야 할 것 같으며, 이 일을 가로막는 기술적인 어려움은 하나도 없을 것 같다.

끝으로 한 가지 지적하고 싶은 것은, 한국에서는 이런 일이 항상 관의주도로 은밀하게 이루어진다는 것이다. 왜 민간 주도로 하든가 또는 관에서 주도하더라도, 현상모집, 공개토론, 취사선택의 과정을 거치면서 많은 민간인의 참여를 유도하지 못하는가. 문자의 개조나 개량은 쉬운 일이 아니다. 그것은 진정한 국민의식 개조 없이는 도저히 실현될 수 없는 문제이기 때문이다. 국민의식의 개조, 국민의 참여를 이끌어내기 위해서도 이런 일은 공개적으로 추진되어야 한다. 한글을 인류의 문자로 만드는 세계화, 한글을 캄퓨-타-화하는 미래화를 위해서, 활자체의 개량과 필기체의 창조는 꼭 이루어져야 한다.

5. 멸종위기에 있는 ㄹ 소리

1) 우리 조상은 류음을 사랑했다

우리의 조상들은 ㄹ 소리를 무척 사랑했던 것 같다. 우리가 잘 아는
청산별곡(靑山別曲)을 보아도 'ㄹ'소리가 참 많이 들어 있다.

> 살어리 살어리라따
> 청산에 살어리라따
> 멀위랑 ᄃ래랑 따먹고
> 청산에 살어리라따
> 얄리 얄라얄라 얄라셩 얄라리 얄라

이숭녕 선생의 중세국어문법(p. 395)에서 다시 한 번 인용한다.

"여기서 '얄리 얄라 얄라 얄라셩 얄라'는 민요에서 일반화된 음향감을 살린
반복조(反復調)로서 15세기의 서민적인 정서가 보인다. 'ㄹ'류음을 볼 수 있는,
가장 대표적인 것이 다음에 보이는 노래 '군마대왕(軍馬大王)'이다.

> 리러루 러리러루 런러리루
> 러루 러리 러루
> 리러 루리 러리로
> 로리 로라리
> 러리러 리러루 런러리루
> 러루 러리러루
> 리러루리 러리로(後略)

이것은 '날라리(라리라)'라는 말에 남아 있으며 '군마대왕'은 이 '피리'의 음

계로 작사한 것이다."

'도레미화…' 대신 '리로라루러'를 쓴 것도 재미나고 우리 조상의 음
향감각에 감탄하지 않을 수 없다.

김형규 선생은 '국어사연구(國語史硏究)'에서 다음과 같이 명맥히
지적했다. "ㄹ음을 생각해 보면 ㄹ은 자음 중에서 음향도가 가장 커서
모음에 가까운 류음(流音)으로 순조롭게 발음되고 쾌감을 주는 음이
다. 그러므로, 가사에 ㄹ 음이 많이 들어 있으면 그만큼 우리에게 쾌감
을 주는 결과를 가져올 것이다."

우리 노래 '아리랑'을 온 세계 사람이 애창하는 이유는 그 아름다운
곡조에도 있지만, "아리랑 아리랑 아라리요 아리랑 고개를"에서 보듯
ㄹ 소리가 많이 되풀이되는 데에도 있다. 만약에 이 노래가 "아이낭
아이낭 아나이요"와 같이 불려진다면 어떻게 될까.

어떤 미국인 친구가 필자에게 물었다. "너희 「아리랑」노래는 그렇게
도 듣기 좋은데 네가 한국말을 하는 것을 들으면 왜 그리 딱딱하냐?"
하는 것이었다. 그래서 생각해 보니 우리의 「아리랑」 노래에는 류음과
장음이 풍부하게 들어 있다. 뿐만 아니라 '넘어간다', '발병난다' 할 때
의 마지막 '다'는 'ㄴ'이라는 비음 다음에 와서 상당히 탁음화한다. '아
리랑'이 누구 귀에도 듣기 좋은 이유는 곡조 말고도 이렇게 류음, 탁
음, 장음이 모두 들어 있기 때문이다.

독자들은 스위스 민요인 「요들」 노래를 들을 때 '요들' 부분에서 무
수한 산울림 같은 아름다운 소리들을 들었을 것이다. 그 아름다운 소리
가 어디서 오는 것인지 생각해 보았는지. 그 소리들은 류음에서 오는
것이다. 한 줄만 적어보자.

욜로 레이디오 레이디오 로우디오 레이우디리

이것은 Happy Wanderer의 후렴 부분이다. 이 듣기 좋은 류음을 모
두 말살하려고 드는 사람들은 정말로 답답하고 한심한 사람들이다.

오랜만에 린칸쎈타—에 관극을 갔다. 그날의 가극은 Student Prince 였다. 하이델애—으를 무대로 한 '황태자의 첫사랑'은 옛날과 다름없이 완전히 필자의 마음을 사로잡았다. 특히 대학생들의 합창은 필자의 가 슴을 두근거리게 할 정도였으며, 작은 무대위에서 벌어지고 있는 것 같 지가 않았다. 그중에서도 "Drink! Drink!"로 시작되는 건배의 노래는 40여 년 전에 영화에서 이 노래를 처음 들었을 때의 감격을 그대로 다 시 안겨 주는 것 같았다. 그때 머리를 스치고 지나가는 것이 있었다. Drink라는 말이 탁음과 류음으로 되어 있다는 사실이다. 이 노래가 혹 '트잉크, 트잉크'로 시작했다고 가정했을 때, 과연 그와 같은 감흥을 자 아낼 수 있을까 하는 생각이 들었다.

2) 이유 없는 두음법칙

우리의 ㄹ소리는 지금 빈사 상태에 있다. 민중서관의 엣센스 국어사 전에서 '두음법칙'을 찾아보면 "단어의 첫머리가 다른 음으로 발음되는 일(우리말에서 첫소리의 ㄹ과 ㄴ이 각각 ㄴ과 ㅇ으로 발음되고 중자 음을 피하며 첫소리의 ㅇ이 음가를 잃는 일 따위)"라고 설명하고 있 다. 필자는 여기저기서 두음법칙이 어떤 것인지 설명하는 것은 읽었으 나 왜 그것이 필요하게 되었는지에 관해서는 읽은 기억이 없다.

민중서관의 엣센스 국어사전, 금성교과서의 영한대사전, 일본 산세이 도 일본어사전(新明解國語辭典)을 자료로 해서 이 세 나라 말에서 ㄹ 음이 차지하는 무게를 살펴보았다.

	총페이지 수	ㄹ, r, ら페이지 수	%	ㄹ, r, ら가 차지해야 될 몫 %
국어사전	2480	30	0~1.21%	7.14%
영어사전	2773	128	4.61%	3.85%
일어사전	1405	48	3.42%	6.66%

앨화벹의 경우 r자가 차지해야 될 몫은 $100 \div 26 = 3.85\%$인데 실제로는 4.61 %이니 자기 몫을 상회하고 있다. 여기서는 영어에서 수많은 단어가 r 자로 끝나고 있다는 사실은 고려의 대상에 넣지 않았다. 일본말의 경우 ら(라) 줄이 차지해야 할 몫은 6.66 %인데 자기 몫의 1/2 정도인 3.42 %를 차지하고 있다. 한국말의 경우는 자기 몫 100 % ÷ 14=7.14 %의 6분의 1 정도인 1.21 %를 차지하고 있다. 이 1.21 %라는 것도 자세히 살펴보면 허구의 숫자이며 실제로는 0 %이다. 그 이유는 이러하다.

우선 ㄹ 부의 절반 가량은 외래어로 차 있다. 그 외래어 가운데는 light나 letter 같은 ℓ (ㄹㄹ)로 시작되는 외래어도 많이 들어 있으니 더욱 가관이다. 나머지 절반은 卵(란), 蘭(란), 冷(랭), 連(련), 梨(리) 등의 글자로 시작되는 낱말들이니, 이들은 한자의 원래의 발음을 소개하기 위한 것으로서 실제로 사용될 때는 모두 'ㄴ'이나 'ㅇ'으로 변해 버릴 것들이다. 따라서, 우리들 자신의 말로써 'ㄹ'로 시작되는 낱말은 사실상 멸종해 버렸다.

한글맞춤법 제5절 두음법칙 제11항은 다음과 같이 규정하고 있다.

"한자음 '랴, 려, 례, 료, 류, 리'가 단어의 첫머리에 올 적에는 두음법칙에 따라 '야, 여, 예, 요, 유, 이'로 적는다."(ㄱ을 취하고 ㄴ을 버림)

ㄱ	ㄴ	ㄱ	ㄴ
양심(良心)	량심	용궁(龍宮)	룡궁
역사(歷史)	력사	유행(流行)	류행
예의(禮儀)	례의	이발(理髮)	리발

단어의 첫머리 이외의 경우에는 본음대로 적는다. 다만 모음이나 'ㄴ' 받침 뒤에 이어지는 '렬, 률'은 '열, 율'로 적는다.

ㄱ	ㄴ	ㄱ	ㄴ
나열(羅列)	라렬	진열(陳列)	진렬

규율(規律)	규률	선율(旋律)	선률
선열(先烈)	선렬	비율(比率)	비률

제12항 한자음 '라, 래, 로, 뢰, 루, 르'가 단어의 첫머리에 올 적에는 두음법칙에 따라 '나, 내, 노, 뇌, 누, 느'로 적는다.

ㄱ	ㄴ	ㄱ	ㄴ
낙원(樂園)	락원	뇌성(雷聲)	뢰성
내일(來日)	래일	누각(樓閣)	루각
노인(老人)	로인	능묘(陵墓)	릉묘

이 규칙들을 살펴보면 어떠한 필연적 사유가 있어서 소리가 변하는 것이 아니라 단지 조금이라도 편한 발음으로 하기 위해서, 즉 입만 뻥긋하면 소리가 되는 그러한 소리로 대체하기 위한 것으로밖에 이해할 수가 없다. 이것은 우리의 말을 아름답게 만든다든가 동음딴뜻말을 줄인다든가 하는 것과 같은, 바람직한 언어가 되기 위해서 요구되는 필수 조건과는 오히려 역행하고 있다. 앞에서 살핀 우리의 문자정책은 '노세 노세 젊어 노세'식의 안이한 사고방식의 소산인 것 같다.

또 한 가지 생각할 수 있는 이유가 있다면 그것은 표준어와 관련되는 일일 것이다. 특정한 지방의 특정한 계층의 사람들이 쓰는 말이라고 이치에 어긋나는 말소리까지도 국민 전체에게 강요하는 것이 과연 옳은 일일까? 일단 표준어라는 딱지를 붙여 놓으면 그 표준어를 정당화하기 위해서 언어의 원리원칙을 무시해도 좋다는 사고방식은 과연 온당한 것일까. 중국에서는 '표준어' 대신 '보통화(普通話)'라는 말을 쓴다. '널리 통용하는 말'이라는 뜻이다. '보통화'의 정의는 "북방어(北方語)를 기초 방언(方言)으로 하고 북경어음(語音)을 표준으로 하는 한(漢)민족 공동의 말"이라고 되어 있다.

우리는 "표준말은 현재 서울을 중심으로 한 중부지역에서 교양있는 사람들이 두루 쓰는 말씨로 한다."고 아주 좁은 뜻의 정의를 내리고 있는 데, 중국사람들은 폭넓게 정의를 내리고 있다. 중국의 방언은 우리

들의 방언과 같이 약간의 차이를 가지고 있는 것이 아니고, 그야말로
거의 외국어라고 할 수 있을 정도의 차이를 서로간에 가지고 있다. 따
라서, 우리나라와는 비교가 안될 정도로 언어 통일의 필요를 느끼고 있
지만 감히 표준어라는 말을 사용하지 않고, '널리 통하는 말'이라는 보
통어로 부른다. '기초방언'이라고 하는 데서도 우리의 '방언'이나 '사투
리'라는 말이 풍기는 '시골말'이라는 느낌은 전연 감지할 수가 없다.
또, '국어'라고 하지 않고 '한민족 공동의 말'이라고 하고 있는 데도 소
수민족을 무시하지 않으려는 그들의 배려가 엿보인다. 한국 같은 좁은
땅에서 표준어와 지방어를 필요 이상으로 구별하고 차등 대우하든가
표준어에다 성역과 같은 권위를 부여하려고 하는 것과는 큰 차이가 있다.

같은 영어를 국어로 사용하고 있는 나라이지만 미국과 영국에서는
언어에 대한 개념이 기본적으로 다르다. 영국에서는 영어는 공용어이지
만, 미국에서는 다만 가장 보통으로 사용되는 언어에 불과하다. 미국에
서 몇해 만에 한 번씩 '영어를 공용어로 하기 위한 헌법 수정안'이 상정
되곤 하지만, 그때마다 부결된다. 요컨대, 미국의 경우, 영어는 미국에
온 이주자들의 최대공약수적인 언어일 뿐이다. 단일민족이 살고 있는 좁
은 땅에서 어떤 특정지역의 말을 표준어라 규정해서 류음을 말살하는
분들의 음향감각이 의심된다.

3) 온 세계가 사랑하는 류음

ㄹ 발음이 힘들다고 하는 사람에게 다음 이야기를 소개하겠다. 언젠
가 이곳의 일본 TV방송국에서 NHK의 'これが常識(이것이 상식)'이
라는 프로를 방영하고 있었는데, 그중의 하나가 다음과 같은 내용을 담
고 있었다. 후랑스에서는 국민학교 학생의 1할 가량이 낙제를 하는데,
그 대부분이 발음을 잘 못해서 낙제를 한다고 한다. 후랑스에서는 우리
나라의 학원이나 일본의 'じゅく(塾)'에 해당하는 것이 꼭 한 가지가
있는데, 그것은 발음을 잘하도록 지도하여 모국어의 발음시험에서 낙
제를 면하게 해주는 학원이라는 내용이었다. 후랑스사람다운 이야기다.

후랑스어를 배운 사람은 r 자 발음이 얼마나 힘든지 알 것이다. 필자 자신 불어를 꽤 공부하고도 이 r 자 발음에는 항상 자신이 없었는데, 언젠가 후랑스 사람들과 6개월 가량 일하게 되었을 때, 겨우 r 발음에 대한 약간의 자신을 얻었을 정도이다. 왜 우리의 ㄹ이나 영어의 r 같이 단순명쾌한 소리 대신에 목구멍 깊숙한 곳에서 ㄹ과 ㅎ의 중간음 같은 소리를 내야 하는지, 듣는 이에게 세련된 교양인이라는 인상을 줄지는 모르지만 얻는 것에 비하여 너무나 큰 대가를 치르고 있다는 생각이 들었다. 그 밖에도 'ℓ ℓ'은 '이으' 비슷하게, 'j'는 '쥬'로, boit는 '부아'로 livre를 '라부라'로, lu를 '뤼'로 읽는 등, 여간한 노력으로는 제대로 읽기가 힘들다. 또 입밖파열음을 입안파열음으로 발음하는 것도 데리킷트한 골칫거리다. 이렇게 힘든 발음을 결코 마다하지 않고 낙제와 학원으로 바로잡아, 아름다운 소리를 끝까지 보존하려고 노력하는 그들에게서 배우는 것이 있어야 한다고 생각한다.

소리에 관한 한 언치(言痴)라고 할 수 있는 일본사람들도 초성 ㄹ 소리를 아무 어려움 없이 똑똑하게 발음하고 있다. 다음에 몇 가지 예를 더 들어 제시하는데, 특히 '르'소리가 중복되는 낱말들을 적어 본다.

낱말	가나 표기	일본 발음의 한글 표기	두음법칙 표기	실제의 발음
老齡	ロウレイ	(로―레이)	노령	
勞力	ロウリョク	(로―료꾸)	노력	
老鍊	ロウレン	(로―렝)	노련	
朗朗	ロウロウ	(로―로―)	낭랑	낭낭
濫立	ランリツ	(란리쯔)	난립	날립
類例	ルイレイ	(루이레이)	유례	
理論	リロン	(리롱)	이론	
倫理	リンリ	(린리)	윤리	율리
林立	リンリツ	(린리쯔)	임립	임닙
零落	レイラク	(레이라꾸)	영낙	
靈力	レイリョク	(레이료꾸)	영력	영녁

論理	ロンリ	(론리)	논리	놀리
玲瓏	レイロウ	(레이로—)	영롱	영농

일본사람들은 이렇게 겹쳐 있는 '르' 소리도 무난히 발음하며 애용하는데, 우리가 단순히 힘들다는 이유로 또는 일부지방의 관습을 따라서 귀중한 ㄹ 소리를 말살하고 있는 것은 만심이나 나태에서 기인하는 것이라고 말할 수밖에 없다. 일본 발음과 우리의 두음법칙에 의한 발음을 큰소리로 읽으며 비교해 보시라. 어느 쪽이 더 아름다운 소리로 들리는가.

모든 선진국언어 가운데 류음이 빠진 언어는 한국말 뿐이다. 영·중·일어에는 류음, 장음, 탁음이 모두 갖추어져 있다. 이탈리아 말이나 스페인 말에는 류음이 너무나 풍부하다. 후랑스사람들은 류음을 너무나 아끼는 나머지, 목구멍 깊숙한 곳에서 내는 독특한 r소리를 만들어냈다. 우리에게도 류음이 있었건만 두음법칙의 적용은 오늘날 모든 류음을 철저하게 제거하는 데 성공하였다.[3]

4) 두음법칙의 또 하나의 폐단

두음법칙의 또 한 가지 부정적 결과는 동음딴뜻말의 양산이다. 한자혼용론의 중요한 구실의 하나는 한자가 없으면 동음딴뜻말이 너무 많아진다는 것이다. 그러나, 우리의 두음법칙이 동일한 결과를 낳고 있는 데 대해서는 별로 관심을 두는 사람이 없으니 이상한 노릇이다. 두음법칙 때문에 생기는 동음딴뜻말 몇몇을 아래에다 적어 본다. 오른쪽이 두음법칙의 영향을 받은 낱말들이며, 그쪽에는 두음법칙의 영향을 받기 전의 원래의 음을 참고로 적었고, 또한 양쪽에다 모두 일어로 읽을 때의 소리를 적었다. 우리가 두음법칙 이전에 '리'로 읽던 한자들은 일어로는 아직도 '리'음으로 읽히고 있다.

'ㅇ'낱말	일어 읽기	두음법칙 읽기	원음대로 읽기	'ㄹ'낱말	일어 읽기
移籍	이세끼	이적	리적	利敵	리데끼
異性	이세이	이성	리성	理性	리세이
移徙		이사	리사	理事	리0지
任氏	닌시	임씨	림씨	林氏	린시
易學	에끼야꾸	역학	력학	力學	리끼야꾸
役事	야꾸0지	역사	력사	歷史	레끼시
逆行	얏꼬ー	역행	력행	力行	릭꼬ー
移行	이꼬ー	이행	리행	履行	리꼬ー
異論	이롱	이론	리론	理論	리롱
移葬	이소ー	이장	리장	里長	리쵸ー
移植	이쇼꾸	이식	리식	利殖	리쇼꾸
異氏	이시	이씨	리씨	李氏	리시
兪氏	유시	유씨	류씨	柳氏	류ー시
要理	요ー리	요리	료리	料理	료ー리
異狀	이쵸ー	이상	리상	理想	리소ー
洋傘	요ー상	양산	량산	量産	료ー상
弱者	야꾸샤	약자	략자	略字	랴꾸지
洋食	요ー쇼꾸	양식	량식	糧食	료ー쇼꾸
樣式	요ー시끼	양식	량식	良識	료ー시끼
洋書	요ー쇼	양서	량서	良書	료ー쇼

　이러한 두음법칙으로 인한 'ㄹ'음의 'ㅇ'음으로의 대이동은 어휘 배분상의 커다란 불균형을 초래하였다. 한글이 14 줄로 되어 있으므로 한 줄이 차지할 평균몫은 7.14 % 인데, 'ㅇ' 줄로 시작되는 단어가 민중서림의 엣센스 국어사전에서는 15.52 %를 차지하고 있다. 'ㅇ' 부분이 비대해진 커다란 이유의 하나는 두음법칙이며, 'ㅇ' 부분이 너무 비대해져서 낱말을 찾는 데도 불편을 느낄 정도이다.

　쾌감도의 감소나 동음딴뜻말의 량산(양산)을 생각할 때 아무런 긴요한 이유 없이 두음법칙을 고수함은 현명한 처사가 못 된다. 너무 쉬운 길만 택한 결과는 'ㄹ' 소리의 말살을 가져왔다. 이러다가는 외래어에도 두음법칙이 적용돼서 '러무지ㅡㄴ'에서 '리무진'이 되고, 다시 '이무진'이 될지도 모를 노릇이다. 실제로 '라비'가 '로비'로 되고 드디어는 '노비'가 되는 것을 KBS 뉴ㅡ스 시간에 들은 일이 있다. 세계 어느 나라에서도 예를 찾아볼 수 없는 류음 말살이 어찌하여 우리나라에서는 아무 거리낌없이 자행되고 있을까. 이러한 이치에 어긋나는 일은 하루속히 시정되어야 한다. 최소한도 두음법칙의 must는 may로 고쳐야 한다. 즉, 두음법칙을 지키느냐 마느냐는 개인의 선택에 달려 있는 것이다.

그 방법은 간단하다. 표기는 원음대로 하고, 발음만 각자의 선택에 맡기는 것이다. 어느 나라를 막론하고 지방에 따라 발음이 다르다. 심지어 새들도 무리에 따라서 다른 말이 있다고 하지 않는가. 한국에 나와 있는 미국 병사들이 Twenty를 '투웨니'로, thirty를 '따ㅡ리'로, water를 '우오ㅡ라'로 발음하는 것을 많이 들었을 것이다. 그러나 사전에 '투웨니', '따ㅡ리', '우오ㅡ라' 등으로 발음이 표기되는 일은 있을 수 없다. 일부지방에서 발음되는 소리에 따라서 원래의 철자를 고친다는 것은 상상도 못할 노릇이다. '리성'을 '이성(異性)'으로 발음하는 것은 허용할 수 있겠지만 철자까지 '이성'으로 해 버린다는 것은 세계에서 그 류례(유례)를 찾아볼 수 없는 폭거이다.

필자는, 표기는 원래의 소리대로 리성, 력학, 리론, 리상, 량산, 략자, 록색혁명, 뢰성, 류리와 같이 하고, 발음은 각자의 선택에 맡기는 것이 타당한 것으로 생각한다. 이것은 또한 우리의 표기에서 현재 실행되고 있는 방법이기도 하다. 염증(炎症)＞염쯩, 합당＞합땅, 고답적＞고답쩍, 진로＞질로, 전라도＞절라도, 신라＞실라 등이 그 실례이다. 그렇게 하면 혼란이 일어날 것이라고 하는 사람이 있을지 모르나, 전국토가 1 일 교통권이 되어 버리고, 전국에서 같은 TV프로를 시청하고 있는 이 마당에, 장차 모든 한국사람이 한 가지의 언어를 사용하게 될 것은 정한 리치이다. 필자의 귀에는 아무래도 '이론(理論)', '이성(異性)', 역사(歷史), '역학(力學)' 등은 우오라ㅡ, 투웨니, 따ㅡ리와 같은 발음으로밖에 들리지가 않는다. 모두 지방적 심리를 버리고 국가 백년지대계를 위해서 ㄹ성적으로, ㄹ론적으로 생각해 볼 문제라고 생각한다.

5) 류음과 말의 관계

어떤 언어의 장단점을 논한다든가, 쾌감도를 평가한다는 것은 쉽지 않은 일이며, 또한 까딱하면 남의 자존심을 해칠 우려가 있다. 그러나 단점을 알고 시정해 나가기 위해서는 최소한도 자기 말의 위상을 확인하려는 노력은 있어야 할 것이다. 따라서 그 일을 시도해보는 것 자체가 무의미한 일은 아닐 것 같다. 아래에 필자가 보는바를 일람표로 적어본다.

	류음	탁음	장음	파열음	억양	입열림	입 모양	적 성
영 어	많음	있음	많음	외	엄격	크다	자연	정치, 외교, 과학
(미국)	+종성 r	있음	많음	내/외	엄격	크다	자연	정치, 외교, 과학
불 어	중간	있음	중간	내	엄격	중간	부자연	외교, 사교, 가정
중국어	많음	적음	많음	내/외	엄격	중간	자연	정치, 예술, 철학
일 어	많음	있음	많음	내/외	느슨	중간	얌전	경제, 과학, 가정
국 어	없음	없음	없음	외	난잡	작다	자연	정치

탁음 : 탁음 표기 방법이 없는 문자는 한글뿐이다. 우리말에는 된소리나 파열음은 세밀하게 분류, 표기하는 방법이 있는데 탁음은 아예 부호자체가 존재하지 않는다. 서울대학교 법대를 나온, 꽤 알려진 변호사한 분이 필자한테 말한 적이 있다. 자기가 대학에 대닐 때 외국에서 온유학생이 꽤 있었는데, 그들이 하나같이 지적하는 것이 "왜 한국말은 그렇게 딱딱하고 빠르냐. 마치 무슨 싸움이라도 하고 있는 것 같다"라는 것이었다고 한다.

장음 : 불어를 중간장음이라고 한 것은 불어의 r 자 발음이 너무 특수하여 많은 장음이 중화되어 버린다. 그러나, 이러한 r 자 발음이 불어에 독특한 섬세성을 주는 것도 사실이다. 영어에 있어서는 r 소리는 초성에서는 한글의 '르'과 같은 소리가 되고, 종성에서는 소리를 길게 하는 장음부호와 같은 역할을 한다. 이른바 혀를 굴리는 미국식 발음인

종성 r 의 발음은 듣기 좋은 소리다. 비단 한국사람뿐만 아니라 모든 외국인이 이 종성 r 소리를 발음하려고 애쓴다. 일전에 중국인과 휠립핀인 푸로그래마—가 하나같이 cost를 kɔrst로 발음하고 있는 데는 놀라움을 금할 수가 없었다. 종성 r자의 발음이 듣기 좋다는 관념이 그들로 하여금 그러한 발음을 하게 만든 것이다. 이러한 동양사람의 취향에 영합하는 것인지, 한국의 회화 교과서에 here를 '히얼'로 there를 '데얼'로 주음하고 있는 것을 흔히 본다. 이렇게 종성 r 소리는 필요 없어도 열심히 발음하려고 하는데, 어찌하여 우리는 초성 r 소리를 말살해 버려야 하는지 이해하기가 힘들다.

파열음 : 내파음은 입안에서 파열시키는 소리이며 ㄲ, ㄸ, ㅃ, ㅉ 등의 된소리가 이에 해당한다. 외파음은 ㅋ, ㅌ, ㅍ, ㅊ와 같이 파열될 때 입김이 입밖으로 튀어나오는 소리이다. 간단히 말해서 식사중에 외파음을 사용하면 음식이 튀어나오고, 회화시에는 상대방 얼굴에 침이 튈 가능성이 많다. 우리말에는 입밖파열음이 많은 단어에 사용되고 있을 뿐만 아니라 '싫다, 필요치 않다, 좋다, 많다' 등과 같이 앞에 있는 글자의 종성 'ㅎ'가 다음에 오는 자음의 소리를 외파음으로 만드는 예가 많으며, 특히 그러한 말들이 가장 빈번하게 사용되는 것들이다.

말소리 : 이곳 뉴욕에서 미국 TV방송을 시청하다가 한국방송으로 돌릴 때는 항상 음량을 줄여야 한다. 그렇지 않으면 너무 시끄러워서 듣지 못할 지경이다. 한국방송국에서 시청자의 의견을 무시하고 음량을 조절할 리가 만무하다. 미국방송에서 일본방송으로 돌릴 때에는 꼭 음량을 높여야 한다. 이것은 미국에서만 그런 것일까 생각했었는데, 한국에서도 음량의 순서는 일본, 미국, 한국의 순서였다. 한국 사람은 어떠한 토론에서도 흑백을 가리고야 말 기세로 언성을 높인다. 대부분의 코미디는 누구 목청이 큰가를 시합하고 있는 것 같다. 국회에서 정치인들이 공연히 목청을 높이고 말꼬리를 길게 끌 때는 저절로 웃음이 나온다. 우리말에 류음이 부활되고, 장음이 사용되고, 탁음이 분명하게 발음됨으로써 듣기 좋고 세련된 언어가 되었으면 한다. 그러기 위해서는 하루속히 탁음, 장음, 류음을 표기할 수 있는 부호가 만들어져야만 한

다. 글자가 없는 소리는 존속하지 못한다.

영국사람들은 조용하고 점잖게 말한다. 그렇지만 영어는 힘차게도 말할 수 있는 언어이다. 전수상 샛챠—가 의회에서 토론하는 것을 들으면 여자말 같지 않게 힘차고 정정하다. 의사당에서 정치토론을 하는 데 적합한 언어이다.

후랑스사람들의 말소리는 비교적 조용한 편이다. 항상 자신의 소리를 억제하려고 하는 그런 화법이다. 입안에서 울리는 듯한 소리나 코에서 내는 듯한 소리(an, ain, en, in, on, un 등의 소리는 모두 콧소리가 된다)로 말하며, 그 대신 얼굴 표정과 손짓이 풍부하다. 복잡한 발음은 입을 비교적 작게 그리고 부자연스러운 모양으로 만든다. 전체적으로 우아한 느낌을 주며 사랑을 속삭이는 데 가장 적합한 언어이다.

일본어는 소리가 모자라는 글자지만 장음, 탁음, 류음의 표기법은 완전히 갖추어져 있다. げごんの瀧(華嚴폭포)에서 투신자살한 후지무라 미사오가 남긴 시의 한 구절 '悠悠たるかな天上, 瞭瞭たるかな古今' (유—유—따루까나 텐죠—, 료—료—따루까나 고꽁)에는 장음, 탁음, 류음이 골고루 들어 있다. 그래서 그런지 그가 남긴 시는 별다른 뜻이 없는데도 그 당시의 모든 젊은이에게 애송되었다. 일본사람들은 '朗朗と吟ず(로—로—또엔으=랑랑하게 읊다)나 爛爛たる眼光(란란따루앙꼬—=란란한 눈빛)과 같은 류음을 좋아한다.

힘들지도 않은 발음을 힘들다고 하거나 안이한 길을 택한 일부 지방의 발음 관습을 따라 우리말에 가장 아름다움을 더해 주는 류음를 말살하려 드는 정책은 조속히 시정되어야 한다. 온세상에 ㄹ자 발음이 힘들다고 하는 사람은 필자가 알기로는 우리나라 사람들 뿐이다. 어쩌면 이런 규정을 만든 사람들뿐인지도 모른다. 중국사람도 'ㄹ'음을 못 낸다고 하지만, 그들은 발음하기 더욱 복잡하지만 귀에는 아주 듣기 좋은 권설음 'ㄹ(日)'소리를 가지고 있다.

돌이 좀 지난 손녀가 말을 하기 시작했다. '마리아'라는 여자애를 '와이아'라고 부르고, '코리'라는 남자애는 '코이'라고 부르고 있다. '부레드'는 '부에드'가 되고 '아이스 크림'은 '아이스 크임'이 된다. 결국 두음법칙은 한두 살짜리 유아용이었다는 사실을 발견하였다.

우리 말에 장음이 없어서 너무 빠르고 각박하게 들리고, 탁음이 없어서 부드러움과 울림이 없고, 특히 류음을 없애 버려서 유창함과 음향도가 모자란다. 후랑스에서는 힘든 발음은 국민에게 강요하면서까지 그들의 언어를 아름답게 유지하려고 노력하고 있다. 우리도 그들을 따르지는 못할지언정, 지도층이 언어의 류려함을 말살하는 데 앞장서서야 되겠는가. 장음, 탁음, 특히 류음이 우리말에도 풍부해져서, 우리 말이 세계에서 으뜸가는 아름다운 말이 되어주기를 바란다. 그러기 위해서 류음과 새로운 부호들은 커다란 공헌을 할 것이다.

북한에서는 아직도 두음 '르'을 그대로 발음하고 있으며, 두음법칙의 필요성을 인정하지 않고 있다. 위에 지적한 이유에서 필자는 북한의 방식이 옳다고 생각한다. 장차 통일의 과정에서 글자나 말의 통일에 관한 회의나 작업도 전개될 것이다. 그때 이 '르' 음에 관해서는 남한측이 기꺼이 양보해야 될 것으로 믿는다. 즉 아무 곳에서나 지켜지고 있는 원칙에 따라서, 표기는 원음대로 하고, 읽기는 선택에 맡기는 것이 가장 간단한 해결방법일 것으로 생각된다.

---

3) 훈민정음에 "르은 반혓소리이며 閭(려)자 처음 피어나는 소리와 같다"라고 하였다. 1925년 7월 19일자 동아일보에 다음과 같은 기사가 실려 있다. "삽시간에 룡산 일대는 거의 전부가 침수되어 17일 12시경에는 2천여호가 침수하였는데, 룡산 일대의 피난민들은 ……" 이로 미루어 볼 때, 우리 조상때는 물론, 근대에 이르기까지 류음은 이 땅에 단단하게 뿌리를 내리고 있었음을 알 수 있다.

6. 문화민족의 자신감

1) 한글의 공헌도

20세기는 한국사람에게 변화 많고 고달픈, 그러나 보람있는 한 세기였다. 왕정, 식민지 통치, 광복, 그 기쁨과 뒤따른 혼란, 처절한 동족상잔, 군사독재, 목숨을 건 민주투쟁, 경제발전과 노동쟁의, 준민주주의하의 자본주의 사회, 이 모든 어지러울 정도의 변천을 거쳐서 이제 우리는 진정한 민주사회를 맞이하려고 하고 있다. 선진국들은 벌써 이룩한 민주주의 제도를 우리가 겨우 외형만 갖추어 놓고 크게 자랑할 것은 못되겠지만, 한 사람의 라이후 싸이클과 비슷한 기간에 이 정도로 거뜬하게 변신한 한국 민족의 저력은 대단하다고 해야 할 것이다.

한강변의 기적, 올림픽 개최, 엑스포 개최. 이 모두가 우리의 근면성, 우리의 힘, 그리고 우리의 저력을 온 세계에 과시한 사건이었다. 이 일들은 우리에게, 원하면 무엇이든지 할 수 있는 힘이 있다는 자신과 용기를 주었다. 그러나 한편으로는 조그마한 성과에 도취하여 과실을 따먹기에만 바빠, 전진의 속도가 무디어진 때가 있었던 것도 사실이다.

우리 한글은 어떠했던가. 해방과 더불어 한글의 자유로운 사용과 연구가 보장되었을 때 한글은 눈부신 발전을 하였다. 그러나 대강이 매듭지어졌을 때, 한글에 대한 열기는 식어버렸다. 그 동안은 그나마 눈에 뜨이던 '우리말 순화', '외래어 배격' 등과 같은 흔히 보이던 글마저 요즈음은 거의 보이지 않게 되었다. 한글날은 형식적인 행사의 날이 되어버렸다. 오히려 한자 혼용론이 기세를 올리고 있다. 여기에서도 끝까지 밀어부치지 못하고, 조금만 더 해줬으면 할 때쯤이면 맥을 풀어버리는 한국사람의 특성이 나타나고 있는 것 같다.

하나님에게는 눈 깜짝할 사이였겠지만 인간에게는 너무나 길고 고달픈 세월이었을지도 모른다. 피로감이나 권태감에 빠지는 것도 당연하리

라. 그러나 우리가 자그마한 일을 성취했다고 모든 일손을 놓고 세상을 즐기기만 할 수 있을 정도로 우리의 팔자가 좋은 것 같지는 않다. 국가도 개인도 끊임없는 노력을 해야만 낙오자의 신세를 면할 수 있다. 우리는 또 다시 다음 목표를 세우고 새로운 도전을 계속하여야 한다.

문화사업면에서 우리 정신을 가다듬게 할 일을 고른다면 한글의 개량이야말로 우리의 첫째 도전 목표로서 가장 시급하고 절실한 것이다. 많은 면에서 제각기 다른 의견을 갖고 있는 우리들이지만 한글을 자랑스럽게 여기는 데 있어서는 모두 하나같은 마음이다. 막연하나마 "한글은 훌륭하다. 우리는 그것을 만들어낸 문화민족이다."하는 자부심만은 살아 있어, 우리의 크나큰 정신적 지주가 되어왔다. 이제 우리는 이 사실을 더 구체적으로, 더 확실하게 구명하고, 모든 국민이 설명할 수 있는 자신감을 갖도록 만들어야 하겠다. 그러기 위해서는 입으로만 막연한 자랑을 일삼을 것이 아니라, 한글을 좀더 연구하고, 공부하여 이해를 깊게 하여야 할 것이다.

또 한 가지 해야 될 일은 한글을 우리만이 사랑할 수 있는 글이 아니라 온 세상 사람들이 사랑할 수 있는 글자로 만들어야 한다. 그러기 위해서는 이러한 훌륭한 글자가 있다는 것을 온 세상에 알려야 한다. 그리고 온 세상 사람들이 사용할 수 있고, 사용하기 편리한 글자가 되도록, 보충 개량를 해야 된다. 이렇게 될 때 비로소 한글에 대한 우리의 자신감은 우리만이 알고 있는 자신감이 아니라, 남이 이해하여 주는 자신감이 될 것이다. 그 자신감이라는 것은 올림픽 같이 일시적인 불꽃놀이가 아니고, 우리가 영구히 간직할 수 있는 자신감이다. 입으로 떠들어야 되는 자랑이 아니고 마음 속 깊이 간직하고 있어도 자연히 빛이 나는 그러한 자랑이 될 것이다.

미국사람, 영국사람, 독일사람, 후랑스사람들은 자기들의 업적을 그다지 들먹거리지 않는다. 누가 뭐라고 하여도 자기들이 세계문화에 기여한 바 크다는 것을 그들은 확신하고 있고, 그러한 자신이 그들을 조용하게 만든다. 벼는 익을수록 고개를 숙인다. 그러나 침묵하기 전에, 그리고 겸손하기 전에, 우리 마음을 채워주는 자긍심과 자신감을 가질 수 있어야 한다. 우리 한글이야말로 그러한 자신감과 자존심을 우리에게 주는 문화적 유산임이 확실하다.

한글은 지금 있는 그대로도 그나름으로 매우 훌륭하다고 하는 사람도 많다. 그것은 사실이다. 그러나 우리들은 한글이 우리나라 사람들 이외의 사람들을 위해서 무슨 공헌을 하였는가를 생각해 보아야 할 것이다. 우리만을 위한 글자일 때, 그것은 세계문화에 별 다른 공헌을 못한 것이며, 그 자랑은 우리들만의 자랑일 뿐이다. 우리 글자를 세계의 글자로 만드는 것에 대한 가능성에 대해서는 이 책에서 줄곧 논술한 바 있다.

세종대왕과 그의 제자들은, 아쉽게도, 중국을 주로 한 한자문화권의 몇몇 국한된 나라만을 상대로 할 수 있었을 뿐이었다. 오늘날 우리가 상대하고 있는 나라들은 그때 우리 조상들 앞에 존재하지 않았으며, 따라서 존재하지 않는 나라들의 소리를 표기하려는 노력은 있을 수 없었다. 오늘 우리가 접촉하고 있는 나라들은 시간적으로나 공간적으로나 우리 조상들이 알고 있던 중국보다 더 우리에게 가까운 나라들이 되었다. 정음 창제자들이 오늘날 우리가 처해 있는 환경 속에 놓여 있었다면, 무엇을 시도했을 것인가. 정음으로 자연의 소리는 무엇이든지 표기할 수 있다고 한 그들의 자신감 넘치는 언명은 지금 우리가 해야 할 일이 무엇인가를 너무나 분명히 말해 주고 있다. 그렇지 않다고 하는 사람이 있다면, 그들은 현상을 유지하려는 저의에서 엄연히 존재하는 역사적 사실을 아예 외면하려는 사람들이다.

새소리를 생각하는 사람이 어찌 사람의 소리를 마다하겠는가. 한글의 보강을 늦추거나 주저할 하등의 이유가 없다는 것은, 역사적 사실과 현실적 요구가 웅변으로 말해주고 있다. 실제로 세종대왕의 근본정신이 퇴색하지 않고 후손들에 의하여 제대로만 계승되었더라도, 오늘날 우리는 훨씬 더 찬란한 문화를 자랑하게 되었을 것이다. 이미 500년이 늦었다. 이제 그 일을 더 이상 지체시킨다면 그것은 과거에 저지른 과오를 다시금 되풀이하는 것밖에 안 된다. 사태를 올바로 파악하고 전진의 길을 택해야 한다. 과거를 청산 못 하고 거기에 집착함은 패자의 길이요, 미래를 바라보며 도약을 기하는 것은 승자의 길이다. 우리는 미래를 향해서 개혁과 전진을 계속하여야 한다.

듀랜트의 세계문화사 첫권「동양의 유산」에도 명기되어 있듯이 한국에서는 일찍이 1403년에 역사상 최초의 금속활자가 만들어졌다. 반세기 뒤에 웃덴애―그는 1455년에야 인쇄기를 만들었다. 그러나 오늘날 인쇄문화에 관해서 이야기할 때 그의 인쇄기가 주로 논의되고 조선의 인쇄기술은 뒷전으로 밀려나고 있다. 왜 그럴까? 웃덴애―그의 인쇄기는 곧 성경책과 관련된다. 1455년 후랭크후루트에서 박람회가 열렸을 때 그의 인쇄로 찍어낸 여러 권의 성경책이 진열되어 있었다. 그때까지 거기에 진열되어 있는 성경책보다 더 훌륭하게 만들어진 성경책은 많았지만 처음에서 끝까지 그렇게도 똑같은 자체로 된 책은 누구도 본 일이 없었다. 인쇄기와 성경책. 만인이 사랑하는 성경책의 대량 인쇄를 최초로 가능케 한 인쇄기가 언제나 전면으로 부상하는 것은 지극히 당연한 일이다. 한글이 지구가족에게 공헌하는 바가 별로 없다면, 우리는 한글을 자랑할 수가 없다. 한글의 개량이 요구되는 중요한 이유가 여기에 있다.

2) 과거보다 미래를

한글은 지금, 창제 당시보다도 못한 글자가 되었다. 우리 한국사람의 성급한 행태의 하나로, 한때 필요 없다고 생각된 글자들은 모두 사정없이 없애버렸기 때문이다. 왜 우리에게는 당장은 필요 없는 것 같더라도, 잠시 옆으로 밀어 두고, 다시 쓸 날이 오기를 기다리는 느긋함이 없는지 모르겠다. 반면, 한 번 만든 규칙은 그것이 아무리 시대에 뒤떨어져도 그것을 고칠 생각도 못하는 어리석음이 있다. 해방 직후에는 아무 기반도 없는 상태에서, 각인각색의 이론이 터져 나오고 저마다 제멋대로 하겠다는 사태가 벌어졌으므로, 혼란을 수습하기 위해서 강력한 관이나 학회의 통제가 필요했을 것이다. 그러나 사람이 만든 규칙은 언젠가는 시대에 뒤떨어진 것이 된다. 모든 분야의 질서가 자리잡힌 지금, 정부는 지나친 간섭을 그만하고, 간접, 우회적인 지도 역할을 해야 될 때가 왔다고 본다.

우리나라에 점 한 개, 줄 한 개를 첨가하지 못하게 규정하고 있는 시대착오적인 법칙이 존재하는 이상, 한글의 발전은 있을 수 없다. 한글은 우리들만의 글자로 머무를 수밖에 없고, 그것은 한글이 차지하여야 할 세계적 위상이 아니다. 문화민족으로서의 우리의 긍지는 한낱 부질없는 꿈이 되고 말아야 하겠는가. 지금은 우리가 민족의 저력을 발휘할 때이다. 우리 민족은 때가 오면 박차고 일어서는 저력이 있다. 이제 옳은 생각을 가진 이들이 일어설 때가 왔다고 생각한다. 한글의 개량은 누누이 논술한 대로 힘든 일이 아니다. 이 일의 성패는 오로지 관료와 시민의 의식구조 개혁 여부에 달려 있다. 그것은 돈의 문제가 아니고 의지의 문제이다.

모든 소리를 정확하게 표기할 수 있는 간단명료한 문자체계의 창조는 온 인류의 오랜 꿈이었다. 그러나 그것은 좀처럼 이루어질 수 없는 꿈이었다. 한글만이 이러한 인류의 꿈을 이루어 줄 수 있는 문자체계라는 것은 지금까지의 논술로 충분히 이해되었을 것으로 생각한다. 그러나 안타깝게도 세종대왕이 이루어 놓으신 인류문화사상의 금자탑은 지금껏 땅 속에 묻혀 있을 뿐이다. 그것은 첫째로 500여 년간 한글에 대한 온갖 푸대접을 감행한 사람들의 죄과다. 그러나 지금 이 순간의 우리들의 태만과 무관심도 그에 못지 않게 큰 죄악이라고 할 수 있다. 한글이 어떤 나라의 소리라도 모두 정확하게 표기할 수 있다는 사실과 그 무한한 가능성이 알려질 때, 그것이 모든 사람들에게 얼마나 신선한 충격을 던져 줄 것인가를 생각하여 보라. 그들은 당연히 우리의 문자문명에 대한 관심과 존경을 표시할 뿐 아니라 끝내는 그것을 사랑하게 될 것이다.

어떤 사람은, 새로 부호를 만들어서 새로운 소리를 표기하는 것은 누구나 할 수 있는 것이 아닌가, 오히려 그럼으로써 550년 전에 만들어진 한글의 역사적 가치에 먹칠을 하는 결과가 되고 말 것이 아닌가 할

지도 모른다. 우리가 바로 이해해야 할 것은 첫째, 한글이 모든 소리를 표기할 수 있게 하는 것은 우리가 덧붙이려는 몇몇 개의 부호가 아니다. 세종대왕이 창제한 치밀하고, 조직적이고, 융통성 있는 문자체계가 그것을 가능케 한다. 550년 전에 마련된 가능성을 우리가 지금 발굴하고 있을 따름이다. 둘째로, 새로 부호를 만드는 것은 아무나 할 수 있는 일이 아니다. 이상하게도 인류는 부호를 새로 한 개 만들어서 사용하는 데도 무척 소심하였다. 이미 언급한 대로 C에다 줄을 한 개 그어서 G자를 만들었을 때, 그것이 인류에게 얼마나 큰 공헌을 하였는지 모른다. 그러나 그 줄 한 개를 붙이는 데 수백 년이 걸렸다. 새로운 부호를 만들어서 필요한 곳에 사용하는 일은 우둔한, 우유부단한, 자기 안일만을 생각하는 자가 할 수 있는 일이 아니고, 총명하고, 결단력 있고, 인류 문화의 장래를 생각하는 자만이 할 수 있는 일이다.

우리가 한글의 무궁무진한 가능성을 개발하지 못하고 방치할 때, 온 세상은 우리에게 무능한 자라는 낙인을 찍을 것이다. 용의 자식에 지렁이가 나왔다고 할 것이다. 우리는 과거에 사로잡혀 있을 것이 아니라, 미래를 위한 작업을 전개하여야 한다. 세종대왕이 과거에 얽매어 사는 인물이었다면, 오늘날 한글은 존재하지 않을 것이다. 우리도 미래지향적인 자세로 이 문제와 맞붙어야 한다. 그러한 사고와 실천만이 한글의 세계문화에 대한 공헌도를 높이고, 흔들림 없는 자신감을 우리 마음 속에 심어줄 것이다.

말이나 글자나 모두 무수한 변천과 개량을 거듭해 왔고, 그러한 개량은 항상 우리 인류에게 커다란 이익을 가져다 주었다. 우리는 역사에서 배워야 한다. 소극적 대응과 신경질적 반응만으로는, 어떠한 발전도 기대할 수 없다. 우리가 팔짱을 끼고 있는 한, 한글은 외국에서 보잘 것 없는 글자로 남아 있을 것이다. 적극적 수용과 대담한 개량으로, 우리들 자신과 인류에게 간편하고도 완벽한 문자를 제공하여야 한다.

우리는 후랑스사람들이 자기 말과 소리를 사랑하는 마음을 본받아야 한다. 자기 글자를 이용하는데 최선을 다하는 일본사람들에게서도 배워야 한다. 중국사람들이 그 많은 한자를 하나하나 간체자로 고쳐 나가는 꾸준함과 인내심을 본받아야 한다. 영국사람들의 수용력과 융통성을 배워야 한다. 그리고 모든 것을 간단명료하게 만들려는 미국사람들의 실리주의를 배워야 한다. 이들 모두의 태도에 한 가지 공통점이 있다면 그것은 미래지향적이라는 것이다. 우리가 과거보다 미래를 중시한다면 한글 개량을 더 이상 주저할 이유가 없다.

미래를 지향하는 마음, 새것을 창조하겠다는 의욕, 새로운 친구를 사귀려는 소원, 이런 것이 우리나라를 희망에 가득찬 나라로 만들 것이다. 가까운 일본이나 중국의 예를 보아도 그들이 문을 활짝 열고 외국과의 접촉을 활발하게 했을 때 그들은 흥하였다. 우리도 예외가 아니었다. 은둔국으로 남아 있던 조선은 남의 예속국이 되었으나, 전세계와 통상외교를 하는 오늘의 한국은 희망에 가득차 있다. 문화사상면에서도 우리는 마음을 열고 미래로, 국외로 뻗어 나아가야 한다.

3) 새로운 부호 사용에서 얻는 것과 잃는 것

우리 글자를 온 인류의 글자로 만든다는 전제로 생각하여 보자. 독일어의 특징은 ch 소리에, 후랑스말은 r 소리에, 영어는 th 소리에 있다고 할 수 있다. 이런 소리를 무시하자고 하는 것은 마치 그들이 우리에게 "당신들은 무엇 때문에 K 자 하나를 가지고 ㄱ, ㄲ, ㅋ 등의 여러 소리로 세분합니까. 'ㄱ'소리 한 가지만 쓰시오."하는 것과 같다. 「까만」이 「가만」이 되고 「콩」이 「공」이 될 수는 없다.

필자가 한글 개량에 관해서 이야기를 나눈 사람 가운데, 가장 부정적 반응을 보인 사람은 "지금 우리가 가지고 있는 글자만으로도 너무 좋은데, 쓸데 없는 일을 또 벌여 놓자고 떠들고 있는가? 나는 필기체가 없어도 얼마든지 편지를 쓰고 있고, 지금 있는 활자로도 신문을 잘만 읽고 있다."하는 반응이었다. 이런 생각을 가진 분들이 앞날의 한국의 주인공이 될 수도 있을 것을 생각할 때, 두 가지 씨나리오를 생각할 수 있다. 하나는 위와 같은 무사안일주의로 한글을 동북아세아의 자그마한 나라의 글로 겨우 남아 있게 하는 것이고, 또 하나는 한글이 온 인류가

편리하게 쓸 수 있는 세계의 글자로 발돋움하게 하는 것이다. 후자의
경우, 세계의 글자가 된 한글로 국민은 수조의 시간을 절약하고, 풍부
한 국제감각을 갖추게 될 것이다.

새로운 부호를 만들어서 사용하는 것은 쉬운 일이 아니며, 거대한 계
획과, 투자와, 작업이 요구되는 일이다. 그래서 모든 새로운 프로젝트
를 기획할 때 하듯이 이 일에서 얻을 수 있는 손익을 생각하여 보자.

첫째로, 이 일을 위해서 많은 사람이 수많은 시간을 소비하여야 할
것이다. 그러나 그 소비된 시간은 장차 몇천 배가 되는 시간 절약으로
보상될 것이다. 이 일이 벌어지는 모든 분야에서 넘쳐 흐르게 될 활력
소만으로도 우리가 바친 시간은 다 갚고도 남을 것이다. 그리고 시간이
흐름에 따라, 이 사업의 열매는 유치원, 국민학교, 중고교, 대학교, 대
학원의 모든 학생, 관리, 회사원, 가정주부에 이르기까지 국민 모두가
거두어 들이게 된다.

서울에서 발간되는 8개 일간지에 하루 한 신문에 사용되는 외래어가
평균 830단어라면, 그 밖의 출판, 간행물, 학술지, TV, 상업간판, 방송
매체, 광고, 식당메뉴 등에서 우리가 보고, 읽고, 듣는 것까지 합쳐서
매일 1,000단어 이상의 외래어를 접하게 될 터이니 실로 놀라운 숫자
이다. 이 모든 외국말이 정확하게 표기되고 정확하게 발음된다면, 어린
학생들은 그 수많은 외국말을 자연스럽게 익히고 장차 잘못 배운 단어
를 다시 힘들여 교정할 필요가 없게 된다. 어른들은 평소에 보고 들어
서 익힌 말들을 그대로 외국어 회화에서 사용할 수 있게 된다.여기서 얻
는 시간이 투자한 시간의 몇천 배가 되리라는 것은 보통의 상식을 가
진 사람이면 쉽게 이해할 수 있을 것이다.

둘째로 생각해야 될 것은, 지금 그나마 안정하고 있는 우리 한글 체
계 속에 이질적인 부호가 들어 올 때 일어날 수 있는 혼란이다. 그러나
이 혼란은 일시적, 한시적인 것이며, 과다한 장기적 혼란일 수는 없다.
우리들에게 없는 소리를 표기하는 ㅍㅎ, ㅂ(ㅸ), ㅅㅎ, ㄷㅎ 등을 제외하고
는 모두 우리에게 친숙한 소리를 대표하는 너무나 상징적인 부호들이
다. 현재도 우리는 ㄲ, ㄸ, ㅃ, ㅆ 등의 독립유격대와 같은 존재의 부

호들을 사용하고 있다. 이들 부호가 하등의 갈등 없이, 기존의 한글 체계 속에 융화되어 사용되고 있듯이, 새로운 부호들도 하등 혼란을 일으키지 않을 것이다. 그리고 이미 말했듯이 이들 부호는 당분간은 외래어에만 전용될 것이므로, 일반 단어와 혼동되지 않을 뿐만아니라, 오히려 일본 가다까나와 마찬가지로 외래어 식별의 방도를 제공할 것이다. 집을 고치는 데 비유한다면, 집 전체의 개축이라기보다는 원채는 그냥 놓아두고 별채를 하나 더 붙이는 것과 같은 일이다. 아니 그것보다도, 차라리 가구를 몇 개 들여놓는 것과 같은 일이라고 할 수 있을 것이다. 이들 새로운 부호는 한글의 기본구조나 토착어에는 하등의 변경을 요구하지 않는다.

셋째로, 새로운 부호를 가르치기 위해서 필요한 교사의 훈련이다. 여기에는 상당한 시간과 투자가 필요하겠지만, 또 다시 이들 새로운 부호가 우리 학생들에게 가져다 줄 혜택을 생각하면 사소한 문제이다. 뿐만 아니라, 새로운 부호의 표기법은 초등학교에서이루어지고 있는 조기 영어교육에 필요한 교사의 확보와 훈련이라는 난제를 손쉽게 해결하여 주는 방도가 될 것이다.

넷째로, 눈에 보이지 않지만 가장 큰 소득으로 의식구조의 개혁을 꼽을 수 있다. 공연히 한 번 큰소리 쳐보는 일과성의 말, 적당히 넘기려는 버릇, 네가 옳으면 나는 죽는다 식의 흑백논리는 이제 우리 사회에서 사라져야 할 때가 왔다. 「외래어표기법」은 전형적인 적당주의의 소산이다. 우리가 시대에 뒤떨어진 「외래어표기법」을 버리고 새 부호를 이용하며 세밀한 표기를 위한 과업을 수행하는 과정에서, 우리는 우리의 오래된 그릇된 사고방식을 뜯어 고칠 수 있을 것이다. 그것은 무슨 일을 하면서 이만하면 되겠지 하는 태도를 버리고, 모든 것을 치밀하게 계획하고, 철저하게 수행하고, 일사불란한 협동작업을 하는 습성을 키워줄 것이다.

한글개량이라는 대사업의 부산물은 국민의식을 적당주의에서 완전주의로 전환하는 것이며 그 영향은 절대적이라 하겠다. 필자의 이러한 생각을 뒷받침하는 말을 구로다카쯔히로씨의 '한국인의 발상'의 마지막

장에서 읽었다. 이는 재한 일본인 비지니스맨들의 좌담회 내용을 기록한 한 토막이다.

> 사회 : 한동안 일본의 경제지나 신문에서, 한국이 일본경제에 위협이 될 수 있다는 관측을 하고 있었는데, 이점에 대하여 여러분은 어떻게 생각하십니까.
> A씨 : 조건에 따라서는 상당한 위협이 될 수 있다고 생각됩니다. 단, 현재의 레벨 가지고는 그리 염려할 필요가 없습니다. 당분간은 앞날의 이야기지요. 또 한국의 현황으로는 아무래도 군사비에 많은 돈을 들여야 하기 때문에 앞으로도 기업의 급속한 신장은 무리겠지요. 제일 무서운 것은 한국인이 일본인의 감각을 몸에 붙일 때라고 생각합니다. 그러한 의식이 기업에 정착될 때, 그것은 문제가 될 것입니다.

다섯째로, 우리 학생들이 갖게 될 자신감을 들어야겠다. 어린 학생들이 첫 영어 크래스에서, 아직도 모국어의 연장선상에 있다고 생각할 수 있을 때, 그들의 학습능률은 몇 배로 늘어 날 것이다. 그들을 위화감이나 불안감 대신에 친근감과 자신감을 갖게 되기 때문이다. 그렇지 않아도 학원에서 학원으로 뛰어다니느라 가슴을 조이고 있는 어린이와 젊은이들에게 조금이라도 도움이 되는 일이라면 무엇이든지 해줘야 할 때가 아니겠는가. 어떤 사람이건 처음 새로운 것과 대면했을 때의 인상과 감정은 일생 동안 그 사람을 따라다니게 마련이다. 그들이 첫 대면 때 가지게 된 친근감과 자신감은, 장차 그들이 외국어와 씨름할 때마다 크나큰 힘이 될 것이다. 그리고 더 큰 수확은 글이 온 세상에서 가장 훌륭한 문자 체계라는 것을 알게 되는 사실이다.

여섯째로, 이미 말한 바 있지만 우리의 새로운 부호는 백년 뒤에는 우리에게 수천 수만의 새로운 낱말들을 가져다 줄 것이다. 새로 만들어진 G 자가 오늘날 얼마나 많은 낱말을 영어권 사람들에게 제공하고 있는가는 영한사전의 G 란을 찾아보면 누구나 쉽게 알 수 있을 것이다. 새로운 말은 새로운 사상과 새로운 내용을 담고 있으며, 새로운 말이 많아질수록 우리의 문화생활은 풍요해진다. 또 이로 인한 부산물은 동음딴뜻말의 감소이다. 흔히 우리말의 결점을 말할 때 동음딴뜻말이 많다는 것을 지적하는 사람들은 이 기회를 놓쳐서는 안된다. 일본이나 중국의 예를 보아도 알 수 있듯이 동음딴뜻말의 수는 소리의 수와 낱말의 수에 비례해서 결정되기 때문이다.

일곱째로, 잃어버린 소리의 회복과 새로운 부호의 사용에서 오는 가장 큰 혜택은 류음, 탁음, 장음 등을 표기하는 부호를 갖게 되고, 그것을 사용하게 됨으로써 우리말이 많이 아름다워진다는 것이다. 우리의 음향감각이 예민해지고, 우리의 언어감각이 섬세해지고, 우리의 언어사용이 세련될 것은 말할 것도 없다.

이렇게 잃는 것보다 얻는 것이 더 크지만 많은 사람들이 이 일은 실현 불가능한 일이라고 말한다. 외래어표기법의 영향이 너무 넓게 퍼져 있어서 개량의 결과로 초래될 걷잡을 수 없는 혼란이 걱정된다는 것이다. 이 얼마나 나약한 소리인가. 우리 조상은 상형문자에서 음소문자로의 대 비약을 한 세대 안에 이루어냈다. 그 일에 비하면 이 일은 정말로 하찮은 일이다. 우리는 지금까지 28개의 부호를 24개로 줄이고, 초성 류음을 말살하고, 거성, 상성, 평성과 같은 우리 말의 액센트나 쟈, 져, 죠, 쥬와 같은 요음 첫소리를 흔적도 안보이게 만들어 버리는 등, 한글의 개악만을 되풀이하여 왔다. 이에 대한 속죄를 위해서도 장음부호, 탁음부호, ㄹㄹ 부호의 사용과 같은 한글개량을 하루 속히 실현하여야 할 것이다.

7. 한글문화권

1) 한·중·일 문자의 공통점

우리글을 세계의 글자로 만들기 위한 제 1 단계 작업으로서 '에이샤 한글 문화권'을 생각해 볼 수 있다. 필자는 이것을 맹목적 애국심에서 나오는 말이라고는 생각지 않는다. 앞서 말한 대로 일본 소리 가운데, 우리 글자로 표기할 수 없는 소리는 が,ざ,だ,ば의 탁음 뿐이며 이 소리들은 우리가 이미 발음하고 있는 소리들이다. 그리고 이 소리들은 아, 야, 다, 애 등의 부호로써 간단하게 표기할 수 있고 또한 힘들이지 않고 익힐 수 있다. 우리 글자에는 거꾸로 일본글로써는 표기 못할 소리가 너무 많다. 그들의 ん 자는 우리 글자의 ㄴ, ㅇ, ㅁ 등으로, か 자는 가, 까. 카 등으로, た 자는 다, 따, 타 등으로, 종성으로 사용될 때의 つ 자는 ㅅ, ㅂ, ㄱ 등으로 세분해서 정확하게 소리나는 대로 표기할 수 있다. 이렇게 몇몇 개의 부호만을 생각하여 보아도 한글의 세분된 표기가 얼마나 많은 일본말 동음딴뜻말을 줄여줄 가능성이 있는지 쉽게 짐작이 간다. 그리고 아득한 옛날에 우리가 그들을 가르친 역사, 또 근세에 와서 우리가 그들에게서 배운 역사, 서로가 많은 영향을 주고 받은 양국 문화의 공통점도 생각하지 않을 수 없다. 이러한 사실들을 생각하면, 일본사람들이 우리글자를 사용할 수도 있을 것이라는 말이 순전히 공상의 산물이라고만 할 수 없을 것이다. 그러나 일본 어휘의 4 분의 1 정도가 가지고 있는 탁음을 표기할 방법이 없다면 이러한 이야기는 공론에 그치고 말 것이다.

일본 학자 가운데는 한글을 세계 어느 나라의 학자들보다도 더 많이 연구한 학자들이 많다. 그러나 필자는 이들의 입에서 나오는 한글에 대한 찬사를 읽은 적이 없다. 그들이 한글의 우수성을 솔직 담대하게 인정하고, 거리낌없이 칭찬할 수 있을 때, 그들이 현재 한자에서 얻고 있는 이득보다 훨씬 더 큰 이득을 한글에서 얻을 수 있다는 것을 깨닫게 될 것이다.

중국소리 가운데 우리 글자로서 표기 못할 소리는 순치음 f, 권설음 zh(出), ch(彳), sh(尸), r(日)의 다섯 자뿐이라는 것도 이미 지적했고, 이들 소리는 ㅍㅎ, ㅿㅈ, ㅿㅊ, ㅿㅅ, ㅿㄹ 등의 부호로 표기할 것을 제안한 바 있다. 원래 우리 글자를 창제할 때 중국 운서가 가장 많이 참고되었고, 거꾸로 이 사실은 우리 글자로 그들의 소리를 표기하는 데 하등 어려움이 없을 것임을 시사하고 있다. 일례를 들어서 중국 한자에는 子(zh), 吃(ch=먹다), 是(sh=이다), 日(r=ー일) 등 '으'소리가 중요 어휘에 참으로 많이 사용되는데, 라틴 앨화벹에는 '으'라는 모음부호가 없다. 이 사실을 생각할 때, 우리의 모음부호 'ㅡ'는 중국사람들에게는 딴 곳에서는 구할 수가 없는 더할 나위 없이 귀중한 부호이다. 또한 우리의 '어'소리도, 그들이 라틴 앨화벹이나 가나문자에서는 찾아볼 수 없는 소리다. 그러나 중국말에는 이 소리가 참으로 많다. 중국말에서 가장 자주 사용되는 的자는 중국어 발음부호로 ㄉㄜ 즉, 우리 한글로는 「더」가 된다. 또한 그들의 발음부호 자체도 뻐(ㄅ), 퍼(ㄆ), 머(ㄇ), 훠(ㄈ)로 읽듯이, '어'소리는 중국어에서 가장 많이 사용되는 모음이다. 아래에 많이 사용되는 예를 몇 자 든다.

這(this ㅿ저)   說(say ㅿ숴)   我(we 워)   個(piece 거)
國(country 궈) 德(virtue 더)   昨(yester 줘)

이 밖에도 '언', '엉', '어r' 등의 운모(韻母)들이 있어서 '어'소리가 없는 중국말은 생각할 수도 없다. 라틴 앨화벹에 '어'소리가 없다는 것은 아래아 자와 영어의 ə소리를 비교할 때 자세히 논술하였다.

이 밖에도 중국어에서는 ㅈ, ㅊ와 ㅉ ; ㅅ와 ㅆ ; ㄱ와 ㅋ ; ㄷ와 ㅌ ; ㅃ와 ㅍ 등을 엄격히 구별하는데, 이것 역시 오직 한글만이 표기 방법을 제공할 수 있다.

그 밖에도 동북아 3국어에는 공통점이 많다. 그중에 한 가지는 글자

형체가 모두 네모난 글자라는 것이며 이것은 외국 언어학자들이 자주 지적하는 사실이다. 이 네모난 글자형체야말로 중국의 4성을 표시하는 데 안성맞춤이다. 이상 말한 소리의 공통점과 글자의 공통점은 장차 이들 세 나라 사이에 어떤 공동작업이 충분히 있을 수 있다는 것을 시사하고 있다. 그러한 가능성 외에도 우리가 참조해야 될 사실은 세 나라 사이에 언젠가는 성립될 수 있는 경제협력체의 가능성이다. 유럽공동체, NAFTA 등, 세계는 지역적 경제공동체의 길을 걷고 있는 것이 사실인즉, 아세아만이 예외일 수는 없다. 장차 이 세 나라 사이에 공통된 문자의 필요성이 생길 때, 그것은 아마도 한글로 낙착될 것이다.

중국의 신해(辛亥)혁명을 이어받아 제제(帝制)운동을 폈던 원세개(元世凱)라는 대 정치가가 있다. 허웅선생에 의하면, 이 사람은 한자를 대체하는 데 앨화벹 대신 한글을 사용하자는 주장을 폈다고 한다. 여기에는 한글의 글자체가 네모꼴이어서 4성 부호의 표시가 용이하다는 것도 중요한 이유의 하나가 되어 있을 것으로 생각된다. 일본에서도 "신대문자(神代文字)를 사용하자"는 구실 아래 한글채택운동이 있었다.

중국 한자는 한가한 세상에 모필로 한시나 적고 있기에 알맞는 글자이며, 사람이 태양을 따라 지구를 돌 수 있는 바쁜 세상에 적응할 수 있는 글자는 아니다. 장차 캄퓨―타―에 의한 정보처리가 중심이 되는 시대에는 더욱 더 낙후된 글자가 된다.

한편, 일본글자도 그들이 스스로 인정하고 있듯이 글자의 부족 탓으로 생기는 동음딴뜻말의 홍수로, 외래어를 대량 수입하지 않으면 안될 지경에 이르렀다. 중국어나 일어는 세계에서 으뜸가는 아름다운 언어들이다. 그러나 불행하게도 그들이 가진 글자는 모두 치명적인 결점을 안고 있다. 그들이 돌파구를 찾을 때 가장 완벽한 해결방법을 제공할 수 있는 것은 한글뿐이다. 쓸모없는 우월감, 이유없는 자존심을 버릴 때, 아세아에서의 한글문화권 성립은 어떤 면으로는 필연적인 결과라고 할 수 있다. 필자가 여기서 말하고자 하는 것은 한글문화권의 무대는 마련되어 있다는 것이다. 문제는 연출가와 배우들이다. 배우들이 자만심, 우월감, 배타심 같은 것을 버리고, 오로지 좀더 나은 문자생활을 위해서 움직이게 할 수 있는 연출가가 나타날 때, 이 일은 저절로 이루어질 것이다.

지난 10월 16일 토요일 부랑크스 식물원에서 국화꽃 훼스티발이 개최된다고 해서 구경을 갔다. 가서 보니 그것은 동북아세아 세 나라의 잔치였다. 모인 사람은 한국, 일본, 중국의 세 나라 사람과 백인 관람객이었다. 그날 행사의 중심지인 국화꽃밭 그 한복판에, 가장 큰 자리를 차지하고 만발하고 있는 것이 한국 국화꽃이었다. 거기에는 Korean hybrid chrysanthemum이라고 선명하게 표식이 붙어 있었다. 안내서의 표지도 한국 국화꽃 사진으로 되어 있었다. 국화밭 사잇길로 한국 여학생 둘이 한국의 고대 결혼 의상을 입고 거닐고 있었다. 신부도 신랑도 모두 아가씨들이었는데 화려한 색의 결혼 의상은 사람들의 눈길을 끌기에 충분했다. 중국 남녀 한 쌍도 중국 의상을 입고 거닐고 있었는데 모두 미남 미녀들이었다. 이야기를 해보니, 여자가 입은 중국 가극 배우의 옷 같은 의상은 약 500년 전의 의상이며, 청년이 입고 있는 옷은 중국 북방에서 아직도 입고 있는 옷이란다. 한참 동안 한가하게 이야기를 즐기고 사진도 같이 찍었다.

한곳에 가니 이곳 일본방송의 앵카ー맨이 보여서 말을 걸었더니 반갑게 응수해 주어서, 잠시 이야기를 나누었다. 가을의 마지막 주말을 상징하는 듯, 약간 싸늘한 듯한 바람이 그렇게도 상쾌할 수가 없었다. 중국 청년의 일단이 꽹과리를 치며 사자춤 공연을 공원 끝에서 끝까지 누비며 열연하고 있었다. 한·중·일 3국의 무용이 있다고 해서 식물원 본관 건물 안에 있는 강당까지 찾아 갔으나, 이미 미국 관중들로 가득 차서 한시간 뒤에 있을 다음 공연을 보라기에 다음 기회로 미루기로 하고 돌아왔다. 거기 온 사람들의 걸음걸이, 태도, 옷차림 등이 어딘가 모르게 자신감이 넘쳐 흐르는 세련된 모습들이어서 속으로 많이 기뻤다. 또 입양아인 듯한 여학생이 양부모인 듯한 중년 부부와 같이 거닐고 있었는데, 세 사람 사이에 애정이 넘쳐 흐르고 있는 것 같아, 그들이 안보이게 될때까지 바라보고 있노라니 저절로 미소가 떠올랐다. 전체의 행사가 한·중·일 세 나라에 의해서 진행되고 있었으며, 세 나라의 문화적 공통성, 세 나라 사이에 존재하는 공감대를 새삼 발견하는 것 같았다. 동시에 장래의 아세아 문화권의 주연자들을 보는 것 같이 느껴졌다. 우리가 한글 문화권을 그려보는 것이 꿈에 지나지 않다고는 할 수 없을 것 같다.

앞서 소개한 주은래의 말을 다시 한 번 음미해 보자.

"지울 수 없는 공헌을 역사에 남긴 한자가 앞으로 변함 없이 남아 있을 것이냐, 또는 표음문자에 의해서 대체될 것이냐, 그 대체 문자가 라틴문자일 것인가, 또는 그 밖의 어떤 문자일 것인가, 우리는 거기에 대해서 성급한 결론을 내릴 필요가 없다."

"그 어느 날 모든 언어가 서서히 하나로 통합되는 날이 올 것이다. 인류의 언어발전의 추세는 모든 언어가 서로 접근하고 있다는 것이며, 그것은 각 언어 사이에 커다란 차이가 없어질 때까지 계속될 것이다."

에이샤 각국의 전통음악은 모두 나름대로의 가치를 지니고 있다. 그러나 젊은이들의 대부분은 서양음악에 심취하고 있으며, 이들 나라의 장래 음악이 무엇일지는 추측하기 힘들지 않다. 이유는 서양음악이 더 많은 악기로 더 많은 소리를 내고, 음의 구성 즉 음계가 정확 치밀하고, 화음이 과학적이고, 시간적 엄밀성 즉 정확한 리듬을 가졌기 때문이다. 한글을 이해하는 외국 학자들이 한글을 극찬하는 이유도 같은 데에 있다고 본다. 풍부한 부호로써 정교한 조합을 이루어 무수한 소리를 정확하게 표기할 수 있는 한글, 그것은 언젠가는 에이샤의 글자가 되고, 우리 노력 여하에 따라서는 인류의 글자가 될 수 있다.

2) 한글 보급과 선전

여기서 위의 주제와 관련하여, 보급의 대상이 되는 것은 외국이다. 외국에서 사용하도록 하기에 앞서 외국 학자들을 자극, 계몽하여 좀더 많은 한글 연구가 되도록 권장하는 것을 포함한다. 국어연구원 설립, 도서관 업무, 전통문화의 계승 발전, 예술학교 살립 등에 못지 않게 중요한 일은 한글의 보급과 선전일 것이다. 세계의 문화국이라고 할 수 있는 나라들은 하나의 예외도 없이 자기 나라의 말을 전파하는 데 혈안이 되고 있다. 그리고 거기에는 그만한 이유가 있다. 우리는 한국말은 못가르쳐 줄지언정, 한글 강습 1주일 코ー스를 설정하여, 거기서 한글을 가르치고, 속성 코ー스 수료증을 주는 것도 재미있는 문화사업이 될 것으로 생각한다. 거기에서 그들은 한글의 우수성과 배우기 쉬운 글이라는 것을 새삼 깨닫게 될 것이며, 또 그것이 한국말 연구의 계기로 작용할 수 있을 것이다.

1992년 말에 TIME지에서 'BEYOND THE YEAR 2000'이라는 특집을 냈다. 그 속에 1,000년 동안의 10대 사건 가운데 Gutenberg의 인쇄기는 들어 있었지만, 우리가 금속활자를 최초로 만들었다는 사실은 빠져 있었다. 10대 인물도 있었지만 세종대왕의 이름은 빠져 있었다. 이것은 우리 한글이 인류문화에 공헌한 바가 그리 없다는 사실과, 우리의 선전 부족 탓이다. 밖으로는 한글의 가치를 온 세계에 널리 알리고, 안으로는 우리나라 사람들의 가슴 속에 든든한 자신감을 심어주기 위해서도 좀더 적극적인 선전이 필요하다.

우리가 한글과 같은 위대한 문화재산을 가지고 있으면, 그사실을 세계에 홍보하여야 될 것이다. 이번 엑스포가 계속되는 동안, 혹시 한글문화관 같은 것이 마련되어 있을까 하고 주의해서 보았지만, 그런 것은 없었던 것 같다. 우리가 가지고 있는 문화재 가운데 가장 위대한 것을 이용 못하는 우리나라 사람들이 답답했다. 미국에서 역사적 유적지나 관광지에 가면 꼭 자그마한 영사실이 마련되어 있으며, 거기에서 중요한 배경과 줄거리를 10분이나 15분 사이에 패나라ー마같이 보여 준다. 제 1 편에서 필자가 논술한 바와 같은 내용의 것을 영상화해서 그 많은 외국사람을 포함한 참관자들에게 10분이나 15분간 소개하였더라면, 우리 국민의 자긍심과, 외국사람에게 이해를 높여주는 절호의 기회가 되었을 텐데, 아쉽기 한이 없다.

UNESCO에 세종대왕상이라는 것이 마련되어 있다는 이야기를 윤석헌선생한테서 들었다. 왜 이런 것이 필자의 눈에도 띄지 않게 숨겨져 있을까. 이러한 상은 좀더 훌륭하게 화려하게 부각시켜야 한다. 우리나라 사람들이 한글의 우수성을 잘 모르는 탓인지, 겸손해서 그런지, 아니면 게으름 때문에 그런지 이해할 수가 없다.

한국이 내놓은 가장 커다란 상으로 평화상이라는 것이 있다. 매해 시상 결과는 아는 이들의 빈축을 사고 있는 것 같다. 왜 이러한 상이 한글 연구자들을 위해서 마련될 수 없는가. 아직도 한국사람에게는 문화는 정치의 예속물에 불과한 모양이다. 최소한의 정치와 문화를 양립시킬 수 있는 양식이 아쉽다.

앞서 소개한 이기문교수의 인타뷰─ 기사(중앙일보 92/10/7)에는 다음과 같은 감격스러운 이야기도 소개되고 있었다.

"영국 리즈대학의 샘슨교수는 85년에 Writing System이란 저서에서 한글을 특별히 독립된 한 장으로 다루면서 그것의 독창성과 과학성을 극찬하고 있습니다. …(중략)… 이 분이 이듬해인가 서울을 방문한 적이 있는데 덕수궁 세종대왕 동상 앞에 가더니 넙죽 엎드려 큰 절을 올리는 것을 보고 놀랐던 기억이 있습니다. 미국 시카고대학의 매콜리교수도 해마다 한글날이면 강의마저 집어치우고 자기 집에 학생들을 불러 파티를 엽니다. '언어학자가 반드시 기념하여야 할 경사스러운 날'이라는 거지요."

이것은 한글을 연구하고 이해하는 외국인 석학들의 세종대왕에 대한 꾸밈없는 경애심의 표시이다. 왜 이들이 이토록 세종대왕에 대한 존경과 애정을 갖게 되었을까. 독자들도 지금쯤은 이해하게 되었으리라 생각한다. 이런 사람들과 그 밖의 한글을 사랑하는 모든 손님들을 모시고 영릉에서 큰 잔치를 열면, 얼마나 감격스럽고 즐거울까. 생각만 하여도 가슴이 설레인다.

맺 는 말

제 I 편에서 필자는 한글의 우수성이 독자들에게 충분히 이해되도록 설득하느라 노력하였다. 한글은 세계에서도 유례가 없는 독창적인 문자이다. 다른 나라 문자와는 달리 우리는 한글창제자의 이름을 자랑스럽게 기억하고 있다. 한글은 세계에서 유일한 1 자 1 음의 음소문자이다. 엄밀한 원칙에 따라 자음과 모음이 초성, 중성, 종성으로 조합됨으로써 수도 없이 많은 1 자 1 음의 음절부호를 만들어낸다. 형체면에서는 자음부호는 원, 직선, 빗선, 네모꼴 등의 기하학적 부호로 되어 있는바, 비록 간단한 형체이면서도, 나타내는 음의 발성기관의 모양을 재연해 보이고 있다. 모음부호는 수평 또는 수직의 선으로 되어 있으며, 수직선은 입을 벌리는 쪽의 모음, 수평선은 입을 오무리는 모음을 나타낸다. 이들 부호가 조합하여 하나의 음절문자가 될 때의 시각인상은 매우 뚜렷하다. 부호의 모양에 뜻이 있고, 그 조합에 철저한 원칙이 적용되고 있는 까닭으로 누구나 쉽게 익힐 수 있다. 한글이야말로 가장 뛰어나고 가장 간편한 음표문자(The best and simplest alphabet)를 추구하여 온 인간의 꿈을 실현한 문자체계이다.

객관적으로 한글의 위상을 살펴보고자 일본의 가나문자, 중국의 한자, 영어의 앨화벹과 비교하였다. 가나는 301, 한자는 427, 한글은 8,778의 소리(음절)를 표기할 수 있는바, 이 숫자는 이들 문자의 우열을 단적으로 표시하는 지표가 된다. 게다가 한글은 소리의 수를 간단하게 늘릴 수 있는 대단한 가능성을 갖고 있다.

일본에서의 한자이용은 이제 한계점에 도달하여 이를 벗어나고자 그들은 외래어에 대한 의존도를 높이고 있다. 기원전의 한자가 대중 캄뮤니케이션의 도구가 될 수 없다는 것을 깨달은 중국은 간체자의 고안에 열중하고 있고, 심지어는 영어 앨화벹을 채용하는 문제마저 진지하게 고려하고 있다고 한다. 영어에서는 낱글자 하나가 너무나 많은 소리를 나타내고, 한 가지 소리를 표기하는 방법이 너무 많다. 1 자 1 음의 원칙을 무시한 이러한 앨화벨문자는 음소군문자 또는 상징적 음소문자라고나 불러야 옳을 것이다. 어떤 이는 한글은 언어의 반사경이고 영어 앨화벨을 비롯한 서구의 음표문자는 혼돈상태(mess)라고 하였다.

여기서 우리는 한글을 세계공용문자로 승격시켜 공인받지 않아서는 안될 절대적 당위성을 인정하게 된다. 세계공용문자로 좀더 완미한 조건을 조성하기 위해서는 현재의 우리 한글에 결핍된 음성부호를 과감히 보충하여야 하겠다. 이에 대한 논의가 제Ⅱ편부터의 과제였다. 이 일은 어떤 민족이나 다할 수 있는 일이 아니다. 오직 한글을 갖고 있는 우리만이 할 수 있다. 무릇 인간의 입에서 나오는 소리는 모두 바르고도 쉽게 표기할 수 있고, 그 체계 자체가 과학적인 문자체계는 오직 한글 뿐이다.

우리 조상은 550년 전에 "자연의 소리가 있으면 그 소리를 나타낼 수 있는 글자가 있다."고 하였다. 조상의 이 자신감을 오늘의 우리는 이어받아야 할 것이다. 그리고 한글 세계화의 원대한 꿈을 실현하자. 그리하여 우리 민족의 문화적 저력을 세계에 과시하자. 지금 우리는 새로운 전기를 마련하여 세계문자사에서 천지개벽으로 비견될 거창한 사업을 전개하느냐 아니면 여전히 자폐(自閉)의 공간에 들어가 안주하여, 이 중대한 과제를 다음 세대에게 넘겨주느냐 중대한 결정을 내려야 할 기로에 서 있다. 우리는 C자에 줄을 한 개 그어서 G자를 만드는 데 300년이 걸린 사람들과 같아서는 안 된다. 우리의 지혜와 실천력을 총동원하여 세종대왕의 문화적 위업을 계승하고, 더욱 발양하여 한글 세계화의 금자탑을 세워야 할 것이다. 한 나라에 대한 세계시민의 진정한 존경은 그 나라의 학문적 성취로서만 얻어낼 수 있다.

다음에 이 책에서 제안된 부호의 일람표를 제시하고 그에 대한 간단한 설명을 첨부한다.

새 부호 일람표

발음부호	새부호	호칭 소리설명	보기	바람직한 현존한글 표기	외래어 표기법
1	ə	ㅓ	아래 아 '말'할 때의 ㅏ	burner 애—나— center 쎈타—	바—나— 쎈타—	버너 센터
2	ʌ	ㅓ	짧은 아래 아 위의 짧은 소리	one 완 touch 탓취	완 탓취	원 터치
3	ℓ	ㄹㄹ	쌍리을 '진달래'의 ㄹㄹ	love 라브 let's 렛쯔	라브 렛쯔	러브 레츠
4	ː	—	장음표 길게 내는 소리	car 카— corner 코—나—	카— 코—나—	카 코너
5	g	ㅇㄱ	울림 그 '생강'의 ㄱ	gulf 으갈후 go 으고우	갈후 고우	걸프 고
5	d	ㅇㄷ	울림 드 '강당'의 ㄷ	drama 으드라—마 Diana 으다이애나	드라—마 다이애나	드라머 다이애너
5	b	ㅇㅂ	울림 브 '공방'의 ㅂ	Barbara 애—으바라 bus 애스	바—바라 바스	바버러 버스
5	j	ㅇㅈ	울림 즈 '경쟁'의 ㅈ	jungle 으쟝을 journal 으쟈—날	장글 쟈—날	정글 저널
6	f	ㅍㅎ	입술 화 '삽화'의 ㅎ	fortune 포흐—천 coffee 코—ㅍ휘	후오—천 코—휘	포천 커피
7	v	ㅁ	입술 봐 '해봐'의 ㅂ	vision 왜ㅇ연 visa 왜—으쟈	뷔젼 뷔—자	비전 비자
8	wo	ㅗ	우오 ㅜ + ㅗ	quota 쿠오우타 forum 호—람	쿠오우타 후오—람	쿼터 포럼
9	ð	ㄷㅎ	혀이 드 혀 + 윗니	father ㅍ하—ㄷ하— this 디히스	화—다— 디스	파더 디스
10	θ	ㅅㅎ	혀이 스 혀 + 윗니	third 사하—으드 fourth 포흐—스흐	사—드 후오—스	서드 포스

아래의 설명에서는 외래어표기법은 되도록 현재 우리가 갖고 있는 한글부호를 사용하려고 하였다.

*1 ə=ㅓ   이제까지 무조건 ə=ㅓ의 원칙을 적용시켜 왔다. 그러나 영어에는 ㅓ 소리가 없다. 우리 TV에서 '태풍 <u>더</u>그'라고 수백 번 되뇌이고 있을 때 바로 옆집의 AFKN에서는 너무나 분명하게 '<u>따</u>그' 내지는 '<u>다</u>그'라고 발음하고 있었다.

*3 ℓ=ㄹㄹ   '진달래'의 '래'는 'ㄹㄹ'소리다. 누구나 한눈에 이해할 수 있는 'ㄹㄹ'부호는 우리에게 <u>l</u>eader(지도자)와 <u>r</u>eader(독자)를, g<u>l</u>amour(매력적)와 g<u>r</u>ammer(문법)를 구별해서 말할 능력을 줄 것이다.

*4 ―=장음   '카카화니'라는 말은 불쾌한 소리를 뜻한다. '카코너'라고 하면 어쩐지 '카카화니'를 연산시킨다. 왜 우리는 카―코―나―(car corner)로 못하는가. 장음부호 ― 는 가장 상징적이면서도 단순한 부호이다.

*5 g=ㅇㄱ, d=ㅇㄷ, b=ㅇㅂ, z=ㅇㅈ
    이 부호들은 ㄲ, ㄸ, ㅃ, ㅉ 못지 않게 익히기 쉬운 부호이다. 파열음 쪽으로 너무나 강한 우리말을 많이 중화시키기 위해서도 우리 글에 울림소리를 표시하는 ㅇㄱ, ㅇㄷ, ㅇㅂ, ㅇㅈ가 있어야겠다.

*6 f=ㅍㅎ   이 소리는 과도기용으로 화, 휘, 후, 훼, 후오로 표기해도 무난할 것이다. Refill은 '리필'이 아닌 '리<u>횔</u>'로 표기되어야 한다.

*7 v=ㄴ   이 소리도 과도적으로 봐, 뷔, 부, 붸, 부오, 봬 등으로 표기해도 될 것이다. 'KBS 뉴스 <u>비전</u>'은 'KBS뉴―스 <u>봬젼</u>'이 되어야 한다.

한글이 세계공용문자로서 발돋음하기 위해서는 현행하는 체계나 글자에서 부족한 부분을 보강하여 완미한 체계로 재정비하여야 한다. 이를 위한 새로운 부호의 사용은 우리에게 놀라운 부산물을 가져다 줄 것이다. 먼저 현행의 외래어표기법이 어떤 결과를 가져왔는지를 생각하여 보자. '페리' 또는 '터미널'이라고 표기된 영어단어를 일상적으로 읽고 쓰고 있다면 그 결과로 사람들은 '페리'나 '터미널'이라고 발음하면 서도 그 발음에 추호도 의심을 갖지 않게 된다. 그들은 이런 식의 발음으로 외국인을 상대로 회화를 시도하는데, 상대방이 전혀 못 알아듣는 것을 발견하고 곧 자신감을 잃어버린다. 자신감을 잃어버린 사람의 영어생활은 거기서 정체한다. 이런 외래어표기법에 의한 발음에 귀가 익은 이들은 외국사람이 '훼리'나 '타―미널'이라고 바르게 발음하는 것을 듣고 오히려 알아듣지 못한다. (실제로 필자는 서울의 여러 다방에서 '코―휘'라는 말을 알아듣지 못하는 종업원을 많이 보았다. '커피'라고 하면 금방 알아들었다.)

뒤늦게 이 사실을 깨닫고, 고치려 하여도 한번 버릇으로 자리잡은 것을 고치는 일은 그리 쉬운 일이 아니다. 더욱 한심한 일은 이렇게 버릇된 사람이 다음 세대에게 외국어를 가르치니, 잘못된 관습이 교정되지 않은 채 대를 이어 계승된다. 이러한 영어교육이니 무엇이 되겠는가. (한국에 나와서 영어교사 몇 분과 이야기 해 본 결과 ə=ㅓ의 오염도는 필자의 상상을 초월하였다.)

이러한 악순환의 고리는 정녕 어디선가 끊어 버려야 한다. 영어를 10년 이상 배운 대학 졸업생이 영어단어 한 마디 상대방이 알아듣게 발음하지 못해서야 어찌하겠는가. 우리는 외래어표기법을 하루 빨리 폐기 또는 개량하여 이런 악순환에서 벗어나야 한다.

일본사람들은 자기들에게 없는 V 소리를 표기하기 위해서 ヴ 라는 이상한 글자를 만들어서 プロヴァンス(Provence)와 같이 쓰고 있다. 우리는 최소한도 이러한 경우에 사용할 수 있는 합리적인 부호를 갖고 있다. 한 사람의 피눈물 나는 10년 공부를 허사로 돌려버리게 하는 어리석은 외래어표기법을 더 이상 고수해서는 안 된다.

사람에게는 비록 생소한 말소리도 자기 글자로 표기된 경우에는 그 소리에 대한 자신과 믿음이 생기고, 친근감을 갖게 되는 경향이 있다. 영어 소리가 만국발음부호로 표기되었을 때는 위화감이 생기지만, 자기 글자(한글)로 표기될 때 비로소 현실감을 갖게 된다. 비록 현재 쓰이지 않는 부호일지라도, 그 부호의 구성요소가 자기들의 것이면, 같은 효과를 낳는다. 우리가 우리 글자로 올바른 표기를 해야 하는 이유가 여기에 있다. 신문에서 정확한 표기로 외래어를 쓰고, TV나 레이디오우에서 올바른 발음으로 말하고, 여러 사전과 교재 등에서 원래의 발음대로 기록하게 될 때, 온 나라가 거대한 영어교실이 되는 결과를 가져올 것이다. 그 교실은 건물, 시설, 교사, 교수시간(따라서 교통수단)을 따로 마련할 필요가 없는 교실이다.

이 교실에서 배우게 될 영어단어는 대단한 수준의 것들이다. 1994년 8월 24일자 중앙일보를 대강 훑어보며 거기에 쓰인 외래어를 찾아보았다. 메이커, 컴퍼니, 달러, 프랑스, 카리스마, 마우스, 로비, 애니메이션, 온라인팩스, 홈쇼핑, 멀티미디어, 스피커, 티켓, 시스템, 환타지, 머드, 세미나, 디지털, 다이어트, 햄릿, 미니시리즈 등, 모두 고급용어들이다. QUEENS라는 잡지가 보여서 훑어보았다.

아이섀도, 치즈파이, 체다치즈, 해피랜드, 피아노 심포니아, 매직쉐프, 닥터, 내추럴. 매치한 컬러, 셔츠, 아이디어, 커튼 등 여성들이 회화에서 훌륭하게 사용할 수 있는 단어들이다. 만약에 이들 단어들이 정확한 표기로 적혔더라면, 독자들이 수십 번 수백 번 이들 단어를 접하게 될 때, 그들은 자연히 이 단어들을 기억하게 되고, 아마도 이들의 영어실력은 얼마 안 가서 상당한 수준에 도달할 것이다. 그리고 웬만한 외국 여행에서도 이렇게 흡수한 한마디 영어로 필요한 일을 치를 수 있을 것이다.

또 한 가지 간과할 수 없는 사실이 있다. 내년부터 초등학교에서 영어 조기교육이 실시된다고 하는데, 거기에 필요한 영어교사를 어떻게 확보하려는지 필자는 큰 의문이다. 이 책에서 제안된 부호들을 사용할 때, 교사 확보의 난제는 상당 정도 해결되리라고 믿는다. 왜냐하면 영어 아닌 다른 과목의 교사도 충분히 영어교사로 전용될 수 있기 때문이다. 영어교육에서 가장 큰 문제가 발음이고, 새로운 부호들은 이 점에서 결정적 도움을 줄 것이기 때문이다. 초등학교 교사들이 이 부호들을 익히는 데 반나절이면 족할 것이다. 물론 어린 학생들이 받는 혜택이 가장 클 것이다.

그 이유는 이제까지 충분히 설명하였다. 단, 이 경우에 교사나 학생들이 필요로 하는 것은 사전이다. 그러나 이것도 한국사람의 패기와 근면이면 몇 달 안 가서 만들 수 있을 것이다.

제Ⅲ편에서는 선진국 소리 가운데 우리에게 없는 소리들을 표기하기 위해서 새로운 부호를 만드는 문제를 논하였다. 아울러 한글의 활자체와 필기체를 생각해 보았다. 읽기 쉬운 활자체를 만들기 위해서는, 종래의 서체의 답습이 아니고 혁신적인 활자체를 창조하여야 하겠다. 필기체에도 모든 획이 똑똑 끊어지고 전체적으로 네모꼴로 된 글자보다는 연속적으로, 거침없이, 빨리 쓸 수 있는 곡선의 필기체가 필요하다. 선생님의 강의를 필기하는 학생들을 생각하고, 기자회견장에서 메모하는 기자들을 TV에서 볼 때마다 왜 한국에는 아직까지 필기체가 없을까 의아스럽다.

캄퓨-타- 정보처리 속도가 국가운명을 죄우할 미래를 대비해서 한글의 입출력 코-드를 올바로 채택하는 것은 중차대한 문제이다. 필자의 경험에 비추어 이 문제에 관한 의견을 여기저기서 진술하였다.

20세기는 우리 민족에게 한도 많고 그에 따른 변화도 많은 시대였다. 그 모든 시련을 이겨내고 민주제도와 경제자립을 이루어냈다. 반세기라는 짧은 세월에 이러한 거대한 일을 모두 해낸 민족은 필자의 견문으로서는 한민족밖에 없는 것 같다. 한 가지 아쉬운 것은 이것이 남쪽에서만 일어났다는 사실이다. 우리는 21세기를 통일된 민족으로 맞아야 하겠으며 그러기 위해서는 우리의 문자와 언어의 통일을 위한 준비작업을 당장 시작하여야 할 것이다.

20세기는 세계사에서도 변화의 세기였다. 어린 시절을 얼룩지게 한 식민지 시대가 물러서며, 식민지들이 하나하나 독립을 쟁취하고, 젊은 시절을 처참하게 물들인 공산주의 실험이 완전 실패로 돌아가며, 공산주의 국가들이 소리도 없이 붕괴하는 것을 눈앞에서 볼 수 있었다. 생전에 볼 수 있으리라고는 기대조차 못 했던 이 두 가지 역사적 현장을 지켜볼 수 있었던 것은 행운이었다.

21세기의 과제는 정신문명을 앞지른 물질문명을 따라잡아서 새로운 문화를 창조하는 일이 되겠다. 그 문화는 미움과 증오보다는 사랑의 문화가 되어야 하겠다. 그 문화를 더 살찌우고, 그 문화를 기록하게 될 문자가 한글이 될 것을 꿈꾸어 본다.

추천의 글
한글, 세계에서 가장 뛰어난 글자

安 秉 煜
(숭실대학교 명예교수)

우리나라의 國寶 제1호가 무엇이냐고 물으면 나는 서슴지 않고 한글이라고 대답하고 싶다.

총명과 지혜가 뛰어났던 세종대왕께서 집현전의 학자들을 이끌고 다년간 고심참담한 연구와 노력 끝에 창조한 훈민정음은 우리 민족 최고의 보배요 萬代의 자랑이다. '大地'라는 작품으로 노벨 문학상을 탄 팔벅은 한국을 두 번 다녀갔고「살아 있는 갈대」(The living reed)라는 한국을 주제로 한 소설을 썼다.

팔벅 여사는 세종대왕을 한국의 레오날도 다빈치라고 극찬하고 한글을 세계에서 가장 간결하면서 가장 뛰어난 앨화벹이라고 칭찬했다. 이것은 조금도 지나친 말이 아니다. 우리말과 우리글을 연구한 외국학자들 가운데 한글을 극구 칭찬하는 사람이 허다하다.

인생에는 운명적인 만남이 있다. 이 책의 저자인 朴養春님은 외국어와 깊은 만남을 가졌다.

만주에서 태어난 저자는 어려서부터 중국어, 로서아어, 일본어, 프랑스어, 독일어, 영어를 배우고 연구하면서 50여 년의 생애를 살았다. 그는 외국어 공부에 남다른 애정과 정열을 쏟았다.

한글을 지극히 사랑한 그는 우리말을 盡善盡美한 것으로 만들기 위하여 여러 외국어를 비교하면서 우리말과 글을 깊이 공부했다. 한글의 장점이 무엇이고 또 결점이 무엇인가. 한글을 세계에서 가장 뛰어난 알파벹으로 만들려면 무엇을 補强해야 하는가를 골똘히 생각했다. 저자가 이 책 첫머리에서 역설하였듯이 한글은 배우기 쉽고 간결하고 그 조직과 구성이 대단히 과학적이고 합리적이다.

나는 인도와 중동에 갔을 때 인도문자와 회교문자를 보고 참으로 쓰기 불편하고 복잡하고 보기에 아름답지가 않다고 느꼈다. 한글은 쓰기도 편하고 보기도 아름답다. 한글은 세계의 앨화벹 가운데에서 가장 뛰어나다. 저자는 이 책에서 일본의 가나(假名)와 한자와 영어를 한글과 자세히 비교하면서 한글의 특색을 여러 가지로 지적했다.

저자는 어떻게 해야만 외국어를 한글로 완벽하게 표기할 수 있을까 하는 문제를 깊이 연구하고 새로운 외래어 표기법을 제창했다. 이것은 놀라운 탁견이다.

나는 저자의 의견에 同感共鳴하는 바가 많다.

어학은 생활의 무기다. 지금 세계에는 영어를 쓰는 인구가 약 15억, 한자를 쓰는 인구가 약 14억이 된다. 앞으로 우리는 국제화시대에 적응하고 발전하기 위하여 영어와 한자라는 두 개의 세계어를 빨리 배우고 익혀야 한다.

30여 년간 미국에 살면서 모국어를 깊이 연구하고 외래어 표기법의 일대혁신을 제창한 저자의 주장과 노력에 나는 아낌없는 박수갈채를 보내고 싶다.

한글학자와 외국어를 공부하는 학도와 외래어 표기에 관심을 갖는 사람들에게 이 책의 필독을 권하고 싶다.

1994년 9월

추천의 글
한글 世界化의 길로

黃 浿 江

(단국대학교 명예교수)

한 해가 시작되던 정월의 어느 날이었다. 울리는 벨 소리에 무심코 받아든 전화통의 목소리는 뜻밖에도 중학교 동창인 박양춘이었다. 이름을 듣고도 처음에는 누군지 몰라 멍청해 있다가 몇 마디 말이 오간 뒤에야 어렴풋이 짐작이 갔다. 해방되던 해 졸업하고 헤어진 후로는 근 50년 동안을 적조했던 친구다. 못 알아볼 법도 했다. 만나서 얘기나 하자고 하여, 약속한 장소에 나가서도 쉽사리 알아보지 못하기는 피차 일반이었다. 그러나, 자리에 앉아 이런저런 이야기가 오가면서 우리 두 사람은 금세 10대의 옛날로 돌아가, 허물없는 대화를 나눌 수 있었다.

박형은 그 동안 30년도 넘게 미국에서 생활하고 있는 처지인데, 이번에 잠시 고국에 다니러 왔다는 것이다. 바쁜 여정일 터인데도 시간을 내 나를 만나자고 한 용건이 궁금하여 물었다. 박형은 그제야 들고 있던 종이 보따리를 테이블 위에 올려 놓았다. 꽤 두툼한 종이 묶음들인데 궁금하지 않을 수 없었다. 「그 동안 한글에 대해 생각한 것이 있어, 글로 써 본 것일세. 한글의 우수성, 한글이 세계문자의 자질을 가졌다는 등의 소견을 폈다네.」

종이 보따리를 펴보니 장장이 깨알같이 박아 쓴 글씨가 눈에 들어온다. 타이프 용지에 육필로 빽빽이 쓴 원고지는 실히 300장이 넘었다. 대충대충 장을 넘기며 눈을 거친 뒤에 나는 대수롭지 않게 말했다. 「한글의 우수성이야 그 동안 여러 사람이 귀에 못이 박히도록 해 온 말 아닌가? 새삼스럽게 다시 쓸 게 뭐가 있겠나 ?」 믿었던 친구가 내

뱉는 냉담한 말에 박형은 저으기 실망한 듯하였다. 더 이상 이야기할 의욕이 없었던지 그는 입을 다문 채 원고 뭉치를 주섬주섬 챙겨서 큰 봉투에 넣었다. 그러고는 다른 이야기를 하다가 저녁을 먹고 헤어지는데, 박형은 원고 봉투를 내게 넘겨주며 말했다. 「황형, 이 원고를 한 번 읽어 주게. 내가 오랜 동안 생각하고, 나로서는 확신을 가지고 쓴 것이야. 단순한 한글 예찬이 아니야!」 친구의 간청에 못이겨, 나는 그 봉투를 받아들고 헤어져 돌아왔다. 책상 위에 얹어 놓은 채 근 한 달 동안 읽을 생각을 못했다. 봉투가 눈에 띌 때마다 미안한 생각은 들었으나, 봉투에서 원고를 꺼내볼 생각은 나지 않았다. 원고를 맡긴 채 미국으로 떠나버린 박형은 내 처분만 기다리는지 아무 소식이 없었다.

새 학기가 시작되면서 월요일마다 천안캠퍼스로 출강해야 했다. 서울에서 천안캠퍼스까지 통근버스로 한 시간이 좀 넘게 걸렸다. 천안에 가는 날, 나는 마음의 짐이었던, 박형의 원고 한 묶음을 봉투에서 꺼내 가방에 넣었다. 가는 동안 버스 안에서 원고를 펴들고 줄곧 읽었다. 당초 별로 기대하지 않고 읽어 가던 나는 점차 글 속에 빠져들어 가고 있는 자신을 발견하고 놀랐다. 지레 짐작했던, 흔히 하는 '한글 예찬'은 아니었다. 읽어감에 따라 박형의, 한글에 대한 폭넓은 연구와 깊은 통찰에 충격을 받았다. 그의 참신한 의견에 동화되어 갔다.

세종의 한글 창제의 정신은, 인간과 자연의 모든 소리를 표기할 수 있는 문자의 창조에 있었다.(無所用而不備 無所往而不達 雖風聲鶴唳 雞鳴狗吠 皆可得而書矣 訓民正音 解例序) 현행의 맞춤법은 세종의 그와 같은 이상을 실현하는 데서 멀다는 논의는 신랄하면서도 설득력이 있었다. 첫소리 ㄹ의 표기를 제한한 것은 큰 잘못으로 지적하고 있다. 그는 세계의 여러 민족의 사전에서 ㄹ(l, r) 항목의 어휘 수를 통계내어 서로 비교한 결과 외국의 사전들은 어휘 수가 아주 풍부한데, 한글 맞춤법의 표기를 따른 우리 사전의 경우는 ㄹ항목의 어휘 수가 이상할 정도로 극소수였다. 그나마 고유어는 없고, 외래어에 국한되어 있는 기현상을 볼 수 있었다. 발음상 '流音'은 그 청각인상이 뚜렷하고도 유려하여, 말의 흐름을 유창하게 하는데, 우리의 경우는 당연히 있어야 할 첫 소리 '流音'을 없애 버림으로써 그 말이 듣기에 딱딱하고 삭막한 인상을 주게 되었다고 비판하고 있다. 그는 주장한다. 두음법칙은 서울 지방의 발음 버릇으로 인정하더라도, 맞춤법(쓰기)만은 'ㄹ'원음대로 하자고 ㄹ 소리를 잘못 처리했기 때문에 우리는 일상생활에서 얼마나 혼선을 빚고 있는가? 그것은 나도 가끔 느끼던 터이다. 특히 우리 어휘의 대종을 이루는 한자어의 경우 그 혼란(원음을 표기하지 않는 데서 오는)은 사용자 특히 배우는 학생들에게 큰 지장을 주고 있다. 맞춤법도 국제화시대에 적응할 수 있도록 개정해야 한다고 하고, 이는 천지간의 모든 소리를 기록할 수 있게 하고자 한 세종의 한글창제의 이상을 현대적으로 확충하는 것이라고 박형은 주장하고 있다.

그는 특히 현행 외래어표기법의 불합리성을 여러 측면에서 꼬집어 지적하고 그 개정의 구체안까지 제시하고 있다. Knife는 원음대로 '나이후'로 기록할 수 있는데, 왜 굳이 '나이프'로 기록해야 하느냐?고 이의를 제기하고 있다. f는 분명 ㅍ이 아니고 ㅎ인데, 왜 얼토당토 않는 ㅍ으로 기록하게 하여 영어를 배우는 초입자들로 하여금 방황하게 하는가? 어찌 이것을 합리적이라 하겠는가?고 반문한다. 국제화 사회에서 합리적인 외국어교육은 국가차원의 중대한 과제인데, 우리 나라에서는 「외래어는 외국어가 아니다」라는 엉뚱한 궤변으로 그런 불합리를 고집함으로써 우리 외국어 교육에 심대한 피해를 주고 있다고 했다. 이 피해와 손실에 대하여 왜 개선하려는 작은 노력조차 않는가라고 소리를 높여 외치고 있다.

영어의 ə 발음을 몰아서 ㅓ로 표기하는 데 대하여도 이의를 말했다. 영어권에서 ə의 발음은 ㅏ도 ㅓ도 아닌 애매한 소리로, ㅓ가 될 수 없다고 여러 사례를 들어 실증했다. 현지의 발음으로는, 애매하되 ㅓ보다는 차라리 ㅏ에 가까운 편이라고 했다. 차라리 세종 당시 제정한 '·'음에 가깝다고 했다. 그리하여 그는 이 소리를 표기하기 위해 ㅣ라는 새 글자를 만들어 쓸 것을 제의하고 있다.

그리고 v음을 제대로 표기하기 위해서 ㅂ자를 만들어 쓸 것을 제의했다. 그리고 현행의 자음표기에서 무성, 유성을 가리지 않고 모두 ㄱ,

ㄷ, ㅂ, ㅈ를 쓰고 있는 것을 유성자음의 경우는ㅇㄱ ㅇㄷ ㅇㅂ ㅇㅈ로 표기
하여 무성자음 ㄱ, ㄷ, ㅂ, ㅈ와 구별하여 쓰자고 하였다. ℓ 소리 표
기를 위해서는 ㄹㄹ 합자를 씀으로써 r(ㄹ)과 구별하자고 했다. 그렇게 하
면 우리 한글이 외국어 발음을 표기하는 데 상당한 정확성을 기할 수
있게 된다고 했다. 이른바 발음기호가 하던 일을 한글이 충분히 감당할
뿐더러 한글은 발음기호와는 달리 제자 원리가 뚜렷하고 과학적으로
체계화가 되어 있어 누구나 습득하기 쉽다는 것이다.

그의 이와같은 주장은 상당한 호소력을 가지고 있다. 스페인의 어떤
여인이 한글로 스페인어 일기를 쓴 경우를 들었다. 한글을 배운 그녀는
자기만 읽을 수 있도록 앨파벹 대신 한글로 스페인어 발음을 표기해
나갔던 것이다. 한글은 이 예에서 보듯 외국어 표기에서도 매우 편리한
글자라는 것이다. 그녀의 한글 일기를 만약에 우리가 글자대로 소리 내
어 읽어 내려갔다고 가정한다면 훌륭하달 정도는 아닐지라도 스페인
사람이 알아들을 정도의 스페인어는 되었을는지 모른다.

이런 예증을 곁들여 가면서 한글이 세계문자의 자질을 구비했음을
여러 모로 입증하고, 그를 위한 현행 한글의 개선안을 내놓았던 것이
다. 이것은 경청할 만한 의견으로 생각되었다. 그는 만국발음기호 대
신, 위와 같이 개선한 우리 한글로 발음표기한 '영한사전'이 출간됨으
로써 우리 학생들이 친숙한 모국의 글자로 영어 발음을 정확하게 익힐
수 있게 될 날을 꿈꾸고 있다. 그것은 결코 허황한 꿈은 아닐 듯싶었
다. 최소한 그가 제창하는 한글 개선안이 모든 사람의 공감을 얻어 시
행되기만 한다면…. 그가 창안한 글자는 한글의 현재의 가능성을 한없
이 확대시켜 주면서도, 그것을 배워 익히는 노력은 별것이 아니라는 것
을 실증해 보여주고 있다. 사실 중국대륙에서 문자개혁사업으로 창안한
簡字를 익히는 데 소요되는 노력과 시간에 비하면 九牛一毛格이라 아
니 할 수 없다.

이 밖에도 한글에 관한 그의 의견과 생각에는 가슴에 닿는 대목이
수없이 많았다. 나는 그가 맡기고 간 원고 꾸러미를 몇 주간에 걸쳐 다
읽었다. 그리고 많은 감명과 충격을 받았다. 오늘 우리가 쓰고 있는 한

글에 一大改革의 轉機가 다가오고 있다는 느낌이 들었다. 당초 나는 그가 미국 생활에 젖은 실업가요, 학문과 학계와는 별 인연이 없는 사람이라, 그의 '한글 우수론'을 대수롭지 않게 여겨서 원고를 내팽개쳐 둔채 읽는 데 매우 인색하였던 것이 사실이다. 천안 출강의 왕복 길에서 몇 주일을 읽고, 또 집에서도 읽었다. 마침내 그 꾸러미를 다 독파했다. 그 때 나의 생각은 완전히 뒤바뀌어 있었다. 친구에 대한 인식도, 그의 이른바 '한글 우수론'의 실상과 이상에 대하여도 완전히 공감하고 있었다.

나는 이와같은 나의 생각을 담아 미국에 편지를 띄웠다. 그리고, 국내 출판을 주선하기로 하였다. 그리하여 나의 제자 黃永恩에게 부탁하여 육필 원고를 컴퓨터에 입력하여, 원고를 다듬게 하였다. 국어국문학 관계의 양서 출판으로 알려진 시내 I 출판사 사장께 이 책의 출판을 부탁드려서 쉽게 허락을 받았다. 이 소식을 듣고, 박형은 기뻐하며 비행기로 날아왔다. 둘이 같이 출판사 사장을 가 뵙고, 이 책에 관한 이야기를 나누고 약속이 성립되고 나니, 나는 어깨가 가벼운 느낌이었다.

그러나, 문제는 출판사의 실무진에서 생겼다. I 출판사가 신조로 삼고 출판해 온 학술도서가 아니라는 이의가 제기되었다. 그리고, '첫소리 ㄹ'을 살려 쓰자는 논의는 그 시비를 논외로 치고, 사회 일반의 통념과 정면에서 대치되어 출판사로서 엄청난 저항에 직면하게 될 것이라는 문제 제기가 있었다. 출판사가 말하는 난색표명에 나 역시 이의를 달 수 없었다. 그의 글은 물론 학술적인 논거와 자료 등으로 객관적으로 논지 전개를 하고 있는 것은 사실이나, 그럼에도 불구하고, 그의 논조는 전반적으로 문자 개혁의 열정으로 뜨겁게 달아 있는 것이 사실이다. 또 그것이 박형의 글이 갖는 무서운 호소력이다. 독자는 이에 감염되고 만다. 나 역시 그랬다. 이 점에서는 출판사 실무진의 말은 정곡을 찌르고 있다. 냉정한 학술서적은 아니다.

할 수 없이 박형과 함께 I 출판사를 찾아가 원고를 찾아들고 다시 몇 군데 출판사의 문을 두드리고 다녔다. 그러나, 출판을 쾌히 맡으려는 출판사는 없었다. 할 수 없이 이런 분야의 출판과는 인연이 먼, 동창이 경영하는 '醫學出版社'에 가서 의논한 결과, 거기서 출판을 맡기로 결판이 났다. 그래도 박형은 의기가 꺾인 것처럼 보였다. 한글 개혁의 절실한 사정을 이해 못하는 현실이 안타까운 듯하였다.

인쇄를 앞두고 원고를 다시 손질하면서 'ㄹ 첫소리'에 관한 자기 주장을 뺐다고 실토하는 것이었다. 그것이 공교롭게도 북한의 맞춤법과 같아서 사람들이 꺼릴 것이라는 것이었다. 이 말을 듣고 나는 말했다. '한글 개혁은 정치적인 배려로 좌우될 수 없는 민족 백년의 대계인데 어찌 그런 말을 하는가? 박형의 논거는 충분한 타당성을 가지고 있고, 장차 세계문자화를 지향하는 데 중요한 부분으로, 그것대로 충분한 설득력을 갖고 있는데 왜 뺐는가? 나는 반대야! 왜 신념을 굽히는가? 왜, 무엇 때문에 자기 소신을 굽혀 가면서 책을 낼 필요가 있는가?' 이 말에 박형은 힘을 얻은 듯, '알겠네. 당초의 원고대로 하겠네.' 하였다. 그리하여 박형의 책은 어렵사리 햇빛을 보게 되었다. 다행히 당초의 원고에 손상은 없다.

그는 중국 땅에서 나서 자랐고, 우리 나라에서 교육을 받았고, 해방 후 북한에서 대학을 다니고, 남한에 넘어와 대학을 다녔고, 미국에서 실업에 종사해 온 사람이다. 언어와 문자에 관한 한 남다른 체험을 가진 사람이다. 수다한 이질적인 언어와 문자와의 부대낌 속에서 우리 말과 글에 대한 자의식이 눈떠 자랐던 결과로 한글에 대한 뜨거운 애정과 더불어 한글의 현실에 대하여 냉정한 비판적 안목을 가질 수 있었던 것으로 보인다. 그의 모든 논지는 우리 문자 '한글'로 세계 모든 민족의 말소리를 표기할 수 있도록 개혁함으로써 한글의 세계화—세계문자화의 길을 열어나가자는 것으로 집약된다. 이것은 제2의 訓民正音 창제에 비유할 수 있을 것이다. 이 얼마나 거창한 이상인가? 21세기 통일시대에 우리가 이룩하지 않아서는 안 되는 위대한 민족적 과업 가운데 첫째로 한글의 세계문자화를 꼽을 수 있다고 했고, 이를 위한 터전을 이 시대에 닦지 않아서는 안 된다고 했다.

그의 한글 개혁안은 결코 유난스러운 것이 아니다. 어디까지나 세종의 훈민정음 창제의 정신을 계승하는 방향에서, ·또 훈민정음의 기본틀

안에서 하는 문자의 창안이요, 개혁이다. 훈민정음의 세계적인 확충이요, 확산이다. 훈민정음의 21세기적 再實現(리바이발)이라 할 것이다. 그는 우리 사회에 미만한 망국적 풍조—좋은 것이 좋다는 식의 적당주의를 신랄하게 비판한다. 적극적인 개선 노력은 없이 주어진 현실에 타협하고, 이에 주저앉아 버리는 적당주의를 그는 신랄하게 비판한다. 적당주의의 극복 없이는 우리 나라의 내일이 없다고 경고하고 있다.

이 책은 현실에 안주하고, 일체의 개혁 노력을 포기한 사람에게보다는 새로운 가치 창조를 위해 어떤 난관이라도 뚫고 나가려는, 열정에 불타는 이들에게 호소하는 책이다. 나는 이 나라의 지성 있는 모든 사람들이 이 책을 읽고 진지하게 생각하고 결정해 주기를 바란다. 그리고, 누구보다도 젊은 학생들이 읽어야 할 책이라고 믿는다. 21세기의 주인은 바로 그들이기 때문이다. 이 책은 21세기—그들의 시대를 준비하는 책이기 때문이다.